● "질문이 생존력이 된 시대"

이 시대에 참으로 시의적절한 책입니다. 단지 수평질문, 열린질문 등 좋은 질문 목록만으로 조직 구성원의 자각과 책임을 이끌어 낼 수 있을까요? 평소 우리가 인식하지 못 했던 질문에 대한 잘못된 인식과 좋은 질문의 핵심 원리에 대한 근원적 통찰이 있을 때 비로소 좋은 질문들이 그 위력을 발휘할 수 있을 것입니다. 4차산업혁명으로, 근본적 패러다임이 변화하는 이 시대에, "평범한 성과가 아닌 탁월한 성과 창출"과 "조직 구성원의 성장"이라는 두 마리의 토끼를 잡기 위한 "질문 리더십"에 대한 고민이 있는 기업이나 공공기관의 임원, 팀장들이라면 반드시 읽어야 할 필독서입니다.

김웅배, LG인화원 리더교육센터 책임, 코치

● 주변에 질문을 잘 하고 싶어 하는 사람들이 많습니다. 질문 공부를 해보지만 생각만큼 쉽게 실력이 늘지 않아서 어려움을 겪는 사람들도 그만큼 많습니다.

"어떻게 하면 좋은 질문을 잘 할 수 있을까요?"
"질문을 잘 하려면 무엇을 해야 하나요?"
"질문 훈련은 어떻게 해야 하나요?"

이런 고민을 하는 사람들에게 구체적인 행동 지침을 내려주는 매뉴얼 같은 책이 될 것이라고 생각합니다. 현장에서 오랫동안 훈련된 노하우와 다양한 연구 사례, 그리고 직접 겪은 생생한 에피소드를 활용하여 실질적이고 구체적인 방법들을 제시해주고 있습니다. 에피소드마다 저자의 주옥같은 코칭 질문들이 예시로 제시되면서 어떻게 해야 되는지 명확하게 설명하고 있고 현실감 있는 질문 연습을 할 수 있도록 돕고 있습니다.

질문의 중요성을 깨닫고 이제 연습하면서 질문을 배우기 시작한 사람부터 질문의 고수가 되기 위한 새로운 자극이 필요한 사람까지 질문 훈련을 하는 데 분명 큰 도움이 될 것입니다.

좋은 질문을 하는 것 자체에 집중하기보다는 상대방에게 좋은 질문을 건네고, 상대방이 좋은 질문을 할 수 있도록 돕는 여정에 집중하는 것이 매우 인상적이었습니다. 이 책을 통해서 서로가 서로에게 좋은 질문을 할 수 있도록 기회를 열어 준다면 어떤 일이 벌어질까? 상상만 해도 흐뭇해지는 기분입니다. 많은 분들이 이 책에서 제시한 On:TACT 대화모델을 통해서 질문 연습에 도움을 받고 훌륭한 질문 코치들이 많아지길 기대하며 추천합니다.

최송일, ㈜와우디랩 CEO, 한양대학교 겸임교수

● 한 번의 질문으로 나와 대화하는 누군가의 생각을 확장시킬 수 있다거나, 변화시킬 수 있다는 건 환상에 가깝다고 생각합니다. 이 책은 가르치거나 판단하는 스탠스를 취하지도, 너무 이상적인 철학에 치우쳐 이야기하지도 않습니다. 타인의 성장을 돕는 기존 코칭철학에 기반하면서도 현실성까지 담아내고 있습니다.

제가 본 저자는 리더, 교육 담당자와 함께 뛰는 페이스메이커입니다. 성장/변화해 나가고자 하는 개인과 조직이 추진력을 잃지 않도록 중심을 잡고 진심

으로 함께 뛰는 것을 마다하지 않습니다. 그런 의미에서 이 책은 저자와 참 많이 닮아 있습니다. 페이스메이커 대표님의 책이 나온다는 소식에 제가 다 설레었습니다. 그리고 책을 읽는 내내 너무나 선물 같은 시간이었습니다. 나와 얼마나 일치하는지 혹은 다른지 생각해볼 수 있어 흥미로웠고, 고민의 순간 도움받을 수 있어서 가치로웠습니다저는 또 '어떻게 하면 이 흥미로운 주제로 대표님과 작업해 볼 수 있을까' 라는 생각으로 머릿속이 꽉 차네요^^.

이 책은 상대방과 나와의 거리를 무례하게 침범하지 않으면서, 상대방의 시선을 배려합니다. 신뢰를 쌓아가는 여정에서 질문과 반응을 주고받음으로써 대화가 더 깊어질 수 있도록 돕습니다. 그런 여정에 필요한 관점과 절차, 그리고 핵심적인 기술들이 책 전체에 꽉 차 있어 하나하나 발견해 가며 읽는 기쁨이 있었습니다.

제가 생각하는 서수한 대표님의 가장 큰 강점은 개인/조직/세상이 온전하게 성장하여 이로워질 수 있다는 믿음과 그 믿음을 기반으로 실제적인 변화/결과를 이끌어내는 힘입니다. '책에서나 가능하지 이게 가능할까' 싶은 분들은 꼭 대표님과 만나 훨씬 더 풍성해진 대화를 경험해 보시길 강추드립니다. 분명 배움이라는 긴 여정 안에서 고민하며 걸어가는 분들께 도움을 줄 수 있으리라 생각합니다.

전수영, 11번가 HR담당

● 이 책이 '질문'과 관련된 기존의 책들과 확실히 다른 점은 이것입니다. 첫째, 따뜻한 연결을 돕습니다. 질문을 통해 사람과 사람 사이人間를 연결하여On 따뜻함(溫)을 발생시키고자 합니다. 둘째, 일방이 아닌 쌍방에 집중합니다. '상사가 부하에게, 선배가 후배에게, 리더가 팔로워에게' 등 기존 관점에서 벗어나 '서로' 질문하는 맥락 만들기를 강조합니다. 셋째, 이 모든 것이 저자의 인간에 대한 관심,

풍부한 경험과 순간순간의 깨달음에서 나온 것이라는 점입니다.

이 책은 제게도 질문합니다. 각자의 현장에서 어떻게 '질문하라'를 '질문하게 하라'로 연결할까? 책이 하나의 정답을 제시하지는 않습니다. 저자 혹은 그 누구라도 다른 사람의 삶에 답을 제시할 수도 없고, 해서도 안 되는 것이 아닐까 싶습니다. 그것이 또한 이 책의 메시지입니다. 다른 사람의 상황과 문제에 함부로 답을 제시하지 않는 것. 그러나 답을 찾아가도록 필요한 질문을 물어봐 주고 친절하게 안내하는 것.

이 책은 자신의 삶에서 질문을 시작한 독자에게 더없이 좋은 마중물이 될 것입니다. 또한, 각자의 삶에 하나의 화두로 삼아 스스로 더 나은 답을 찾아가게 될 것이라 믿습니다.

정필선, KT&G 인재개발원 교육기획팀장

● 저자를 처음 만난 것은 2019년 봄, 사내 리더 양성과정입니다. 그동안 여러 강사님과 함께 코칭리더십을 다뤄 왔지만, 어떤 분은 너무 이상적이었고 또 어떤 분은 너무 기술적이었습니다. '본질을 놓치지 않으면서 현업적용도 도울 수 없을까?' HRD를 하는 사람으로서 늘 고민하는 질문입니다. 그러다 서수한 대표님을 만났습니다.

딱 제가 찾던 분이셨습니다. 부드러움 속에 전문성이 투영되어 나오고, "강사님이 우리 현장을 몰라서 그러시는데, 현장에서 이런 게 가능하다고 생각하세요?"라는 식의 다소 부정적인 학습자의 질문에도 유연하게 그 질문을 공론화시켜 참여의 장으로 바꿔 놓으셨습니다. 가르치려고 하는 분들은 우리 주변에 정말 많습니다. 그런데 '함께 배운다'는 마음으로 강의하시는 분들은 별로 없습니다. 함께 배운다는 것은, 실력과 진정성이 동반되어야 가능한 일입니다. 참여한 리더들이 자연스럽게 자신의 현장에 필요한 답을 찾아가는 모습을 보며 코치님의 전문가다운 모습에 매료되었습니다.

저 역시 코칭을 공부하는 사람이자 인증 코치로, 동시에 현장에서 작동하는 실천적 리더십을 고민하는 사람으로 이 책을 읽었습니다. 처음 접했을 때는 책에서 제시하는 다양한 사례들과 질문에 대한 고정관념들에 매우 공감하며 읽었습니다. 다음에는 내가 알고 있는 것과 모르고 있는 것이 정리되었습니다. 그리고 아는 것, 새롭게 알게 된 것을 '하는 것'으로 연결하고 싶어졌습니다.

사람은 누구나 서로 기여하며 배웁니다. 이 책을 통해 각자의 현장에 기분 좋은 변화가 시작되는 좋은 인사이트를 얻으시길 바랍니다.

김종원, 에스원 인재개발원 수석

● 이 책에서는 누군가의 성공을 돕고자 하는 사람을 '성공서포터'라고 명명합니다. 서수한 대표님의 코칭워크숍 과정에 참여하면서 대표님의 좋은 질문을 경험했습니다. 이 책을 읽으며 '그때 그 질문이 성공서포터의 질문이었구나' 이해하며 더 즐거웠습니다.

대표님이 워크숍에서 제게 던진 질문들은 마중물이 되어 저에게도 질문을 일으켰습니다. 지금은 제가 있는 자리에서 저 역시 누군가의 성공서포터가 되어 주고자 열심히 학습하며 실천하고 있습니다. '가르치지 않고 질문하게 하는 것'은 결국 이런 것이 아닐까요? 누군가의 성공을 진심으로 기대하고 믿어주는 것, 그리고 변화와 성장을 위한 자신의 질문이 시작되도록 좋은 질문을 던져주고 그 답변에 기쁘게 반응해 주는 것 말입니다.

이 책이 단순히 기업의 리더들을 위해서만 읽히지는 않았으면 하는 바람이 있습니다. 가르침과 질문이 필요하다고 생각되는 모든 분야, 즉 기업의 리더 외에도 교사나 부모, 그리고 일상의 순간들에서 관계를 맺고 살아가는 모든 사람을 위한 좋은 책입니다. 이 책을 통해, 수많은 '성공서포터'들을 통해 더 많은 사람들이 행복해지길 진심으로 바랍니다.

조한유, 교원그룹 EDU전략기획팀 매니저

● 코칭에 대한 깊이를 더해 보고자 우연히 참가하게 된 어느 교육과정에서 서 대표님을 처음 만났습니다. 기업현장에 오래 근무하다 보니 코칭에 있어서 경청도 중요하고 질문도 중요하고 피드백도 중요하다는 이야기를 자주 듣습니다. 그 중요성도 잘 인식하고 있습니다. 그러나 실제 현장에서 이를 구현하는 일은 결코 쉽지 않습니다. 그런 고민을 가지고 참석한 워크숍이었는데 기대 이상의 도움을 받았습니다.

대표님이 책을 내신다는 소식에 더없이 기쁘고 반가웠습니다. 이 책에는 국내외 기업을 포함한 다양한 코칭현장에서 겪은 코치님의 경험들이 이해하기 쉽게 보물처럼 담겨져 있습니다. 개인적으로는 질문의 본질과 진정성을 놓치지 않으면서도 사례중심으로 알기 쉽게 풀어 쓴 내용이라 더욱 마음에 와닿았습니다. 기업현장에서 지시 이상의 실행력을 발휘하는 '질문 사용법 설명서'로 권해드리고 싶습니다.

우성민, DB인재개발원 기본교육팀 부장(KPC)

● 전문 코치라면 당연히 고객에게 좋은 질문을 많이 하게 되지만, 평소 삶 속에서도 한결같은 진정성을 유지하는 것은 쉽지 않습니다. 제가 본 저자는 그런 사람입니다. 삶에 좋은 질문을 건네는 사람입니다. 유쾌하지만, 진정성이 있습니다. '형식이나 기술 너머 진심이 담긴 노력을 사랑하는' 저자의 마음을 이보다 더

잘 담을 수 있을까? 책을 읽으며 그런 생각을 했습니다. 산업 현장에서 만난 리더들과의 성공 및 실패 경험은 물론 질문과 관련된 연구 결과들도 잘 소개되어 있습니다. 다른 사람의 성공을 돕는 일을 하는 분들께, '형식이나 기술 너머 진심이 담긴 노력을 사랑하는' 분들께 추천드립니다.

김상학, LG Electronics Learning Facilitator, Coach

● 저자와의 인연은 꽤나 오래되었습니다. 대학 시절 만났으니 꽤 오랜 세월이 흘렀는데, 지금도 그 시절이 몇 주 전의 기억같이 느껴지는 것은 아마도 저자의 삶이 늘 한결같이 '질문하는 삶'이었기 때문에 그럴 겁니다. 저자와 오랜 시간을 보내는 동안 저자의 삶에서 흐르는 질문이 제게도 참 좋은 영향을 주었습니다.

사업을 키워가면서 처음에는 쉽게 생각했던 직원과의 소통이 점점 어려워졌습니다. 소통하는 대표가 되고 싶어서 직원들과 소통하는 시간을 많이 가지려고 노력했습니다. 그러나 제 마음 같지 않았습니다. 오해가 생기기도 하고, 제가 직원들에게 서운한 부분이 생기기도 했습니다. 그때마다 서수한 대표의 도움을 받았습니다.

가만히 생각해 보면, 서 대표가 하는 일은 제게 질문하거나 그저 제 말을 잘 들어주는 일이었습니다. 그러나 언제나 그 안에서 해결책이 나왔습니다. 주변의 다른 대표들에게도 소개했고 감사 인사를 듣곤 했습니다. 그러나 그러면서도 그 과정이 무엇인지 잘 몰랐는데, 이 책을 읽으면서 너무 잘 정리할 수 있었습니다.

작은 규모의 기업은 생존이 중요한 이슈입니다. 그 과정에서 끌고 가려는 힘이 작동하는 것은 어쩌면 자연스러운 일인지도 모릅니다. 회사의 성장을 위해 끌고 가면서 개인의 발전을 이야기하니 오히려 역효과가 났습니다. 끌고 가는 것이 아니라 각자의 역할을 명료하게 이해하고 함께 힘을 모으는 구조로 만들어

갈 때 오히려 회사도 개인도 성장할 수 있습니다. 저도 과거에는 가르치고 고치려는 마음이 있었습니다. 그런 마음으로 하는 질문은 오히려 직원들의 성장을 돕지 못했습니다. 직원 입장에서 진심으로 들어봐 주고 필요한 지원을 제공할 때 고객사가 늘고 회사는 오히려 더 성장했습니다.

이 책에는 저와 제 지인 대표님들이 도움받은 성장의 비밀이 담겨 있습니다. 다 읽고 나면 '이거 너무 당연한 이야기 아니야? 이 정도는 나도 하겠다' 하실지 모릅니다. 그럼 축하드려야 할 것 같습니다. 곧 성공을 경험하실 테니까요. 오랜 세월 인연 속에서 저자를 막연하게 '좋은 사람, 멋진 사람'이라고 느꼈는데, '가르치지 않고 질문하게 하는 힘' 배울수록, 공부할수록 더 배우고 싶은 힘입니다. 저희 회사는 2021년부터는 월2회 정기적으로 서수한 대표님과 그룹코칭 세션을 갖습니다. 저부터 질문의 힘을 잘 사용하도록 노력해 보겠습니다. 이 책을 읽으시는 모든 대표님의 '성공', '함께하는 성공'을 응원합니다.

김용삼, ㈜청림 대표

퀘스천

QUESTION

- 이 책에서는 조직의 리더, 퍼실리테이터, 강사, 선생님 등 다른 사람의 성공을
  돕는 사람들을 모두 '성공서포터'라고 부릅니다. 이 책은 그 분들이 좋은 질문을
  하실 수 있도록 돕기 위한 내용으로 구성되어 있습니다. 다만, 통일성을 위해
  조직의 리더를 중심으로 사례를 구성하였습니다.
- 책에 수록된 모든 사례는 사전에 허락을 구했거나, 개인정보 보호를 위해 대상
  을 변경하여 이야기를 재구성했습니다. 상호성장을 위해 기꺼이 사례를 공유
  해주신 리더님들께 깊은 감사를 드립니다.

가르치지 말고
질문하라

서수한 지음

퀘스천
QUESTION

플랜비디자인

질문하며 사는 인생이 되도록, 삶으로 본이 되어주신
어머니 김영숙, 아버지 서용덕님께 감사와 존경을 전합니다.

CONTENTS

2부 성공을 돕는 질문 디자인 실습

같이 춤을 추며 왈츠를 만들다

시대가 바뀌었다. 이미 리더들은 2020년 COVID19가 가져온 팬데믹을 거쳐 오면서 지금까지 자신들의 일상을 이끌었던 리더십이 전혀 작동이 안 된다는 것을 체험했을 것이다. 이런 변화의 소용돌이 속에서 리더가 스스로 변화를 만들어 내지 못하고, 심지어 길을 잃었다면 리더로서의 존재 이유를 상실한 것이나 다름없다.

길을 잃고 헤매는 리더들에게는 어떤 근원적 변화Deep Change가 요구되고 있을까? 리더들의 가장 큰 임무는 자신이 입고 있는 리더십의 기성복을 벗어 버리고 자신이 만들어 낸 '자신의 고유성이 드러난 리더십 복장'으로 갈아입는 일이다.

고유성은 자기 자신에게 건네는 질문에서 출발한다. 진성리더십은 '자신이 처한 환경과 자신의 스토리를 잘 반영해서 변화를 일으킬 수 있는 진정한 authentic 리더십 모형은 무엇인가'의 질문에 답하기 위한 것이다. 나에게 맞는 리더십은 세상에 하나밖에 존재하지 않고, 이것을 만드는 것은 리더 자신이라는 것이 진성리더십의 철학이다.

세상이 디지털화될수록 삶의 모든 영역에서 민주화는 필연적이다. 여기서 민주화란 직장, 정치 등 모든 사회 영역에서 대리인을 통해 자신을 드러내는 것이 아니라, 자신이 직접 나서서 문제를 해결하고 이에 관련된 자신의 의견을 표출하고 동료로부터 피드백을 받아 자신의 의견을 발전시키는 것을 의미한다. 리더십의 영역도 예외는 아니다.

리더는 구성원들이 스스로 학습하도록 돕는다. 구성원이 스스로 자신의 전문성에 질문을 던지고, 솔루션을 찾아 자기 효능감을 가지고 해낼 수 있도록 지원한다. 그러나 아무리 정교하게 디자인된 플랫폼에 각종 첨단의 모듈을 장착해도 구성원이 자신의 전문성과 관련한 스스로의 문제를 해결할 수 있다는 효능감을 키우지 못한다면 제대로 성장을 도울 수 없다. 이를 위한 소통방식의 변화가 필요하다.

변화는 맥락을 통해서 만들어진다

그동안 일상의 소통방식이나 일반 리더들이 소통하는 방식은 대부분이 힘이 센 사람이 자신의 내용을 상대에게 강요하는 갑질이나 꼰대질의 소통방식을 크게 벗어나지 못했다. 이들에게 소통을 위해 필요한 것은 상대를 제압할 수 있는 힘이다. 즉, 이들에게는 파워가 소통의 본질이다. 직책이 주는 힘으로 상대가 하기 싫은 일을 하게 하는 데 성공했다면 직책이라는 칼로 노상강도 행위에 성공한 것과 다름없다. 기업에서 전통적 관리자들은 이런 방식의 소통을 성공적 소통이라고 이해해 왔다.

리더가 질문하지 않고 자신의 답안을 부하에게 받아들이라고 강요하는 것에 익숙해지면 부하는 자신이 일의 주인공이라고 생각하기보다는 선생님인 상사가 알려주는 답안을 그대로 받아 적는 어린이가 된다. 어린이로 변한 부하는 더 나은 답안이 떠올라도 이를 포기하고 리더의 잘못된 답안만을 답안으로 받아들인다.

진정한 소통은 자신의 스토리를 구성원의 머릿속에 집어넣는 것이 아니라 구성원과 리더가 서로 마음의 북을 울려 새로운 왈츠로 진화시키는 행동이다. 자신의 이야기가 다른 사람들의 마음속에 진심으로 받아들여져야 제대로 된 소통이 이뤄졌다고 할 수 있는 것이다. 구성원들이 리더의 이야기를 마음으로 받아들였다는 것은 리더의 이야기와 구성원의 이야기가 결합해서 새로운 변화의 물꼬를 만드는 맥락적 이야기를 만들어 냈다는 것을 의미한다.

소통이 안 될 때 흔히 "씨알도 안 먹힌다"라는 표현을 쓴다. 씨알은 우리 선조들이 직조에서 사용하던 전문용어다. 선조들은 날씨가 눅눅해서 주어진 날줄에 씨줄이 잘 먹히지 않아서 직조가 잘 안 되는 상황을 씨알이 안 먹힌다고 표현했다. 씨알은 내 이야기와 상대의 이야기가 직각으로 결합할 때 먹히지, 내 이야기나 상대의 이야기를 일방적으로 강요하는 상황에서는 먹힐 수가 없다. 씨알이 안 먹히는 상황이 온다면 변화는 물 건너간 일이다. 가끔은 날줄이 바위와 같이 산성화되어 있어서 아무리 씨줄을 가미해도 씨알조차 안 먹히는 상황이 존재한다. 이때는 바위에 난 균열을 찾아서 여기에 씨줄을 엮어내는 노력에 성공해야 새로운 맥락context이라는 태피스트리가 만들어진다.

씨알을 위해 리더는 질문한다

뛰어난 리더들은 자신의 답을, 대본을 구성원에게 강요하는 것이 아니라 질문과 관찰을 통해 상대의 의도가 무엇인지 확인하고 거기에 자신의 이야기를 끼워 넣는다. 끼워 넣을 뿐 아니라 일정한 범위에서 리더 자신의 이야기를 구성원들의 이야기와 수직으로 결합해서 공동의 이야기context를 만들어 간다. 자신의 텍스트text를 상대의 텍스트text 속에 끼워 넣어 미래를 위한 새로운 이야기context를 만들어 내는 것이다. 지금까지 세상에 존재하는 모든 변화는 기존의 삶에 씨알이 먹히는 이야기를 결합시켜 새로운 맥락적 이야기를 만들어 낼 수 있을 때 가능했다. 씨알이 먹힌다는 것은 아무리 암울한 상황이라도 주어진 상황에 리더의 이야기가 성공적으로 결합하여 태피스트리가 만들어지는 상황을 의미한다.

리더가 아무리 뛰어난 생각을 가지고 있어도 이 생각을 구성원들 마음속에 끼워 넣어 자신에게 유리한 맥락으로 만들지 못한다면 리더는 절대로 성공할 수 없다. 아무리 능력이나 머리가 뛰어나도 구성원의 마음을 읽고 사로잡을 수 있는 능력이 없다면 리더십 능력은 없는 것이다. 맥락을 창출하지 못하기 때문이다.

리더가 맥락context을 만들지 못하면 그냥 공허한 메아리일 뿐이다. 맥락이 만들어질 때 구성원들은 자신을 주인공으로 인정하고 마음의 공명을 만든다. 공명을 만들어야 추동력과 에너지가 생겨 결국 답이 당연한 현실이 된다.

지금과 같은 초연결 디지털 시대는 모든 거버넌스들이 수평화된 플랫폼에 의해서 움직이고 있다. 이런 수평화되고 민주화돼 가는 시대에 골리앗식으로 힘의 우위를 이용해 약한 상대에게 자신의 생각을 강제로 주입시키는 것은 가장 위험한 소통 방식이다. **리더가 질문하지 않고 자신의 답Text을 강요한다면 답Text이 아무리 옳더라도 리더십이 아니라 리더의 강요 행각으로 보는 시대에 우리는 살고 있다.**

가르치지 말고 질문하게 하라

'자신의 질문을 하게 하라'는 저자의 메시지가 반갑다. 누군가가 나에게 코칭이 무엇이냐고 묻는다면, 나는 코칭이란 〈같이 춤을 추며 왈츠를 만드는 과정〉이라고 정의했을 것이다. 코치와 피코치가 서로의 스토리에 대한 텍스트text를 가지고 서로에게 질문을 던지며 대화하고, 이 질문과 대화가 씨줄과 날줄로 엮여 새로운 맥락이 담긴 왈츠를 만들어낼 수 있다면 그것이 바로 이상적인 코칭이라는 믿음이 있기 때문이다.

같이 춤을 추며 왈츠를 만든다고 하면 혹자는 코치가 춤을 이끌고 피코치가 춤을 배우는 사람이라고 오해할 수도 있다. 하지만 이런 상태는 진정한 수평적 코칭의 관계는 아니다. 진정한 코칭의 관계는 코치와 피코치가 서로 배움으로써 새로운 왈츠를 만들어 내며 함께 성장하는 관계여야 한다.

〈아직도 가지 않은 길〉의 스캇 펙Scott Peck은 진정한 코칭은 피코치를 통해 코치가 더 성숙해질 수 있을 때라고 규정한다. 코치에게나 피코치에게나 스스로의 성장을 증명해주는 새로운 왈츠가 만들어지지 못했다면 수평적 코칭이란 말은 그냥 포장이었을 뿐이다. 누군가가 누군가를 일방적으로 가르쳐주는 일방적 학습의 범주를 벗어나지 못한 것이다. 진성코칭 Authentic coaching이란, 코치가 상대의 문제를 해결해주고 보수를 취하는 것이 아니라 서로가 서로에 대해 가르치고 배우는 상태를 통해 서로에게 새로운 변화를 만들어 내는 것이다.

주인공으로 만들다

코치는 자신도 주인공일 뿐 아니라 상대도 학습의 주인공으로 만들어주는 사람이다. 자신의 삶에서 주인공이 못 되는 이유는 남들이 만들어준 삼인칭 대본을 답이라고 생각하고 있기 때문이다. 우리는 지금까지 우리가 무엇을 해야 하거나 판단해야 할 때 자신이 주인공이 되는 일인칭 대본이 아니라 남들이 써놓은 남들의 패러다임과 대본에 의지해왔다. 코치는 상대가 일인칭으로 자신만의 대본을 만들어 주인공으로 태어날 수 있게 대화와 질문을 촉진하는 사람이다.

물론 지금까지 남들이 만들어준 답이 우리가 우리의 삶을 조직화하는 데 도움을 주었던 것은 사실이다. 그러나 문제는 고전적 영웅들이 살았던 때와는 달리 우리가 처해 있는 지금의 환경은 우리가 감당할 수 없을 정도로 변화하고 있다는 것이다. 환경은 변화무쌍한데 자신은 남들이 알려준 과거의 삼인칭 신화만을 기반으로 행동한다면 이류가 되는 것은 단지 시간문제일 뿐이다. 코칭은 상대가 자신의 플로어에서 주인공이 되어 춤을 추고 이 춤을 통해 자신만의 왈츠곡을 완성하게 하는 것이다.

코치는 남들을 코치하기 전에 스스로의 삶에 대한 열쇠를 과거의 성공에서, 기득권에서, 남들에게서 돌려받아야 한다. 자신만의 질문, 패러다임, 변화, 대본 그리고 틀을 재창조하는 진정한 일류로의 항해를 통해 자신을 구해내는 영웅으로서의 경험이 축적되어 있어야 한다. 주인공으로서의 삶이란, 자신의 대본으로 솔루션을 마련하고 검증하고, 실패를 체험하고 이를 통해 자신의 대본을 수정해가는 과정이다.

이 책을 통해 저자는 독자에게 맥락적 스토리를 제공한다. 그리고 공명을 만든다.

첫 번째 공명은 타인을 향하는 지점에 있다. 저자는 상생의 목적을 가지고 다른 사람의 성공을 돕고자 하는 사람을 '성공서포터'라고 부른다. 질문을 통해 상대를 주인공으로 탄생시키는 방법을 제공한다.

두 번째 공명은 자신을 향한다. '성공서포터'가 되고자 하는 사람들에게 스스로 질문을 해보도록 권한다. '성공서포터'로서 상생의 목적을 가지고 있는가? 더 나은 세상을 만들기 위해 틈이 날 때마다 자신이 하는 일에 목적의 씨앗을 끼워 넣어 자라게 하고 있는가? 자기 스스로를 성장의 주인공으로 만들고 있는지 묻는다.

저자는 책 전반에 거쳐 '질문'의 기능적 차원 이전에 '질문'의 목적을 생각하게 한다. 자신의 답text을 강요하는 질문은 질문이 아니다. 질문은 직조context로의 초대이다. 이 책은 직조술 훈련을 제공하는 현실적인 지침서가 되기에 충분하다.

그러나 완성은 각자의 삶에 있다. 직조술 훈련을 통해 자기 스스로를 성장의 주인공으로 만들어야 목적이 실현되고 변화가 완성된다. 그 여정으로 기쁘게 초대한다.

이화여자대학교 교수 윤정구

바뀌어 버린 세계,
질문력이 생존력이다

모로코에 출장을 간 적이 있습니다. 남는 시간을 활용해 사막투어를 했는데, 난생처음 보는 사막은 그야말로 경이로웠습니다. 바람이 불 때마다 지형이 바뀌는 모습을 보면서, 요즘처럼 빠르게 변하는 시대를 왜 사막에 비유하는지 알 수 있었습니다. 그러다 문득 이런 생각이 들었습니다.

'만약 가이드가 직접 그린 지도를 주고 떠난다면,
나는 무사히 목적지에 도달할 수 있을까?'

어릴 때는 인생이 꼭 산을 오르는 것 같았습니다. 언제나 고지가 보였고 그 고지를 향해 열심히 걸어가면 됐습니다. 그런데 어른이 되고 나니 사막 같은 순간이 종종 펼쳐집니다. 2020년 일상에 허락 없이 찾아온 COVID 19도 그랬습니다. 2019년에 세운 많은 계획이 무용지물이 되고, 갑자기 재택근무를 하게 되고, 마스크가 불티나게 팔렸습니다. 전혀 예상하지 못한 전

개였습니다.

바람이 불 때마다 지형이 바뀌는 사막에선 아무리 유능한 가이드가 그린 지도라도 무용지물일 것입니다. 요즘 우리가 살아가는 시대가 꼭 그렇습니다. 어제의 산봉우리가 평지가 되고, 어제의 길이 사라져버리는 예측 불가한 시대입니다. 이전에 만들어 놓은 답은 더 이상 경쟁력을 갖지 못합니다. 사막을 건너는 것 같은 지금, 우리에게 필요한 것은 무엇일까요?

질문입니다. 정답을 맞히는 질문이 아니라 생각하는 질문, 해답을 찾아내는 질문 말입니다. 본질적 의미에서 질문바탕 질質, 물을 문問은 '알고자 하는 바를 묻는 것'입니다. 뒤집어 보면, 내가 '아는 것'과 '모르는 것'을 정확히 알 때 모르는 것을 선별해서 질문할 수 있다는 뜻이 됩니다. 빠르게 변화하는 지금, '나는 무엇을 알고 무엇을 모르는가?', '나답게 기여하며 살려면 무엇이 필요한가?' 스스로 질문할 수 있어야 합니다.

세계적인 리더십 교육기관 CCLCenter for Creative Leadership은 성공적인 역할을 수행하고 있는 리더 및 전문가를 대상으로 리더의 성공가능성을 예측하는 변수에 대해 연구[1]했습니다. 그 결과 임원이 가진 역량 자체보다 변화에 대응하며 새로운 사고와 행동방식을 배우고 활용하는 특성인 어질리티민첩성, Agility가 성공을 가르는 중요한 핵심 변수임을 발견했습니다. 변화상황에 필요한 것이 무엇인가 질문하고 도전하고 필요한 역량을 학습한 리더들은 성공을 지속할 수 있었습니다. 그러나 변화를 인식하지 못하고 기존의 사고와 행동방식을 고수한 사람들은 중도 이탈했습니다.

시대변화가 더욱 빨라지고 복잡성과 모호함이 더욱 증가했습니다. 고용은 불안정해졌고, 평균 수명은 120세까지 늘어난다고 합니다. 과연 학교에서 배운 지식만으로 평생 살아갈 수 있을까요? 직장에서 쌓은 직무 역량만으로 은퇴 이후의 삶을 영위할 수 있을까요? 질문하지 않는 개인은 발전을 넘어 생존에도 영향을 받게 됩니다.

2000년대 초반 일본에서 코칭 확산을 이끈 에노모토 히데타케Enomoto Hidetake는 〈부하의 능력을 열두 배 키워주는 마법의 코칭〉이라는 책을 통해 조직의 리더가 지시형 리더에서 코치형 리더로 변해야 한다고 설명합니다. 상사 주도가 아닌 구성원 주도로 바뀌어야 하며, 이를 구현하는 '질문의 힘'을 강조합니다.

그로부터 약 20년이 흐른 2018년, 조직문화와 리더십을 연구하는 경영 사상가인 스티븐 데닝Stephen Denning은 〈애자일, 민첩하고 유연한 조직의 비밀〉을 통해 시대변화에 대응하기 위해 꼭 필요한 사고방식으로 애자일2을 강조합니다. 애자일Agile은 눈 앞의 현상에 질문을 던집니다. '어떻게 다르게 해볼 수 있을까?', '어떻게 좀 더 최적의 가치를 창출할 수 있을까?' 질문하고 실험하고 개선합니다. 계획과 통제에 사용하던 에너지를, 창조하고 실험하고 개선하고 반영하는 데 사용합니다. 오늘날의 경쟁력은 기술 자체가 아니라 고객의 진짜 욕구를 질문하고 이를 충족시키기 위해 기술을 사용할 줄 아는 힘입니다. 이처럼 코칭에도 애자일에도 그 근간에 질문이 있습니다.

사실 다양한 사람들의 시너지를 통해 경쟁력을 갖는 시대로의 전환은 이미 꽤 오래전부터 진행되고 있었습니다. COVID 19가 디지털 전환을 급격하게 앞당기기는 했지만 COVID 19 이전에도 이미 디지털 전환은 시작되고 있었던 것처럼 말입니다. 2020년 주목받았던 다양한 디지털 도구들은 대부분 이미 그 이전부터 디지털 협업도구로 사용되고 있던 것들입니다. COVID 19로 사용자층이 급격히 넓어졌을 뿐입니다.

같은 목표를 바라보는 구성원들이 그것을 실현하기 위해 스스로 질문하고 실험하고 함께 배우고 다시 질문하고 실험하는 것이 중요해진 시대입니다. 에노모토 히데타케의 〈마법의 코칭〉과 스티븐 데닝의 〈애자일, 민첩하고 유연한 조직의 비밀〉, 이 두 책 사이에 20년이란 시간의 격차가 있지만 관통하는 메시지는 동일합니다. 변화는 이미 우리의 일상이 되었습니다. 시대의 변화를 인지하고 대비하는 사람과 인지하지 못하고 기존 방식을 고수하는 사람이 있을 뿐입니다. **바뀌어 버린 세계, 질문력이 생존력입니다.**

어떻게 질문력을 키울 수 있을까?

오래전부터 매스컴을 통해 질문의 중요성이 강조됐습니다. 그런데 주변에서 질문 잘하는 사람 보기가 쉽지 않습니다. 생각해 보면 개인의 삶, 학교, 직장 어디서도 그런 질문을 경험한 기억이 잘 없습니다. 지금까지 우리 사회에서는 질문하는 사람보다 주어진 질문에 정해진 답을 잘하는 사람이 더 인정받았기 때문입니다.

질문하면 오히려 지적받기 쉬웠습니다. "시끄럽다. 쓸데없는 것에 신경 쓰지 말고 진도 나가자." 질문하면 평가받기 쉽습니다. "그걸 질문이라고 하냐? 도대체 생각을 하는 거니? 질문 수준하고는…. 쯧쯧". 우연히 누군가가 질문했다가 혼나는 장면을 관찰하게 되면, 자연스레 '좋은 질문'을 줄여 나가기도 합니다.

독일의 학생들은 "나는 생각한다. 고로 존재한다."는 철학적 명제에 대해 사유하고 토론하는 훈련을 한다고 합니다. 생각하는 질문입니다. 우리나라에서는 "나는 생각한다. 고로 존재한다."라는 말을 한 철학자가 누구인지 묻는 문제가 시험에 출제됩니다. 정해진 답을 묻는 질문입니다. 요즘에도 이런 류의 질문을 우리 주변에서 쉽게 발견할 수 있습니다. 그렇게 우리는 점점 질문하지 않는 사람이 되었습니다. 스스로 사유하는 '좋은 질문'을 하기보다 타인의 질문에 대한 정답을 맞히는 방식에 더 익숙해진 것입니다.

철학자인 최진석 교수는 〈탁월한 사유의 시선〉이라는 책을 통해 아는 지식을 내뱉는 '대답'과 자신만의 고유한 궁금증을 발동시키는 '질문'이 얼마나 다른 차원의 것인지, 얼마나 다른 결과를 만들어 내는지 이야기합니다.

다음은 어느 철학자가 말한 것인가?

Q 나는 생각한다. 고로 존재한다.
① 데카르트
2. 칸트
3. 데이비트 흄

VS.

사람의 존재이유는 무엇인가?

한 주간 이 명제를 생각하며 느꼈던 것을 함께 이야기해봅시다.

질문과 대답은 대립적인 한 쌍이 아니라 전혀 다른 차원의 다른 두 행위입니다. 대답은 인격적인 준비가 되어 있지 않아도 가능한 일이지만, 질문은 궁금증과 호기심이라는 내면의 인격적 활동성이 준비되어 있지 않으면 절대 나올 수 없는 일입니다. 한마디로 대답은 '기능'이지만, 질문은 '인격'입니다. … 대답은 과거에 머물게 하고 질문은 미래로 열리게 합니다. 자기가 자기로 존재하는 독립적 주체성을 갖는 '질문하는 사람'은 자기 행위의 책임성이 자신에게 있으니 시민의식도 더 높을 수밖에 없습니다.

– 최진석, 〈탁월한 사유의 시선〉

오늘날의 교육에서도 질문의 형태는 여전히 '답을 찾는' 모습일 때가 많습니다. 표면적으로는 '생각하는 질문'이라고 말하지만, 그 질문에 대응하기 위해서는 암기력을 필요로 하기 때문입니다. 이러한 질문은 '생각하는 질문'을 가장한 '정답을 찾는 질문'일 뿐입니다. 4차 산업혁명을 강조하며 없어질 직업은 무엇인지 묻고 우르르 코딩교육을 하는 모습을 보면 조금 안타까운 생각이 듭니다. 모두가 같은 답을 향해 달려갑니다. '왜 그 직업이 경쟁력이 없다고 생각하는지', '그것이 나에게 주는 메시지가 무엇인지', '나는 어떤 역량을 키워야 하는지' 질문하지 않습니다.

문제는 이제 그런 방식으로 원하는 것을 얻기 힘든 시대가 되었다는 것입니다. 심지어 그렇게 성공한 분들 역시 막상 이루고 나니 자신이 원했던 모습이 아닙니다. 자신이 진짜 원하는 것이 무엇인지 제대로 질문해본 적이 없었기 때문입니다. 다른 사람들의 질문에 정답을 맞추며 살았기 때문에 스스로 사유하고 원하는 것을 발견하기 위해 질문하는 법을 잊어버렸습니다.

질문력을 키우기 위해 필요한 것은 타인의 질문에 정답을 답하는 삶에서 벗어나 자신의 질문을 시작하는 것입니다. 삶에서 '좋은 질문'을 경험하면 질문력이 자랍니다. 선생님, 교수, 강사, 코치, 퍼실리테이터, 상담가, 컨설턴트, 리더… 중점을 두는 요소와 대상, 목적은 조금씩 다르지만, 이들은 모두 다른 사람의 성공을 돕는 역할을 합니다. 성공서포터입니다. 시대가 필요로 하는 성공서포터는 사유를 촉진하는 사람, 좋은 질문을 건네는 사람입니다. 또한 상대방의 질문을 기꺼이 들어주는 사람입니다. 질문을 주고받는 관계가 될 때 두 사람 사이에 정보, 의견, 마음, 생각이 오가고 새로움이 창조됩니다. 이런 상호작용이 가능할 때만 우리는 누군가의 성공을 제대로 도울 수 있습니다.

당신은 자신의 삶에 질문을 건네는 사람인가요? 더 나아가 상대방의 성공을 돕는 '좋은 질문'을 하는 사람인가요?

질문, '하는 것'을 넘어 '하게 하라'를 생각하다

시작은 '질문하라'입니다. 누군가의 성공을 돕는다는 것은 일방적으로 가르치는 것을 멈추고, 상대방이 사유하고 성공할 수 있도록 '좋은 질문'을 건네는 것에서 출발합니다. 이 책은 다른 사람의 성공을 돕는 '좋은 질문'에 대해 안내합니다. 그러나 여기에서 좀 더 나아가실 수 있도록 돕고 싶었습니다.

질문을 왜 잘해야 하며 어떻게 하면 잘할 수 있는지 다루는 좋은 책은 많습니다. 그런데 같은 내용을 보고도 '왜 '좋은 질문'이 시작되지 못할까요?(혹은 '좋은 질문'을 하지 않을까요?)'

'좋은 질문'을 하지 못하는 가장 큰 원인은 자신의 삶에서 '좋은 질문'의 경험이 부족하기 때문입니다. 좋은 질문은 질문하는 삶에서 출발합니다. 누군가의 성공을 돕고자 한다면, 먼저 자신의 삶에 질문을 건넬 수 있어야 합니다. 그동안 내가 궁금한 것을 타인에게 묻는 질문을 했다면 이제 나에게 먼저 질문합니다. 질문의 방향을 '다른 사람'에서 '나'로 전환하는 것입니다.

〈린스타트 업〉의 저자 에릭 리스Eric Ries는 현재 비즈니스 모델을 수정하는 피벗Pivot전략을 '방향 전환'으로 설명합니다. 질문하게 하는 것 역시 마찬가지입니다. 스스로에게 건넸던 질문의 방향을 다시 상대방에게로 전환합니다. 상대방의 성공을 돕기 위한 피벗인 것입니다. 이때는 나 혹은 세상의 정답을 강요하는 것이 아니라, '좋은 질문'을 상대방에게 건네야 합니다. 여기서 좋은 질문이란, 상대방이 스스로 자신의 질문을 시작할 수 있도록 돕는 질문을 의미합니다. 이미 자신의 삶에서 '좋은 질문'을 경험해 본 사람이라면 타인에게 '좋은 질문'을 건넬 수 있습니다. 상대를 위해 귀하게 고른 질문을 귀하게 건넬 때 상대방의 삶에서 일어나는 변화를 함께 경험할 수 있는 기회가 주어집니다.

이 책은 '다른 사람의 성공을 돕는다'는 목적은 그대로 두고 이를 구현하는 질문 방향의 변화를 이야기합니다. 방향이 바뀌면 '좋은 질문'의 기준이 조금 달라집니다. 이를 위해 질문에 대한 안목 높이는 방법, '질문'이라는 수단을 사용하여 다른 사람의 성공을 돕는 '좋은 대화'로 연결하는 질문의 기술을 담았습니다. 책은 크게 2개의 부분으로 구성되어 있습니다. 책의 첫 부분1~4장은 다른 사람의 성공을 돕는 질문의 원칙과 역할에 대해 다룹니다. 좋은 질문의 재료에는 무엇이 있고 그 재료를 사용하여 어떻게 타인의 성공이라는 목적을 구현할 수 있을지 슬기로운 질문 사용법을 안내합니다. 두 번째 부분 5~7장은 대화를 시작하고 연결하고 의미 있는 성공을 경험하도록 돕는 과정에서 어떻게 질문을 디자인하고 사용할 수 있을지 안내합니다. 특히 6장에서는 상황별 질문디자인 사례를 통해 다른 사람의 성공을 돕는 질문들이 각 상황에서 어떻게 작동할 수 있는지 현장의 맥락과 함께 살펴봅니다.

저는 코치입니다. 누군가의 성공을 돕는 '질문'을 업으로 하는 사람입니다. 많은 단어가 그렇듯 코칭도 다양한 의미로 사용되고 있는 단어 중 하나입니다. 제가 경험한 코칭은 각자가 고유한 자기다움으로 자기다운 성공을 이루도록 돕는 대화입니다. 그 중심에 '좋은 질문'이 있습니다. 리더가, 교사가, 부모가 질문 전문가/코치로 거듭날 때 상대방의 삶이 놀랍도록 달라지는 장면을 참 많이 봐 왔습니다. '좋은 질문'은 삶의 주도권을 자신에게 돌려줍니다. 다른 사람의 질문에 답하는 삶에서 스스로 자신의 질문을 하는 삶으로 이동하도록 돕습니다. 우리는 자신의 질문을 할 때만 일상에 의미 있는 변화를 만들어 낼 수 있습니다. 그런 질문의 힘을 함께 나누고 각자의 삶에서 자기답게 기여하시는 당신의 성공을 응원하고 싶습니다.

수많은 씨실과 날실을 통해 삶이라는 아름다운 그림이 그려집니다. 이 책을 통한 만남도 우리 삶의 씨실과 날실의 일부가 되길 기대합니다. 삶은 비난, 평가, 경쟁이 아닌 긍휼에 기반한 보충과 연대로 서로를 채울 때 풍성해집니다. 우리는 누군가에게 도움을 받기도 하며, 때론 누군가의 성공을 돕습니다. 자기 삶에 질문을 던지는 사람들, 자기다움으로 세상에 기여하며 살아가는 이 땅의 모든 성공서포터들을 응원합니다.

나는 질문에 익숙한 사람인가? 대답에 익숙한 사람인가? 몇 가지 질문을 통해 나의 질문력을 점검해보겠습니다. **A** 와 **B**, 두 가지 질문셋set이 있습니다. 각각 질문셋set에서 해당하는 항목에 체크해보세요.

A
- ☐ 관점을 변화시키거나 새로운 것을 배울 수 있는 경험을 추구한다.
- ☐ 새로운 것을 배우려 노력하고, 탐구하고 발견하려고 한다.
- ☐ 주변 상황의 변화를 주의 깊게 관찰하며 배움이 필요한 것이 있는지 확인한다.
- ☐ 경험을 성찰하고 그 속에서 패턴을 발견한다.
- ☐ 자신에 대한 피드백을 살피고 자신의 행동을 변화시킨다.
- ☐ 새로운 기술을 연습하고, 시도하고, 수정한다.
- ☐ 적응력, 반응도, 끈기, 자각력, 학습력, 정서적 연대감 등이 높은 편이다.
- ☐ 자신이 학습하는 내용을 이해하는 데 도움이 되는 프로그램이나 프레임워크를 활용한다.
- ☐ 자신이 처해 있는 상황에 맞서 자신의 이론(생각)을 개발하고 검증한다.

개수 ＿＿＿＿＿＿＿＿

B
- ☐ 새로운 지식이나 기술을 배우는 것을 좋아하지 않는다.
- ☐ 배우려고 애쓰고 싶지 않다.
- ☐ 실패는 두고두고 곱씹으며 후회한다.
- ☐ 안전하고 편한 것을 선호한다.
- ☐ 핵심 경력과 관련된 것만 배우려 한다.
- ☐ 경험은 지나간 것이다. 경험을 돌아보지 않는다.
- ☐ 특정 상황에서 배운 내용을 다른 상황에서 적용하는 것이 어렵다.
- ☐ 학습에 지나치게 많은 시간을 할애하면서도 실천하지 않는다.
- ☐ 자신에 대한 피드백을 불쾌하게 여기거나 외면한다.

개수 ＿＿＿＿＿＿＿＿

함께 생각해보기

어떤 결과가 나왔나요? 앞에서 우리는 스스로 생각하도록 돕는 질문을 '좋은 질문'이라고 정의했습니다. 그런 의미에서 볼 때 A에 체크한 개수가 많을수록, B에 체크한 개수가 적을수록 질문력이 높다고 볼 수 있습니다.

위 문항은 어질리티변화에 대응하며 새로운 사고와 행동방식을 배우고 활용하는 특성를 측정하는 문항입니다. CCL이 연구하고 국내 PSI 컨설팅에서 번역하여 발행한 리더십 개발 가이드 〈COMPASSCCL 50년 지혜가 담긴 리더십 개발 가이드〉의 어질리티 행동특성을 수정한 것입니다. A는 어질리티가 높은 사람들이 보이는 행동특성이고, 반대로 B는 어질리티가 낮은 사람들이 보이는 행동특성입니다.

어질리티가 높은 사람들은 경험을 통해 질문하고 이를 배움으로 연결합니다. 정해진 답에 머무르지 않고 다양한 가능성을 탐색합니다. 시대와 정합성을 유지한다는 말은 시대가 필요로 하는 역량을 습득하면서 성장하고 있다는 말입니다. 불확실성이 높아진 시대, 질문이 생존력입니다. 당신의 질문력은 안녕한가요?

QUESTION

"우리가 위험에 빠지는 것은 뭔가를 몰라서가 아니다.
뭔가를 확실히 안다고 착각하기 때문이다. "

- 마크 트웨인Mark Twain

1부

성공서포터를 위한
질문 사용 설명서

1장

제대로 알자!
질문의 힘

제가 생각하는 제 강점 중 하나는 오프라인 강의장에서 참석한 학습자들과 빠른 연결을 만드는 힘입니다. 그런데 2020년 여름 이후, 기업 대상으로 하는 강의는 대부분 온라인 라이브 방식으로 진행되었습니다. 연수원 대신 줌Zoom이나 웹엑스Cisco Webex 같은 온라인 강의실에서 리더들을 만났습니다. 각자의 컴퓨터 화면으로 연결된 비대면 환경이라는 제약 조건 하에서 오프라인 공간을 가득 채우던 공기가 일순간 사라졌습니다. 랜선 너머 학습자의 상황을 확인할 방법이 부족했습니다.

'잘 전달되고 있나?', '잘 듣고 있나?' 자꾸 의심이 들었습니다. 목소리가 커지고 설명이 늘어났습니다. 그렇다고 학습자가 놀랍도록 몰입하게 만들지도 못했습니다. 학습자의 주변엔 언제든 다른 활동을 시도할 수 있는 다양한 요소가 놓여 있었습니다. 강의가 조금만 지루해지면 랜선 너머 다른 요소들에 학습자를 빼앗기고 맙니다. 그러다 보니 힘은 힘대로 들고, 교수자로서도 강의가 만족스럽지 않았습니다.

결국, 같은 고민을 하던 동료 교수자들과 논의한 끝에 온라인 라이브 환경에서의 강의방식을 보완해 나갔습니다. 그리고 2020년 11월, A사 신임팀장분들과 진행했던 성과면담 과정을 마친 후에 이런 피드백을 받았습니다.

"교육내용도 좋았지만, 무엇보다 코치님의 커뮤니케이션 방법이 인상적이었습니다. 저도 구성원들과 대화할 때 그 방법을 써야겠다고 다짐했습니다. 감사합니다!"

그분이 말한 '저의 커뮤니케이션 방법'은 무엇이었을까요? 바로, '질문하게 하는 질문'입니다.

"팀장님은 어떻게 생각하세요?"
"혹시 이 부분을 잘 해결했던 경험이 있으실까요?"
"A팀장님의 고민에 도움을 주실 팀장님 계실까요?"

이런 질문은 자신의 생각과 경험을 돌아보게 만듭니다. 내가 무엇을 아는지 모르는지 생각하게 되고, 공유하고 싶은 경험이 떠오릅니다. 내가 궁금한 것을 질문하게 됩니다. 물론 이 질문이 잘 동작하기 위해서는 기술도 필요하고, 온라인 도구를 잘 활용하는 것도 도움이 됩니다. 그러나 먼저 기술이 구현하고자 하는 본질이 무엇인지 고민해야 합니다. 다음으로 본질을 실현케 할 도구(기술)를 찾아 활용하면 됩니다.

제가 온라인 라이브 방식으로 강의를 하면서 느낀 점 중 하나는, 오프라인에서 '연결'에 능숙한 사람은 온라인에서도 '연결'을 돕는 자신만의 방법을 찾아간다는 것이었습니다. 사람과 사람 사이의 연결을 만드는 본질은 온라인이나 오프라인이나 동일하기 때문입니다.

그 중심에 질문이 있습니다. 온라인 환경에서 연결되기 위해 반드시 배워야 하는 대화의 기술이 '질문'입니다. 내가 원하는 정보를 얻기 위해 혹은 상대방이 아는지 모르는지 평가하기 위한 질문이 아니라 상대방의 성공을 도와주는 질문 말입니다. 그런 질문은 자신의 질문을 시작하게 만듭니다. 질문을 통해 성공을 경험한 관계는 주고받는 대화를 통해 성공의 맥락을 창조해갑니다. 연결이 시작되는 것입니다.

본질은 같으나 좀 더 다른 형식의 연결이 필요한 세상이 되었습니다.
나의 질문은 연결을 돕는 질문인가요? 단절을 부르는 질문인가요?

흔히 질문은 하면 된다고 생각합니다. 질문에 무슨 기술이 필요한가 오히려 반문합니다. 그렇지 않습니다. 질문은 배움이 필요한 기술입니다. 질문은 연결을 돕고 상대방의 성공을 실현시켜 주는, 매우 단순하지만 동시에 매우 심오한 대화방식입니다. 그렇기에 누군가의 성공을 돕고자 하는 사람이라면 연결을 만드는 질문의 원리를 이해할 필요가 있습니다.

질문, 슬기로운 연결을 돕다

2020년, COVID 19로 인해 언택트untact라는 말이 유행하게 되었습니다. 이 말은 컨택트contact에서 출발했습니다. 컨택트contact는 'together, with'의 의미를 가진 con과 'a touch, sense of touch'의 의미를 가진 tact로 구성됩니다. 여기에서 con대신 not을 의미하는 un으로 바꾼 단어가 언택트untact입니다. '거리두기'와 맥락을 같이하는 말로 사용했습니다.

시간이 흐르면서 본질에 주목하는 사람들이 늘어나자, 언택트는 온택트라는 말로 바뀌기 시작합니다. 온라인으로 연결된다고 해서 온택트On:tact라고 하기도 하고, '따뜻하게 연결되자'고 온溫택트라고 부르기도 합니다. '비대면'이란 표현 대신 '온라인 대면'으로 표현하기도 합니다.

청와대 국민청원 게시판에도 인상적인 청원이 올라왔습니다.[3] '사회적 거리두기'라는 말 대신 '물리적 거리두기'라는 말을 사용할 것을 제안하는 글입니다. COVID 19의 예방을 위해 서로 물리적인 거리를 유지해야 하지만 이 말이 연결을 하지 말라는 의미는 아니라는 겁니다. 오히려 물리적 거리가 주는 고립감을 줄이고 사회의 기능이 원활하게 유지되려면 사회적 거리를 좁히기 위한 지속적인 노력이 필요합니다. 물리적 거리두기가 필요한 상황에도 사람은 마음의 연결이 필요한 존재입니다.

2020년 10월 생활변화관측소에서 발표한 트렌드리포트[4]를 보면 흥미로운 관찰이 보입니다. '회식'이라는 단어는 사용이 급격히 줄었는데 '홈파티'라는 단어는 그 사용이 급격히 늘어났다는 내용입니다. COVID19로 인해 공식적인 회식은 대부분 취소됐지만, 그 와중에도 삼삼오오 모임은 계속 이어졌다는 뜻입니다. 연결대상과 방식이 달라졌을 뿐, 우리는 여전히 연결되고 있음을 의미합니다.

컨택트contact라는 말은 원래 의미 없는 접촉을 의미합니다. 상대방을 정말 알아가는 접촉은 encounter로 표현합니다. Encounter는 서로against, contra를 향해 들어간다in는 의미입니다. 나의 경험과 멘탈모델이 주는 편향을 최소화하고 상대방을 향해 온전히 들어가 보는 것입니다. 오프라인 대면의 상황일 때 나는 'contact' 한 사람이었을까요? 아니면 'encounter' 한 사람이었을까요? 오프라인 대면에서 의미 있는 연결을 해보지 못한 사람은 온라인 대면에서도 의미 있는 연결을 경험하기 어렵습니다.

재택근무나 리모트워크가 활성화되면서 리더들은 사용할 수 있는 카드를 하나 잃었다고 표현합니다. 오프라인 현장에서는 눈에 보이는 공간이 일종의 연결을 강제합니다. 그러나 온라인 대면의 상황에서는 더 쉽게 분화와 단절이 일어납니다. 오프라인 환경에서처럼 언어적 비언어적 메시지들을 주기 어려워집니다.

게다가 리더-구성원이라는 관계는 그 자체가 '거리감'을 갖습니다. 아주

쉽게 대화모드가 꺼질 수 있습니다. 예를 들어 리더가 구성원을 '위하는 마음'으로 화를 낼 수 있습니다. 이때 리더는 자신의 행동을 자신의 의도로 해석하지만, 구성원은 리더가 보내는 언어적, 비언어적 메시지로 그 행동을 해석하고 판단합니다. 즉 리더는 자기 마음을 잘 알기 때문에 자신이 화를 낸 모습보다 화를 내게 된 의도만 헤아릴 수 있습니다. 그런데 구성원은 그 의도를 이해하기보다는 보여진 행동만으로 감정이 상하거나 오해가 쌓일 수 있는 것입니다. 같은 사건을 경험해도 리더 구성원 각자의 해석은 얼마든지 달라질 수 있습니다. 이렇게 오해가 생기면 대화모드는 꺼집니다. 질문을 배운다는 것은 나의 의도에 맞게 표현하는 힘을 기르는 것입니다. 조금만 질문을 배워도 의도를 전하기가 훨씬 쉬워집니다.

리더라면, 성공서포터라면 질문을 통해 의미 있는 '연결'을 만들어 낼 수 있어야 합니다. 채팅창이나 화상화면을 통한 관계는 좀 더 본질적인 일에 집중해야만 영향력을 발휘할 수 있습니다. 아주 필수적인 말만 남겨진 대화에서 누군가의 성공을 돕는다는 것은 불가능에 가깝습니다. 온라인 연결의 시대 '나는 주고받는 대화의 플랫폼을 만들어 내는 사람인가?' 자문해 볼 필요가 있습니다.

질문, 어떻게 잘 사용할까?

G20 Seoul Summit 2010 폐막식에서 있었던 일입니다. 오바마 대통령이 폐막 연설 후 개최국에 대한 감사의 의미로 한국 기자들에게 질문 우선권을 줬습니다. 그러나 어떤 한국기자도 질문하지 않았고, 어색한 정적 속에서 한 중국 기자가 손을 들어 아시아를 대표해서 본인이 질문해도 되는지 물었습니다. 오바마 대통령은 다시금 한국 기자에게 기회를 주었지만 누구도 선뜻 나서서 질문하지 못했습니다. 결국 마지막 질문은 중국 기자에게 돌아갔습니다.

질문의 중요성에 관해 이야기할 때 종종 등장하는 이 사례는 초점을 기자들에게 맞추고 있습니다. 그런데 저는 초점을 '질문을 시작되게 하는 사람'에 맞춰보려고 합니다. 이 장면에서는 오바마 전 대통령입니다. 폐막식의 연설을 맡은 오바마 대통령은 G20 Seoul Summit 2010을 잘 마무리하고 싶었을 것입니다. 그 방법으로 연설의 마무리 단계에서 개최국에게 질문권을 제공했습니다. 그러나 청중석에서는 아무도 질문하지 못했습니다. '질문이 시작되게 하는 사람'으로는 실패한 것입니다.

이후 이 사례는 2012년 EBS 〈다큐프라임〉이라는 프로에서 다시 다뤄졌습니다. 당시 현장에 없었던 기자들에게 해당 장면을 보여주고, '당신이라면 저 상황에서 질문할 수 있겠는가'라고 물었습니다. 그 자리에 모인 기자들은 모두 자신도 아마 그 자리에 있었다면 질문하지 못했을 것이라고 답합니다.

질문하는 순간 이목이 내게 집중된다는 사실 때문일 겁니다. 심지어 G20 개최국에 대한 우대로 폐막식의 마지막 질문권이 주어졌다면, 마치 그 질문이 모든 한국 기자를 대표하는 질문으로 여겨질 수 있는 상황이었습니다. 그 자리에 있던 기자들은 모두 '내가 그 역할을 해도 되는가?', '내 질문이 그 수준에 부합하지 못하면 어쩌지?', '이 질문은 지금 이 상황에 맞는 질문이 맞나?'와 같은 생각을 했을 겁니다.

만일 오바마 대통령이 수많은 한국기자 중 한 사람을 지목하여 질문권을 줬다면 어땠을까요? 반쯤 열린 질문으로 앞에서 나온 어떤 이야기를 가지고 자신의 의견을 먼저 설명한 다음, 의견을 묻는 질문을 던졌다면 어땠을까요? 아주 사소한 어떤 질문을 의미 있게 혹은 유머러스하게 가치를 인정해주는 말을 했다면 어땠을까요?

물론, 세계인의 이목이 집중된 상황에서는 질문이 조금 달라진다 한들 크게 바뀌는 것은 없을지 모릅니다. 그러나 일상의 환경이라면 이야기가 달라집니다. 질문자의 질문 방식에 따라 상대방의 질문 빈도와 질은 얼마든지 달라질 수 있습니다.

저는 코치이기도 하지만 연구원들과 함께 팀으로 일하는 리더이기도 합니다. 한 번은 고객사와 미팅에 연구원인 효은씨와 함께 가게 되었습니다. 고객사의 니즈를 듣기 위해 방문한 자리였는데, 효은씨는 '우리가 해줄 수 있는 일'에 대해서 거의 30분 동안 혼자 이야기했습니다.

여차저차 미팅이 끝나고 효은씨에게 왜 질문하지 않고, 준비한 말을 빠르게 늘어놓았냐고 물었습니다. 효은씨는 멋쩍게 웃으며 "제가 모르는 걸 물어볼까 봐 무서워요. 질문을 받았는데 제가 제대로 대답을 못하면 어떡해요? 그래서 미리 준비한 말을 빠르게 전하려고 했어요."라고 답했습니다. 효은씨와 같은 사례가 참 많습니다. 질문했는데 답변을 못 듣고 오히려 무안해질까 봐, 혹은 내 질문에 다른 질문들이 꼬리에 꼬리를 물고 쏟아질까 봐. 그래서 질문보다는 설명하는 쪽을 택합니다.

안타까운 것은 설명하려고 애쓰면 애쓸수록 내 설명이 제대로 전달되기 어렵다는 사실입니다. 좀 더 많이 말하면, 좀 더 논리적으로 설명하면 내 말이 잘 전달될 거라고 믿습니다. 그러나 사실은 그 반대입니다. 많이 말할수록 하고 싶은 이야기가 제대로 전달되기 어렵습니다. 질문은 상대와 생각을 교환하고 힘을 합하도록 돕는 마중물의 역할을 합니다. 효은씨 역시 아래와 같은 질문을 이용했다면, 오고가는 대화 속에서 고객의 니즈를 보다 잘 파악할 수 있었을 겁니다.

"이번 교육과정을 의뢰하게 된 배경이 있을까요?"

"설명 들어보니 어떠세요?"

"프로젝트가 끝난 후 어떤 상태가 되면 프로젝트가 잘 진행되었다 생각
이 드실 것 같으세요?"

"혹시 우려되는 것들이 있으실까요?"

질문으로 주고받는 대화가 가능해질 때 우리는 서로 원하는 것을 더 잘
주고받을 수 있습니다. 다른 프로젝트를 위해 다시 효은씨와 고객사 미팅
을 가야 할 기회가 생겼습니다.

저자 효은씨, 모르는 것을 물어볼까 봐 두렵다고 했잖아요? 어떤 질문
이 가장 두려워요?

효은씨 코칭장면에 대해 물어보는 게 가장 두려워요. 실제 코칭장면은
코치님들이 경험하는 부분이다 보니 제가 제대로 답을 해줄 수가
없을 것 같아서요.

저자 아, 잘 대답하고 싶은 마음이구나. 효은씨는 대학원에서 코칭심
리도 전공했고, 실제 인증코치이기도 하잖아요. 평소 코칭에 대
한 애정이 이렇게 묻어나는 담당자는 보기 드물어요. 알죠?(웃음)
그럼에도 불구하고 아직은 실제 코칭을 경험할 기회가 많지 않기
때문에 그 부분에 대한 두려움은 계속 갖게 될 것 같아요. 어떤 지
원이 제공되면 두려움이 좀 감소할 것 같아요?

효은씨 지금처럼 팀장님과 미팅을 같이 가는 것도 도움이 되고, 코칭장면에서 어떤 일들이 일어나는지 실제 사례를 자주 들을 수 있다면 좀 더 안심될 것 같아요.

저자 그건 제가 잘 도울 수 있겠네요. 중요한 프로젝트마다 리뷰미팅 하면 어때요? 그때 이해에 도움을 줄 수 있도록 설명해 줄게요.

효은씨 감사합니다. 정말 좋을 것 같아요.

저자 저도 효은씨에게 한 가지 부탁이 있어요. 저는 효은씨가 평소 잘 들어주고 질문도 많이 하는 편인데 고객사와 현장 미팅에서 그런 힘이 발휘되지 않는 게 좀 아쉬워요. 준비한 이야기를 한 번에 빠르게 전달하다 보면 고객이 원하는 걸 제공하지 못하고, 우리가 준비한 것만 제공하게 돼요. 좋은 내용을 준비하고선 제대로 전달하지 못하면 아깝잖아요. 미팅을 코칭하듯 해보면 어떨까요? 효은씨는 코칭할 때 어떻게 해요?

효은씨 (웃음) 고객을 열심히 연구하고 만나죠. 그걸 기반으로 시나리오를 미리 짜보고 고객을 만나면 고객의 신발을 신고 질문하며 들어요.

저자 맞아요! 바로 그거예요. 고객의 신발을 신고 고객의 입장에서 이야기를 듣다 보면 우리가 준비한 것을 고객에게 딱 맞는 모양으로 전달할 수 있어요. 물론 고객이 내가 잘 모르는 걸 질문할 수도 있죠. 그럴 땐 이렇게 말하면 돼요. "좋은 질문이네요. 이 부분은 내부에서 좀 더 상의해보고 답변드리겠습니다."

그렇다고 효은씨를 무능하다 생각하는 고객은 아무도 없을 거예요. 설혹 그렇게 생각하는 사람이 있다면 그 사람은 우리랑 거래할 자격이 없는 것 같아요. 아쉽지만 그 쪽 손해 아닐까요?

효은씨와의 대화는 함께 시원하게 웃으면서 마무리됐고, 효은씨는 이후 미팅에서 질문의 힘을 발휘하는 사람으로 성장했습니다. 미팅은 훨씬 더 편안해졌고 이후 효은씨 혼자 미팅을 가는 경우가 많아졌습니다. 그리고 지금은 교육회사의 대표가 되어 회사를 운영하고 있습니다. 코칭경험이 적고, 모르는 것도 설명해야 하는 상황은 여전히 그대로였지만 질문의 힘을 사용할 수 있게 되자 효은씨의 영향력은 놀랍도록 달라졌습니다.

질문에는 다른 사람의 성공을 돕는 힘이 있습니다. 저는 효은씨에게 질문함으로써 효은씨의 성공을 도왔습니다. 효은씨는 고객에게 질문함으로써 고객의 성공을 도왔습니다. 이것이 성공을 돕는 질문의 힘입니다.

작동하는 방식은 좀 달랐습니다. 저는 질문을 통해 효은씨가 보지 못하는 것을 보도록 도왔습니다. 만약 제가 질문하지 않고 조언했다면 어땠을까요? 효은씨에게 제 경험을 이야기하고 제 방식대로 미팅을 진행하라고 조언했다면 효은씨는 자기답게 미팅을 풀어나가는 방식을 찾지 못했을 것입니다.

효은씨는 제 질문을 통해 두려움의 원인을 확인하고 이를 재인식할 수 있었습니다. 효은씨가 두려웠던 것은 '답을 주지 못할 수도 있다'였습니다. 이를 해결하는 방법으로 '설명하기'를 선택한 것입니다. 그런데 효은씨의 강점은 '설명하기'가 아니라 고객을 연구하고 고객에게 원하는 것을 맞춤형으로 제공하는 힘에 있었습니다. 단지 두려움 때문에 그 힘을 사용하지 못하고 '설명하기'를 사용하고 있었던 거죠. 기존의 효은씨가 도왔던 사람들과는 신뢰감이 있었지만, 처음 만나는 고객과는 그런 신뢰감이 없다 보니 긴장을 하게 됐고, 이는 효은씨의 진짜 힘을 감춰버린 '가림막'이 된 것입니다. 성공서포터의 질문은 성공을 막는 '가림막'을 제거하는 역할을 합니다. '가림막'이 사라진 자리에 그 사람이 가진 강점이 오롯이 빛나게 됩니다.

효은씨는 설명하기 대신 질문하기를 선택했습니다. 모르는 질문이 던져질 때 유연하게 대처하는 기술도 익힙니다. 효은씨는 고객에게 질문하고 그 질문에 반응하면서 고객의 말 속에서 핵심을 찾아내고 더 나은 제안을 합니다. 고객은 자신이 원하는 것을 좀 더 잘 얻게 됩니다. 효은씨의 강점이 질문을 통해 고객과 연결되기 시작한 것입니다. 효은씨는 질문을 통해 고객이 자신의 이야기를 하도록 도왔습니다. 질문은 보지 못하는 것을 보게도 하고 진짜 자신이 원하는 것을 생각하고 표현하게도 합니다. 그렇게 자연스레 질문을 주고받는 관계가 되었습니다.

질문하는 일을 직업으로 가지고 있지만, 저도 처음에는 질문하기보다는 주로 가르치는 편에 서 있었습니다. 질문의 형식을 띠었지만, 사실은 답을 가지고 있었고 그 답을 유도한 경우도 많습니다. 질문인 척하며 가르친 것입니다. 그런데 우연한 기회에 질문하는 법을 배우기 시작했고 꽤 오랫동안 배우고 훈련했습니다. 그리고 질문은 제 삶을 놀랍도록 바꿔 놓았습니다.

가르치는 사람의 자리에 서서 지식을 전달할 때는 저도 모르게 교만해졌고, 모르는 질문을 받게 될까 걱정하기도 했습니다. 그런데 질문하는 사람, 그것을 넘어 질문하도록 돕는 사람이 되자, 오히려 리더들의 입장을 더잘 이해하고 공감하게 되고, 더 잘 돕게 되었습니다. 개인적으로도 좋은 질문을 던질수록 똑똑해지고 유능해짐을 경험하게 됩니다. 어렵게 느껴지던 개념이 쉬워졌고 다양한 연관 분야에 흥미가 생겼습니다. 교수자로서 좋은 질문을 타인에게 던질 수 있게 되었고 이로써 상대방이 스스로 질문하는 삶을 살도록 도울 수 있게 되었습니다.

그러면서 사람들이 자신의 질문을 시작할 때 다른 사람의 성공을 돕는사람으로서 나의 삶 역시 풍요로워진다는 사실을 알게 됐습니다. 질문력을 키우는 〈질문워크숍〉을 진행하면 이 과정에 참여한 리더나 상담자 교수자들로부터 종종 '자신의 삶에 터닝포인트가 된 교육'이라는 소감을 듣습니다. 저 때문이 아니라 스스로 질문을 시작했기 때문입니다. 시작은 가르치는 것을 멈추고 질문으로 초대하는 것에서 출발합니다. 좀 더 편안하게, 그러나 깊이 있게 자신의 질문을 시작할 수 있도록 도우면서 경험합니다.

지금도 종종 일방적으로 가르치는 자리에 설 때가 있습니다. 그럴 때이를 인지하고 다시 중심으로 돌아오는 힘도 이를 반추하는 질문에 있습니다.

많은 사람들이 '스스로 질문을 잘하고 있다'고 믿습니다. 그런데 돕고자

1장. 제대로 알자! 질문의 힘

한 내 질문이 혹시 상대방의 '뚜껑'을 열고 있지는 않을까요? 지금부터는 질문에 대해 우리가 흔히 갖는 오해를 살펴보겠습니다. 질문 잘하는 법은 먼저 내 질문을 돌아보는 것에서 출발합니다.

2장

질문에 대한
3가지 오해

E기업에서 팀장 리더십 개발 프로그램을 진행할 때의 일입니다. 저는 참여자에게 직장생활을 하며 들었던 질문 가운데 기억에 남는 것이 있는지 물었습니다. 한 팀장님이 부장시절 들었던 질문이라며 이야기했습니다.

"김 부장, 김 부장은 전체 부장 중에 몇 등이나 할 것 같아요?"

성과면담을 하던 중 결과에 납득하지 못하자 이런 질문을 받게 됐다고 했습니다. 당시 상사는 성과 평가 결과를 납득시키기 위해 이 질문을 던졌을 겁니다. 하지만 질문을 들은 분은 결국 퇴사를 선택했고, 3년이 지난 지금도 이 질문을 생각하면 모멸감이 든다고 합니다.

어떤 질문은 사람의 마음을 열지만, 어떤 질문은 우리의 마음을 뒤집어 놓기도 합니다. 질문에는 상대와 함께 시너지를 창출하게 돕는 힘도, 누군가에게 두고두고 마음의 불편함을 남기는 힘도 있습니다.

다음은 미국의 유명한 동기부여 강사인 도로시 리즈가 쓴 〈질문의 7가지 힘〉에 나오는 내용입니다. 질문을 주제로 한 강의에서 자주 소개되는 부분이기도 합니다.

첫 번째 힘 – 질문을 하면 답이 나온다

두 번째 힘 – 질문은 생각을 자극한다

세 번째 힘 – 질문을 하면 정보를 얻는다

네 번째 힘 – 질문을 하면 통제가 된다

다섯 번째 힘 – 질문은 마음을 열게 한다

여섯 번째 힘 – 질문은 귀를 기울이게 한다

일곱 번째 힘 – 질문에 답하면 스스로 설득이 된다

도로시 리즈, 〈질문의 7가지 힘〉

이처럼 질문에는 힘이 있습니다. 그러나 모든 질문이 이런 힘을 발휘한다고 생각하면 오산입니다. 〈질문의 7가지 힘〉을 알고, 질문이 좋다는 것도 잘 알지만 어떻게 질문해야 하는지 모른 채 질문을 던지면, 결국 좋지 않은 결과를 마주하게 됩니다. 질문은 '마음'을 열게도 하지만 '뚜껑'이 열리게도 합니다. 질문하면 '답'이 나오기도 하지만 '욕'이 나오기도 합니다. 질문은

'생각'을 자극하기도 하지만 '화'를 자극하기도 합니다.

강의 현장에서 다양한 사람을 만나게 됩니다. 코치, 상담가, 퍼실리테이터, 조직의 HR 담당자, 사내 강사 그리고 조직의 리더까지. 그런데 다들 공통적으로 질문에 대해 몇 가지 오해를 하고 있다는 것을 쉽게 발견할 수 있었습니다.

B사 팀장 리더십개발 프로그램을 진행할 때 구성원 인터뷰 중에 나온 말입니다. "제발 저희 팀장님 코칭 좀 안 하게 해주세요.", "네 안에 답이 있다"면서 질문만 하는 대화가 정말 코칭일까요?

C사 임원 코칭에서 만난 K상무님은 팀장과의 일대일 면담에서 "김 팀장, 우리 회사의 수평적 문화를 구축하려면 어떻게 하면 좋을까?"라고 질문했다가 팀장의 기대 이하 답변을 듣고 화가 난 적이 있다고 했습니다. 정말 김 팀장이 생각 없이 답해서 실망스러웠던 걸까요?

기업에서 성과면담 과정을 진행하다 보면 질문셋set에 대한 요청을 많이 받습니다. 리더들이 질문셋set을 몰라서 원하는 결과를 얻지 못하는 걸까요? 그럼, 만족스러운 성과면담을 진행하는 데 있어서 질문셋set의 비중은 어느 정도일까요?

다른 사람의 성공을 돕는 '좋은 질문'을 하기 위해 우리는 먼저, 우리가 가진 질문에 대한 오해를 분명히 풀고 가야 할 필요가 있습니다.

첫 번째 오해. 질문은 수평적 대화방식이다?

질문자들이 많이 하는 가장 큰 오해 중 하나는 질문 자체가 수평적 대화방식이라고 생각하는 것입니다. 질문이 생각보다 더 불편할 수 있는데 이를 간과하고 쉽게 질문을 던집니다.

에피소드1 "저희 팀장님 질문 좀 안 하게 해주세요."

B사에서 리더십 개발을 도울 때 일입니다. 최 팀장은 미래기술을 검토해 현실화하는 부서를 맡고 있었습니다. 미래기술을 검토하다 보니 요구되는 전문성 수준은 높고 시간이 오래 걸리는 작업이 많았습니다. 높은 업무 난이도에 비해 업무 특성상 가시적 결과로 연결되는 비중은 작다 보니 성취감을 느끼기가 쉽지 않았습니다. 그러다 보니 다른 팀에 비해 타 팀으로의 전배 신청이 많았습니다. 연구원의 커리어를 위해 2년 정도 거쳐 가는 부서로 인식되고 있었습니다. 최 팀장은 부임 후 이런 문화부터 바꿔 나갔습니다. 성취의 결과가 눈에 보이도록 만들었고 구성원의 성장을 강조했습니다. 이런 노력들로 인해 팀은 점차 커리어 발전이 가능한 부서의 모습으로 바뀌어 갔습니다.

문제는 이분의 대화법이었습니다. 말수가 적고 상호 대화를 지향하시는 분이라 질문을 많이 사용했습니다. 늘 의견을 물었고, 답변을 아꼈습니다. 표정이 별로 없고, 기대 수준이 높습니다. 그러다 보니 구성원들을 대상으로 리더십 인터뷰를 진행할 때 가장 많이 들은 얘기가 "너무 질문하신다.", "제발 질문 좀 안 하게 해달라."였습니다. 팀장님이 질문하실 때면 '나는 다 알고 있는데, 네가 제대로 답을 아는지 시험해 보는 거야.'라고 말하는 것처럼 느껴진다는 겁니다. 최 팀장은 상상도 못했던 피드백이었습니다.

질문에 대해 흔히 갖게 되는 첫 번째 오해는 질문의 속성에 대한 오해입니다. 일방적으로 의견을 제시하는 '지시'보다 의견을 물어보는 '질문'이 제안적이며, 수평적 대화를 이끈다고 생각합니다. 그래서 리더십 교육을 받고 나면 '좋은 팀장'이 되기 위해 어떻게든 질문을 하려고 합니다. 그런데 그 결과가 내 맘 같지 않을 때가 많습니다. 질문해도 대화가 풍성하게 이어지지 않습니다. 오히려 "제발 저희 팀장님 질문 좀 안 하게 해주세요. 원래 하던 대로 하게 해주세요."라는 구성원의 원성이 쏟아지곤 합니다.

질문이 지시보다는 수평적 대화방식이라는 생각. 절반은 맞고, 절반은 틀립니다. 질문형 대화가 지시보다 참여를 이끌긴 하지만, 늘 그런 것은 아니기 때문입니다. 오히려 질문은 꽤 폭력적인 대화일 수 있습니다. 보통 지위가 높은 사람이 질문하고 지위가 낮은 사람이 답변합니다. 주로 교수자가 질문하고 학습자가 답변합니다. 주로 힘을 가진 쪽에서 질문을 독점하는 모습[5]입니다. 힘의 불균형이 높다고 인식되는 관계일수록 질문이 불편합니다. 내가 안전하다고 느끼지 못하기 때문입니다.

문제는 지위가 높을수록, 힘을 가진 사람일수록 자신의 질문이 폭력적일 수 있다는 생각을 하지 못하는 데 있습니다. 인식의 차이가 크기 때문입니다. 나는 오픈마인드이기 때문에 허용적인 상사라고 생각하고, 막연히 '약간 어렵긴 하겠지', '좀 불편하긴 하겠지' 정도로만 생각합니다. "괜찮아요. 말해 봐요." 정도만 말해도 상대방이 이야기할 수 있을 거라고 생각합니다.

내가 한두 마디 말로써 상대방을 대화에 초대했다고 해서 바로 관계의 거리가 좁혀지고 대화모드가 켜지는 것이 아닙니다. 조직문화의 경직성은 개인의 성향보다 더 큰 영향력을 미칩니다.

리더십 코칭을 위해 임원을 만나면 강점과 개선점을 묻곤 합니다. "구성원 입장에서 상무님을 볼 때 '우리 상무님의 강점은 이거야!'라고 말한다면 어떤 점을 들까요?", "그러면 혹시 반대로, '우리 상무님의 이런 점은 좀 어려워. 불편해'라고 느끼는 건 어떤 걸까요?" 이렇게 질문하면 강점에 대한 답변은 잘하지만 놀랍게도 개선점에 대해서는 "모르겠어요"가 아니라 "없을 걸요"라고 하는 경우가 많습니다. 평소에 구성원의 말을 잘 들어주고 질문도 잘 하기 때문에 개선점이 전혀 없을 거라고 생각하는 겁니다.

그러나 모든 상호작용에는 불편한 요소가 있습니다. 꼭 그 사람에게 어떤 문제가 있어서가 아니라 서로 다른 성향, 욕구, 선호, 일처리 방식을 가지고 있기 때문에 불편한 부분이 있을 수밖에 없습니다. 이런 경우 솔직하게 이야기해줄 수 있는 친밀한 구성원에게 의견을 물어보는 것을 과제로 내드립니다. 그러면 다음 코칭 세션에 어김없이 "글쎄 이런 말을 하더라고요."라며 웃으며 개선점을 가지고 오십니다. 이처럼 조직의 관계에서는 상사와 구성원 간의 인식의 갭이 큰 경우가 많습니다.

조직에서 상사는 일반적으로 평가권한을 가지고 있습니다. 그러다 보니 구성원들은 상사의 질문에 어떻게 답변해야 피해를 최소화하고 좋은 평가를 받을 수 있는지 자기도 모르게 고민하게 됩니다. 자칫 잘못하면 일이 많아질 수도 있고, 자신에 대한 부정적 인식을 심어줄 수 있기 때문입니다. 그러니 구성원의 입장에서는 질문을 받으면 당황스럽고 머릿속이 복잡해지는 것입니다.

"우리 뇌에는 항상 사람들이 나를 어떻게 생각하는지, 특히 윗사람이 나를 어떻게 생각하는지 신경 쓰고 걱정하는 부위가 있습니다."

- 에이미 에드먼슨 Amy Edmondson

여기에 우리가 질문할 때 고려해야 할 포인트가 있습니다. 앞서 언급한 G20 Seoul Summit 2010의 경우에서도 오바마 대통령 입장에서는 질문이 그렇게 어렵게 느껴지지 않았을 것입니다. 실제로 그런 자리에서 질문하는 중국기자 같은 사람도 있습니다. 그러나 우리의 정서나 문화상 그 자리에서 질문하는 것이 그리 쉽지 않습니다. 취재하는 일이 직업인 기자들도 그런 자리에서 질문하는 것은 쉽지 않았습니다.

상대방의 질문이 시작되도록 도우려면, 질문이 생각보다 폭력적일 수 있다는 사실을 이해해야 합니다. 이를 이해할 때 좀 더 섬세하게 상대를 배려할 수 있습니다. 다른 말로 하면 '관계의 거리'입니다. 질문자와 답변자 사이 관계의 거리에 따라 같은 질문이 편안하게도, 불편하게도 느껴질 수 있습니다. 사실 구성원들 입장에서는 리더의 표정까지 해석해야 할 정도로 모든 것이 불편하게 느껴질 겁니다. 관계의 거리가 멀수록 좀 더 섬세한 고려가 필요합니다. 예를 들면 안심을 주는 장치를 덧붙이는 것입니다.

최 팀장은 구성원들의 피드백을 들은 이후 질문 방식을 바꿨습니다. 질문할 때 "내가 정말 궁금해서 그러는데"라는 '안심문장'을 덧붙였고, 간혹 "내 생각에는 이 부분이 적절하지 않은 것 같은데, 김 대리 생각은 어때요?" 정도로 자신의 의견을 먼저 밝히고 질문했습니다. 불필요한 오해를 줄이기 위해 언어적 표현을 함께 사용하고, 비언어적 표현인 표정도 조금 더 신경을 썼습니다. 이 정도의 변화만으로도 구성원들의 중간 피드백이 완전히 바뀌었습니다.

실제로 최 팀장은 여러 가지 현상의 이면에 관통하는 맥락을 찾는 데 뛰어난 능력을 가진 분이었습니다. 구성원들은 최 팀장과의 대화를 통해 자신이 관찰하고 수집한 정보들의 이면에 관통하는 맥락을 발견하는 데 도움을 받을 수 있었습니다. 가시적 결과를 내기가 쉽지 않은 미래기술 분야에서 성장에 중요한 인사이트가 팀장의 질문을 통해 구성원에게 건너가기 시작한 것입니다. 지금 이 팀은 2년 거치고 가는 팀이 아니라 성장하고 싶은 직원, 전문성을 높이고 싶은 직원이라면 누구나 오고 싶어 하는 팀이 되었습니다. 그해 말이 되자, 최 팀장은 임원으로 승진했습니다.

원래 최 팀장은 수평적 대화를 지향하는 분이었습니다. 그래서 지시보다는 질문을 선택했던 겁니다. 그런데 팀장이라는 위치와 '성장을 돕는 사람은 엄격해야 한다'는 개인의 신념으로 인해 팀장-구성원 간 '관계의 거리'가 좀 멀었습니다. 그러다 보니 좋은 의도는 건너가지 못했고, 형식이 오해를 낳았습니다. '관계의 거리'를 고려하여 안심문장을 덧붙이고, 표정 등 비언어적 메시지를 관리한 것만으로도 의도는 훨씬 더 잘 전달될 수 있었습니다.

에피소드 2 "좀 더 고민해보고 의견 드리겠습니다."

처음 만나는 관계일 때와 팀장-구성원처럼 지속적으로 만나는 관계일 때의 '관계의 거리'는 다를 수 있습니다. 한 번은 타사 담당자와 제휴 미팅하는 자리에 배석할 기회가 있었습니다. Q&A시간에 타사 담당자가 질문하자 팀장은 질문을 받아 함께 배석한 팀원에게 그 질문을 돌렸습니다.

"이 과장 생각은 어때요?"
"이 질문은 김 대리가 좀 답변해 주시죠."

어떤 분은 바로 답변했지만, 어떤 구성원은 당황하며, "좀 더 고민해보고 의견드리겠습니다."라고 양해를 구했습니다. 어떤 사람에게는 이런 장면에서 갑작스러운 지목이 별로 불편하지 않습니다. 알면 대답하고 모르면 어렵다고 솔직히 말할 수 있는 훈련이 잘 되어 있기 때문입니다. 그러나 예측하지 못하는 상황에서는 누구나 쉽게 어색하고 긴장할 수 있습니다. 특히 '내가 잘못된 답변을 해서 우리 팀 또는 회사에 민폐를 끼칠 수도 있다', '내 대답으로 참석자들이 나를 평가할 수도 있다'라는 생각을 하게되어 답변을 주저하게 됩니다.

당시의 현장은 처음 만나는 사람들로 구성되어 있었기에 서로 간의 '관계의 거리'가 멀 수밖에 없었습니다. 이런 경우, 참석자 명단을 확인하고 사전에 이런 '안심문장'을 더할 수 있습니다.

"김 대리님, 오늘 A프로젝트에 관련된 아젠다가 나오면 답변을 좀 부탁해도 될까요? A프로젝트는 김 대리가 가장 상세하게 이해하고 있잖아요. A사와 함께 고민하고 함께 배우는 자리니, 편안하게 이야기해 주시면 참석자 모두에게 의미 있는 시간이 될 것 같습니다."

         2장. 질문에 대한 3가지 오해

이런 말 한마디만으로도 참석자는 답변을 준비할 수 있고, 유능감을 경험할 기회를 가질 수 있습니다. 그런데 그런 사전 과정 없이 갑자기 답변자로 호명되면, 어떤 사람들은 당황합니다. 질문은 상대가 당황하지 않고 기꺼이 기여할 수 있게 도와주는 역할을 해야 합니다. 그때 질문이 가장 효과적으로 작동합니다.

다른 사람의 성공을 돕는 리더의 질문은 주고받는 대화를 위한 마중물입니다. 이를 위해 관계의 거리를 고려하여 질문하는 것이 중요합니다. 관계의 거리가 멀다고 느낄 때는 사이를 연결하는 노력을 더할 필요가 있습니다. "이 부분이 궁금해서 그런데" 같은 안심문장을 더하거나, 표정과 같은 비언어적 메시지를 관리하는 것, 자신의 생각이나 의견을 먼저 이야기하는 것. 이런 노력들이 관계에 안심을 더하는 노력입니다. 질문은 질문하는 사람의 배려를 먹고 자랍니다.

성공서포터의 질문 Do & Don't

Q 질문은 수평적 대화방식이다?

NO! 질문도 충분히 폭력적일 수 있다.

DO 관계의 거리를 고려하여 질문하라.
관계의 거리가 멀다면 안심문장을 덧붙여라!

두 번째 오해. 열린 질문, 고차원 질문이 성장을 돕는다?

질문에 대해 보편적으로 갖는 두 번째 오해는 '열린 질문', '고차원 질문'

에 대한 무조건적 선호입니다. 질문교육을 보면 주로 '폐쇄형 질문'보다는 '열린 질문'을, '저차원 질문'보다는 '고차원 질문'을 하라고 강조합니다. 그런데 정말, '열린 질문', '고차원 질문'이 더 효과적일까요?

에피소드1 "김 팀장, 어떻게 하면 우리 회사의 수평적 문화를 구축할 수 있을까?"

K상무는 팀장과의 1:1미팅에서 이렇게 질문했습니다. "김 팀장, 어떻게 하면 우리 회사의 수평적 문화를 구축할 수 있을까?" 사실 이런 질문은 열린 질문이고, 리더의 역할에 대해 생각하게 만드는 좋은 질문입니다. 그런데 여러분이 실제 상사와의 미팅에서 이런 질문을 받았다고 상상해 보세요. 좋은 답변을 할 수 있었을까요?

실제로 1:1미팅에서 이런 질문을 한 임원들은 대부분 실망을 합니다.

"제가 고민한 만큼 고민을 안 하더라고요. 생각의 간극이 있는 줄은 알았지만 이 정도일 줄은 몰랐습니다."

"답변의 수준이 너무 낮지 뭡니까. 실망했습니다."

무엇이 잘못됐을까요? 불편한 관계에서는 사유의 전환을 위한 질문이 상대방의 긴장을 불러일으킬 수 있습니다. 특히 각자 시선의 위치가 다를 경우, 그 긴장은 더욱 커질 수밖에 없습니다. 조직문화에 관한 질문은 정답을 하나로 제시하기 어렵고 누구도 쉽게 답하기 어려운 질문입니다. K상무 역시 답을 찾지 못했거나 생각이 정리되지 않은 상태로 질문을 던졌을 수 있습니다. 또는 리더가 평소 고민한 만큼 상대방은 깊이 있게 고민해보지 못한 주제일 가능성도 많습니다.

실제 이 사례에서 K상무는 평소 이 질문에 대해 오래도록 생각했습니다. 뾰족한 답변은 찾지 못했지만 그래도 그 사유는 꽤 진전되어 있는 상태였습니다. 그런데 김 팀장은 상무와의 일대일 면담에서 갑자기 그 질문을 받게 됩니다. 상사의 질문은 '어떤 답변을 해야 안전할까?' 본능적으로 고민하게 만듭니다.

설사 평소 그 질문에 대한 생각을 오래 했다고 해도 상사와의 관계가 제대로 형성되어 있지 않으면 바로 자신의 생각을 꺼내 놓지 못합니다. 이런 경우는 답변의 문제가 아니라 질문이 문제입니다. 결국 지나치게 범위가 넓은 고차원적 질문을 툭 던졌기 때문에 대화가 제대로 연결되지 못한 것입니다.

질문에는 수준이 있습니다. 예를 들어 누군가가 "오늘 뭐 했어요?"라고 묻는다고 생각해봅시다. 아마도 오늘 한 일들을 떠올리게 될 것입니다. 정답이 있는 질문입니다. 그러나 "오늘 어떤 의미가 있었나요?"라고 묻는다면, 오늘 일어난 일들을 돌아보며 의미를 생각하는 작업을 하게 될 것입니다. 일차원적인 행위를 떠올리는 것이 아니라 그 행위 이면에 보다 고차원적인 감정, 생각을 들여다보게 되는 것입니다. "몇 살이에요?"라는 질문보다 "어떻게 살기를 원하나요?"라는 질문이 시선의 높이를 끌어올리는 것도 같은 원리입니다. 그래서 일반적으로는 닫힌 질문보다 열린 질문이, 저차원 질문보다 고차원 질문이 더 의미 있는 숙고를 불러일으킵니다.

실제로 질문을 던져 시선의 높이를 끌어올린 레고의 사례[6]가 유명합니다. 아이들이 좋아하는 블록 장난감으로 유명한 레고는 90년대 초반 전자게임 시장의 성장으로 위기를 겪게 됩니다. 이 위기를 타개하기 위해 2000년대 초 컨설팅을 받게 되는데, 이때 컨설팅회사가 던진 질문이 '아이들에게 놀이란 무엇인가?'입니다. '아이들은 어떤 장난감을 좋아할까'라는 질문을 '아이들에게 놀이란 무엇인가?'라는 질문으로 바꾸자 시선의 높이가 바뀌었습니다. 레고는 '장난감 회사'에서 '놀이를 창조하는 회사'가 됩니다. 미래의 건축가를 키운다는 레고의 미션은 이때 만들어졌습니다. '아이들은 어떤 장난감을 좋아할까?'라는 질문과 '아이들에게 놀이란 무엇인가?'라는 질문은 그 시선의 높이가 현저하게 달랐고, 질문에 따라 그 결과도 판이하게 달라졌습니다. 이것이 성공서포터 질문이 가진 힘입니다.

국제코칭연맹ICF: International Coaching Federation[7]은 이를 'thinking생각'하도록 돕는 게 아니라 'thought provoking숙고'하도록 돕는 것이라고 설명합니다. provoking은 '불러일으킨다'는 의미입니다. 이 설명처럼, 좋은 질문은 보다 깊이 있는 사유를 불러일으킵니다. 문제를 바라보는 시선을 좀 더 높은 차원으로 끌어올리는 것입니다. 우리가 질문을 공부한다는 것은 좋은 질문을 외우는 것이 아니라, 좀 더 높은 차원의 시선으로 사유하기 위함입니다.

수면 아래 빙산을 생각하면 쉽습니다. 시선이 수면 위의 문제에 머물러 있습니다. 이때 좋은 질문(질문2)은 수면 아래 진짜 이유로 시선이 향하도록 돕습니다. 같은 수준(질문1)에서 사유하면 도움이 되기 어렵습니다.

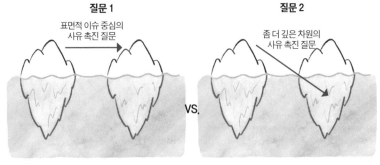

<table>
<tr><td>질문 1</td><td></td><td>질문 2</td></tr>
</table>

질문 1

표면적 이슈 중심의
사유 촉진 질문

질문 2

좀 더 깊은 차원의
사유 촉진 질문

VS.

수면 위에서
생각의 수준(사유의 시선)이 머무름

질문을 통해
시선의 높이가 변함(생각의 수준이 깊어짐)

팀장 요즘 뭐가 힘들어요?

구성원 일이 많아서 힘듭니다. 열심히 하는데도 일이 끝이 없네요. 그렇다고 딱히 도와줄 사람도 없고, 사람을 채용할 수 있는 것도 아니고, 그러다 보니 힘드네요.

팀장 그렇죠? 내가 뭘 좀 도와줄까요?

구성원 잘 모르겠습니다.

팀장 알겠습니다. 내가 도와줄 것이 있으면 언제든 말씀하세요.

위의 대화는 '좋은 대화'처럼 보일 수도 있지만 사실 수면 위 문제에만 머물러 진행된 피상적인 대화입니다. '진짜 성공을 돕는다는 것'은 상대가 빠진 문제에 함께 빠지는 것도 아니고, 내 답을 주는 것도 아닙니다. 스스로 문제를 해결할 수 있도록 꼭 필요한 곳으로 시선을 돌리고, 더 높고 깊게 문제를 바라보도록 돕는 것입니다.

위 대화에서 팀장은 구성원에 따라 현재 하고 있는 일의 우선순위나 투입에너지를 조정하는 방식 등 질문을 통해 문제해결을 돕는 대화를 할 수 있습니다. 혹은 구성원의 말을 충분히 공감하고 들어줄 수도 있습니다. 이런 노력이 상대방 시선의 높이를 고려한 지원입니다. 리더가 구성원과 같은 수준에 머물러서 사유하면 피상적인 대화만이 가능해질 뿐입니다. 이런 대화가 반복되면 구성원은 팀장에게 애로사항을 이야기하는 것을 멈출 것입니다.

일반적으로 '열린 질문'은 사유가 시작되게 합니다. '고차원 질문'은 사유의 시선이 머무르는 높이를 높입니다. 이는 깊이 있는 생각을 불러일으키는 좋은 힘이 됩니다. 그러나 질문이 효과적으로 기능하기 위해서는 현재 상대방의 시선이 어디에 머무르고 있는지 관찰하고, 그것에 적합하게 질문을 던져야 합니다.

시선의 높이를 단계적으로 높여가는 것을 교육학에서는 비계飛階, scaffolding라는 개념으로 설명합니다. 원래 이 용어는 건축 현장에서 사용되는 말입니다. 공사 현장에선 건물을 높이기 위해 건물 주변에 철제 구조물을 설치합니다. 혼자 힘으로는 도달할 수 없는 곳에 올라가도록 돕는 역할입니다. 사람들은 그 구조물을 통해 높은 곳으로 건설 재료를 운반하며 층을 높여갑니다. 만약 비계가 없다면 우리 손이 닿는 수준의 높이로만 건물을 지을 수 있을 것입니다.

교육학에서 공사 현장의 구조물과 같은 역할을 하는 것이 바로 교수자의 지원입니다. 아동의 인지나 사고는 시기별로 발달 가능한 영역이 어느 정도 정해져 있지만, 교수자나 부모의 도움으로 발달할 수 있는 영역도 있습니다. 이것을 근접발달영역ZPD: Zone of Proximal Development이라고 하고, 이를 돕기 위한 교수자의 지원을 비계설정이라고 합니다. 이때, 교수자는 학습자의 수준에 맞는 적절한 지원을 제공해야 보다 효과적으로 학습자의 발달을 도울 수 있습니다. 공사 현장에서 비계를 통해 보다 높은 층의 건물을 올릴 수 있는 것처럼 말이죠. 시선의 높이를 고려하지 않는다면, 우리의 사유는 1층에 머무르게 될 것입니다. 그러므로 '열린 질문', '고차원 질문'이 효과적으로 기능하기 위해서는 비계설정, 즉 '시선의 높이'에 대한 고려가 반드시 필요합니다.

누군가 나를 비계도 없이 갑자기 높은 곳으로 올리면 어떤 기분이 들까요? 지지대가 없어 불안하고 불편해집니다. 질문 잘하는 분들이 종종 이런 실수를 저지릅니다. 본인에게 편안하기 때문에 상대방이 불편할 거라는 것을 미처 인지하지 못하는 경우입니다. 성공서포터는 반드시 이를 고려할 필요가 있습니다.

비계는 더 높은 건물을 지을 수 있도록 현재 수준에 적합하게 제공되는 지원입니다. 동시에 건물이 완성되면 제거되는 가구조물입니다. 구성원의 성공을 돕는 리더의 지원도 비계 역할을 합니다. 궁극적으로는 구성원 스스로 해내도록 발달을 돕는 일이기 때문에 일정 수준이 되면 비계를 제거하고 구성원 스스로 해낼 수 있게 만들어야 합니다. 그래야 제대로 비계설정을 한 것입니다.

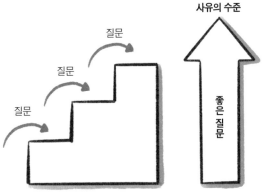

시선이 닿을 수 있는 '더 높은 차원'을 발견해주는 좋은 질문의 힘

에피소드2 "강사님, 개념을 먼저 설명하신 후 질문해주세요."

한 번은 코칭리더십 강의를 마친 후 학습자로부터 이런 피드백을 받았습니다. "강사님, 개념을 먼저 설명하신 후 질문해주세요." 교수자의 질문이 부담스러웠다는 의미입니다. 미리 설명하고 안정감을 준 다음에 질문했더라면 좀 더 좋았겠다는 의견입니다. 당시 이 과정의 참석자 만족도는 5.0으로, 학습 전 기대 만족도 대비 1.5점 이상 높아졌으니 만족도만 놓고 본다면 성공적인 워크숍이라고 할 수 있습니다. 하지만 아쉬움이 남는 것은 어쩔 수 없는 일이었습니다.

코칭리더십 과정은 코칭리더십을 발휘하기 위해 필요한 마인드셋부터 지식, 스킬을 종합적으로 다루는 과정으로, 하루 아홉 시간씩 이틀간 진행되는 밀도 높은 워크숍입니다. 이런 프로그램은 참석자들이 직접 신청하는 만큼, 기업에서 특정 직급을 대상으로 하여 의무적으로 진행하는 프로그램에 비해 참석자들의 학습의지가 매우 높은 편입니다. 의견 표현이 많

2장. 질문에 대한 3가지 오해

지 않은 조용한 학습자도 자신만의 방식으로 정말 열심히 학습합니다. 이 과정은 자신의 현재 커뮤니케이션 스타일을 진단하고 이를 기반으로 강점을 강화하고 약점을 보완하는 방식으로 진행됩니다. 교수자는 학습자가 원하는 템포와 방식을 존중하면서, 학습자가 원하는 목표를 달성할 수 있도록 적절한 기회를 제공하는 것이 중요합니다.

나중에 알고 보니, 피드백을 남긴 사람은 중견기업의 경영기획부문 담당자였습니다. 입사할 때도 HRD를 희망했고 지금도 마찬가지지만 조직의 순환근무 정책에 따라 현재 재무 업무를 하고 있는 분이셨습니다. 코칭기술을 배워 현재 업무에 적용하고 향후 HRD담당자로서 커리어를 개발하기 위한 투자로 사비를 들여 본 과정에 참여한 학습자였습니다. 조용한 성격으로 나서서 말하는 법이 없고, 동료 학습자의 말을 잘 들어주며 공감 능력이 뛰어난 학습자였습니다. 자신은 공감능력을 성과 내는 역량으로 발휘하고 싶고 이를 위해 자신의 생각을 명확하게 표현하는 훈련을 하는 것이 이번 교육의 목표라고 이야기했습니다. 처음부터 여기에 중점을 두고 이번 과정에 참여한 것입니다. 저 역시 돕고자 하는 마음에 사유를 묻는 열린 질문, 고차원 질문을 많이 건넸습니다.

피드백을 남긴 이 분의 마음을 헤아려보게 됩니다. 강의 만족도 5점을 준 것을 보면 애쓴 교수자를 배려한 모습이 보입니다. 동시에 불편한 내색한 번 없이 교수자의 질문에 성실하게 답했지만, 질문을 받는 순간마다 긴장하고 콩닥콩닥했을지 모릅니다. 어쩌면 지나치게 긴장해서 몰입에 방해가 되었을지도 모릅니다.

제 질문이 실제 이 분께 적절한 비계였는지, 지나친 긴장을 유발한 것인지 정확한 사실은 알 수 없습니다. 답은 그 학습자의 현장에 있습니다. 그 분이 현장에서 직무를 수행할 때 코칭리더십 과정에서 배운 지식과 기술이 사용되었다면, 제 비계는 적절한 지원이었을 것입니다. 그러나 시선의 높이를 너무 아찔하게 올려서 긴장감만 높아졌다면 실제 현장에서의 변화는 일어나지 않았을 것이고, 그건 제 질문이 이 분의 맥락에 적합하지 못했다는 의미가 됩니다.

　리더도 동일합니다. 리더는 지금 구성원의 시선이 어디에 머무르고 있는지 관찰할 수 있어야 합니다. 상대방의 시선의 높이를 고려하지 않고 내 시선의 높이에서 질문을 건네면 사유를 촉진하기는커녕, 긴장감, 당황, 두려움 등 사유를 멈추게 만드는 감정만 불러일으키기 쉽습니다.

　이를 잘 설명하는 것이 '칙센트미하이의 몰입'입니다. 내가 가진 역량보다 지나치게 도전적인 상황은 긴장감만 높일 뿐입니다. 불안해서 몰입이 어렵

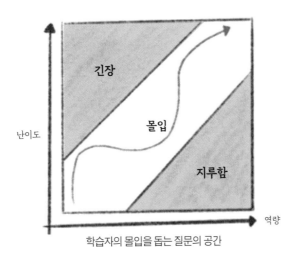

학습자의 몰입을 돕는 질문의 공간

　　　　　　　　　　　　　　　　　　　　2장. 질문에 대한 3가지 오해

습니다. 반대로 내가 가진 역량보다 지나치게 안정적인 상황은 지루함을 높여 새로운 학습이 일어나지 않게 만듭니다. 지루함과 긴장의 경계, 그 사이에 몰입의 영역이 있습니다. 그곳이 사유가 촉진되는 질문의 공간입니다.

좋은 질문은 상대방의 눈높이에서 그 시선을 확장해가는 질문입니다. 상대방의 시선이 지금 어디에 머무르고 있는지 보고, 그 시선이 닿을 수 있는 높이를 발견해주고 거기로 시선이 다다를 수 있도록 도움을 주는 역할을 하는 것. 그것이 바로 성공서포터의 질문입니다.

성공서포터의 질문 Do & Don't

Q   **언제나 열린 질문, 고차원 질문이 답이다?**

NO!   맥락을 고려하지 않은 열린 질문, 고차원 질문은 불편과 긴장만 가중시킨다.

DO   상대방 맥락에 맞춰 사유의 시선을 높이는 질문을 하자.

질문의 수준과 학생 성취도의 상관관계

질문은 교수법에서도 중요한 비중을 차지하는 연구입니다. 사고력 교육과 교수법 분야에서 유명한 로버트 마르자노Robert J. Marzano는 지난 20년간 질문 관련 연구 39편을 메타적으로 분석합니다. 이를 통해 질문 수준과 학생 성취도의 상관관계를 조사[8]하였습니다.

그 결과 차이가 없거나 결정적인 차이가 나지 않는다는 결론을 도출한 연구가 절반 이상(54%)이었습니다. 상위 단계의 질문이 더 효과적이라는 연구는 26%였고, 하위 단계의 질문이 더 효과적이라는 연구도 21% 있었습니다. 이런 메타분석 결과만 봐도 고수준 질문이 학생 성취와 관계있다고 말하기는 어렵습니다.

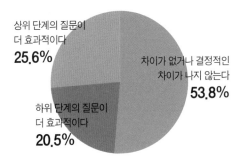

상위 단계의 질문이
더 효과적이다
25.6%

차이가 없거나 결정적인
차이가 나지 않는다
53.8%

하위 단계의 질문이
더 효과적이다
20.5%

로버트 마르자노는 고차원 질문이 효과적인 것이 아니라, 교수자가 학습자의 수준과 상황에 따라 적절한 목표를 세우는 것이 더 중요하다고 강조합니다.

좋은 질문은 상대의 맥락에 적합한 질문입니다. 맥락에 적합한 질문을 던지기 위해서는 '관계의 거리'와 '상대방 시선의 높이'를 반드시 염두에 두어야 합니다. 상대방과의 거리감이 어느 정도인지, 상대방의 시선이 어디에 머무르고 있는지를 고려한다면 좀 더 맥락에 적합한 질문을 할 수 있을 것입니다.

세 번째 오해. 질문하면 답이 나온다?

서점에 가서 회의, 코칭, 교수법 관련 책을 찾아 보면 대부분 질문 파트를 포함하고 있습니다. 질문 관련 강의에서는 다양한 질문법을 공부하기도 합니다. 저도 코칭공부를 시작하시는 분들께 처음에는 '좋은 질문'을 많이 찾아서 암기하시라고 권해드립니다. '좋은 질문'은 우리를 좋은 곳으로 데려갑니다.

문제는 같은 질문이 다른 효과를 가져오는 경우가 종종 있다는 사실입니다. 그 차이는 어디에서 오는 걸까요?

에피소드1 "코칭하려고 하시더라고요."

신임임원 리더십개발 프로젝트 진행 중이었습니다. 전체 신임임원이 참여하는 과정이라 저도 신경을 많이 썼고 고객사에서도 관심을 많이 기울인 프로젝트였습니다. 프로젝트 중간쯤 됐을 때 중간보고 자리가 있었습니다. HR담당 전무님을 뵙는 자리였습니다.

저는 이 프로젝트를 총괄하던 HR부서의 운영진에게 이번 교육과정에 참여한 신임임원 분들이 소속된 현장 HR담당자들을 먼저 만나고 싶다는 의견을 전했습니다. 실제 리더십 발휘의 현장에서 변화가 일어나고 있는지 확인한 후에 전무님을 뵙는 게 좋겠다고 판단했기 때문입니다. 시간과 노력이 드는 일이었지만, 현업의 변화가 일어나는 것은 가치로운 일이기에 기꺼이 시간을 투자할 수 있었습니다. 대부분의 미팅은 매우 의미 있었습니다. 현장에서 그 임원분들을 관찰한 사람만이 줄 수 있는 피드백이 있기 때문입니다. 생생한 피드백은 이후 프로젝트의 질에도 좋은 영향을 미쳤습니다.

　문제는 한 현업 부서(생산) HR담당자와의 미팅이었습니다. 이 담당자는 이런 미팅이 처음이었고, 배경에 대한 설명도 충분히 듣지 못한 채 저와의 미팅에 참여했습니다. 보통의 HR담당자들은 대화를 어려워하지 않았기 때문에 저는 편하게 질문으로 미팅을 시작했습니다. 담당자가 요청하면 보여줄 여러 가지 자료도 준비했지만, 짧은 미팅이어서 담당자 니즈 파악에 중점을 두고 대화를 시작한 것입니다.

"혹시 세 분의 상무님을 관찰해 보셨나요?"

"어떤 부분이 궁금하세요?"

"추가적으로 기대하시는 부분이 있을까요?"

　HR담당자는 궁금한 것이 없다고 했습니다. 질문을 달리해서 물어봤지만 딱히 할 말이 없다고 하셔서 미팅의 주제를 빠르게 선회했습니다. 향후 교육과정에 반영하기 위해 HR에서 인식한 변화나 구성원들의 보이스에 대해 물어봤습니다. 평소 HR담당자가 상무님에 대해 어떤 인식을 가지고 있는지도 질문을 통해 확인했습니다. 동료, 상사, 구성원의 이야기는 프로그램 대상자의 성향이 리더십 장면에서 어떤 영향을 미칠지 이해할 수 있게 도와줍니다. 의미 있는 시간이었습니다. 이 분을 끝으로 모든 현업 HR담당자와의 미팅을 마치고 프로젝트 중간보고도 무사히 완료했습니다.

　문제는 그 후에 전사 HR담당자로부터 전해 들은 생산부서 HR담당자의 피드백이었습니다.

"코칭하려고 하시더라고요."

아차 싶었습니다. 그 후에 한 번 더 방문해 대화를 나누며 오해였음을 확인했고, 좋은 보고로 마무리 지을 수 있었습니다. 돌이켜보면, 여러 사람을 통해 의견이 전달되고 조율되는 과정에서 오해가 쌓일 만한 시그널들이 있었습니다. 그 과정에서 저의 가장 큰 실수는 제 의도를 제대로 설명하지 않고, HR담당자의 의사에 관계없이 일방적으로 질문을 던진 것입니다. 질문 하나 탓은 아니지만 질문 하나로 인해 여러 가지 복잡한 상황이 발생한 것입니다.

저는 질문으로 먹고사는 사람입니다. 그럼에도 불구하고 이런 어려움을 겪었습니다. 여기서 우리가 질문에 대해 가질 수 있는 세 번째 오해를 확인할 수 있습니다. 바로, 질문하면 답이 나온다는 생각입니다. 얼마든지 가짜 답이 나올 수 있습니다. '좋은 질문'을 던진다고 좋은 결과로 연결되는 것도 아닙니다. 당시 미팅에서 제가 했던 질문 자체는 '좋은 질문'입니다. 그러나 HR 담당자의 협력을 불러일으키려고 던진 제 질문은 협력을 불러일으키지 못하고 담당자 내면에 회의와 불신이 올라오게 만들었습니다.

'왜 이런 질문을 하는 거지? 의도가 뭐지?'
'자기가 보고할 게 있어서 만나자고 한 게 아닌가?'

'이럴 거면 왜 만나자고 한 거야?'

질문만 한다고 느끼게 만들면 관계는 바로 깨질 수 있습니다. HR담당자는 코치가 왜 미팅을 요청했는지 전달받지 못했습니다. 미팅이 진행되는 30분간 코치 역시 제대로 목적을 설명하지 않았습니다. 게다가 나중에 알고 보니 그 날은 처음으로 어떤 IT기술을 도입했는데, 생각만큼 잘 진행되지 않아 담당자 심정도 불편한 날이었습니다. 코치 입장에서는 '좋은 질문'이라고 생각했지만, HR담당자 입장에서는 전혀 '좋은 질문'이 아니었습니다. 심지어 마무리 대화에서도 저는 그 대화가 어떤 기여를 했고 향후 코칭에 어떻게 반영될 것인지 한마디도 설명하지 않았습니다.

이렇듯 좋은 질문을 해도 오해받을 수 있습니다. 입장 차이 때문입니다. 먼저 상대방의 입장에서 '좋은 질문'이 무엇인지 생각해봐야 합니다. 나의 맥락에서는 '좋은 질문'이었는데, 상대방의 맥락에서 '좋지 않은 질문'으로 인식될 수도 있습니다. 또한 질문과 함께 전달되는 반응으로 질문이 좋은 결과를 가져오게 도울 수 있습니다. 반대로 나쁜 결과를 가져오게 만들 수도 있습니다.

리더 대상으로 코칭 워크숍을 하다 보면 '좋은 질문'에 대한 문의를 많이 받습니다. "리더들이 코칭할 때 탁월한 성과를 낼 수 있는 질문 리스트를 제공해주세요", "1:1미팅할 때 어떤 코칭 질문을 사용하면 좋을까요?"라고 묻습니다. 그러나 질문 책에 수록된 멋진 질문을 던진다고 바로 좋은 대화가 이어지는 것은 아닙니다. 같은 질문인데, 어떤 경우에는 효과가 좋고 어떤 경우에는 효과가 없습니다. 객관적으로 좋은 질문이라 평가받는 질문도 좋은 결과로 연결되지 못할 수 있습니다.

"너무 코칭하세요." 이 피드백은 상사에 대한 구성원의 인터뷰에서도 쉽게 들을 수 있는 대표적인 피드백 중 하나입니다. '질문=코칭'이라는 오해에서 비롯된 인식입니다. 이 말은 "내 말 듣지도 않고 가르치려고만 하더라", "자기 목표 이루려고 질문만 했어."라는 의미입니다. 팀장님들은 질문을 해도 구성원이 말을 안 한다고 생각하고, 구성원들은 팀장님이 너무 질문만 한다고 생각합니다.

많은 구성원들은 상사의 질문에 불편한 마음을 표현하기보다는 마음을 닫고 대답을 아낍니다. "이루고 싶은 목표가 무엇입니까?", "이를 이루기 위해 어떤 지원이 필요합니까?" 이런 질문들은 분명 좋은 질문인데, "없습니다.", "괜찮습니다."라는 어색한 답변과 침묵만 남기기 일쑤입니다.

흔히 '좋은 질문'을 던지면 주고받는 대화가 가능해지고 좀 더 좋은 관계가 될 거라고 생각하지만, **좋은 질문보다 중요한 것은 좋은 질문으로 만들어가는 과정입니다. 질문은 일시적 시점의 대화가 아니라 주고받으며 커지는 대화이기 때문입니다.**

성공서포터 질문의 중요한 기능 중 하나는 공간의 창조입니다. 관계의 거리를 좁히고, 시선의 높이를 높이며 함께 사유할 수 있는 더 큰 공간을 만들어갑니다. 어떤 질문은 내 마음을 활짝 열게 만들고 그렇게 열린 마음은 깊은 대화가 가능한 공간이 됩니다. 자신의 정보, 생각을 꺼내 놓고, 기꺼이 타인의 의견을 듣습니다. 사유의 시선을 높이면 높아진 시선만큼 공간이 커집니다. 이런 주고받는 대화의 공간에서 새로운 아이디어나 의견이 창조됩니다. 질문하면 답이 나오는 것이 아니라 답이 나올 공간을 창조할 수 있습니다. 이것이 바로 질문의 역할입니 다. 질문을 잘하는 사람은 함께 사유하고 생각을 교환하는 공간을 창조하는 사람입니다. 질문은 '주고받는' 공간의 크기만큼 힘을 발휘합니다.

에피소드 2 "저희 팀장님 너무 이기적입니다."

신임팀장의 사례입니다. 1년 후 리더십 평가가 낮게 나와 리더십 개발을 돕게 되었습니다. 실제 이 분을 만나 보니 굉장히 합리적인 사고를 가지고 있었고, 구성원들이 자부심을 가지고 일할 수 있도록 여러 가지로 노력하는 리더였습니다. 다만 그것을 전달하는 과정에서 리더-구성원 간 성향과 경험한 맥락의 차이가 커서 오해가 쉽게 발생하고 있었습니다.

한 번은 구성원 중 한 명이 별도의 시간을 내어 사이드 프로젝트를 진행했는데 결과가 매우 좋았습니다. 팀장은 이를 상사에게 잘 어필해주고 싶은 마음에 그 구성원이 보낸 보고 메일에 회신하면서 상사를 참조에 넣었습니다. 그 메일을 본 상사가 보기에도 결과가 좋아서 상사는 그 구성원에게 다음 달 월례회의에서 프로젝트 내용을 발표해달라고 지시했습니다.

글로벌 현장에서 오래 근무했던 팀장은 이를 부하의 성과를 어필한 기회라고 인식하고 있었습니다. 반면 의견을 물어봐 주는 것을 선호하는 구성원은 자신의 의사와는 다르게 새로운 일이 추가되었다고 생각하고 있었습니다. 심지어 구두 소통도 아니고 메일로 업무지시를 받은 셈입니다. 구성원은 그 해 리더십 서베이에서 자신의 팀장을 '최악의 팀장'이라고 평가했습니다.

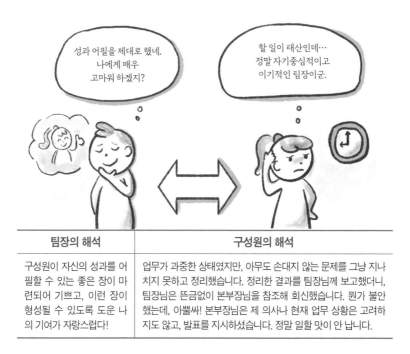

팀장의 해석	구성원의 해석
구성원이 자신의 성과를 어필할 수 있는 좋은 장이 마련되어 기쁘고, 이런 장이 형성될 수 있도록 도운 나의 기여가 자랑스럽다!	업무가 과중한 상태였지만, 아무도 손대지 않는 문제를 그냥 지나치지 못하고 정리했습니다. 정리한 결과를 팀장님께 보고했더니, 팀장님은 뜬금없이 본부장님을 참조해 회신했습니다. 뭔가 불안했는데, 아뿔싸! 본부장님은 제 의사나 현재 업무 상황은 고려하지도 않고, 발표를 지시하셨습니다. 정말 일할 맛이 안 납니다.

리더는 오해받기 쉬운 자리입니다. 질문하다 보면 불필요한 오해가 발생할 수 있습니다. 질문에 대한 첫 번째 오해에서 나왔던 최 팀장은 구성원의 성장을 돕고자 질문했지만, 구성원 입장에서는 실력을 시험하는 테스트처럼 느꼈습니다. 이번 사례 속 팀장은 구성원 입장은 고려하지 않고 추가적으로 일을 시킨 것으로 인식되었습니다. 팀장 입장에서는 구성원의 성과를 어필하고 성장을 지원하고자 한 행동이었습니다. 같은 행동에 대해

2장. 질문에 대한 3가지 오해

서도 이렇게 해석이 다를 수 있습니다.

저는 이것을 '배달사고'라고 부릅니다. 의도는 좋은데 엉뚱한 결과가 발생하는 경우입니다. 사람들은 어떤 사건을 경험하면 자기만의 필터로 이를 해석하고 때론 드라마를 쓰기도 합니다. 그 와중에 어떤 자극이 더해지면 과거에 쓴 드라마까지 동원하여 새로운 드라마에 덧댑니다. 일상에서도, 조직의 현장에서도 배달사고는 빈번하게 일어납니다. 이런 배달사고가 일어나면 받은 사람도 속상하지만, 준 사람은 더 속상합니다. 보낸 것과 다른 것을 받았으니까요.

다른 사람의 성공을 돕는 사람이라면, 이런 배달사고를 막기 위해 자신의 말이나 글이 원하는 의도와 다르게 전달될 수 있음을 이해해야 합니다. 그리고 좀 더 상대방의 신발을 신고 상대방에게 적합하게 질문할 필요가 있습니다.

다음으로는 '좋은 질문'이 되도록 돕는 '좋은 대화'를 해야 합니다. 내 질문을 돌아보고 개선하고 '어떻게 하면 잘 도울 수 있을까' 고민하고 다시 질문해야 합니다. 질문을 개선하고 대화를 지속하는 과정을 반복해야만 주고받는 공간의 크기가 자라납니다. 좋은 질문셋set보다 중요한 것은 좋은 대화로 만들어가려는 지속적인 노력인 것입니다.

제가 생산부서 HR담당자의 '코칭하려 한다'는 피드백을 듣고 선택할 수 있는 반응은 두 가지입니다. 결과에 실망하고 오해받았음을 억울해하고 생산부서 HR담당자와의 상호작용을 피하는 일입니다. 다른 한 가지 선택은 그 피드백을 통해 대화의 장면을 복기하고 제 질문을 개선하는 일입니다.

다시 그 상황이 된다면 어떻게 질문했다면 좋았을까 복기해보았습니다. 시작을 좀 달리해볼 수 있겠습니다. 제가 아래 내용을 먼저 설명하고 같은 질문을 했다면 어땠을까요?

"신임임원 리더십개발의 주요 목적은 실제 리더십 현장에서 변화가 나타나는 것입니다. 팀장일 때와는 다르게 행동해야 하니까요. 그리고 그 행동들을 실천하며 개선해가는 과정이 무엇보다 중요합니다. 그러다 보니 현장의 의견이 매우 중요한데, 혹시 몇 가지 질문을 좀 드려도 될까요? HR에서 관찰한 변화나 추가적으로 기대하시는 바를 말씀해주시면 향후 프로젝트 진행에 도움이 됩니다. ⇨목적과 의미 설명

미팅은 30분 정도 진행 예정이고 제가 10분 정도 먼저 브리핑하고, 이후 시간은 질의응답을 통해 진행하려고 합니다. 괜찮을까요?" ⇨예측할 수 있도록 진행방식 안내, 방식에 대한 동의여부 질문

이렇게 대화를 시작했다면 적어도 '코칭하려고 하시네요'라는 피드백은 받지 않았을 것입니다. 마무리를 좀 더 신경 쓸 수도 있습니다. 대화 후에 그 가치를 인정해주는 표현을 덧붙이는 것입니다. HR담당자의 상황에 적합하지 않은 질문을 던졌지만, 대화 종료 시점에서 그 인터뷰가 전체 과정에 어떤 도움을 주었는지 설명할 수 있습니다. 대화의 가치를 설명하고 진

정성있게 감사를 전달했다면, 역시 그 미팅이 불편한 '코칭'으로만 기억에 남지는 않았을 것입니다.

질문은 맥락에 영향을 받습니다. 질문하는 사람과 질문을 받는 사람 사이 관계의 거리, 질문을 받은 사람의 시선이 현재 머무르고 있는 위치에 따라 질문의 효과가 달라질 수 있습니다. 대화를 주고받는 사람의 성향에도 영향을 받습니다. 어떤 사람은 질문 한마디에 대화의 문이 열리기도 하고 어떤 사람은 여러 단계를 거쳐야 비로소 그 문이 열립니다. 심지어 그 날의 상황도 영향을 미칩니다. 조직에서 리더-구성원의 관계처럼 상호작용하는 관계에서는 서로에 대한 평상시의 인식도 큰 영향을 미칩니다.

좋은 질문셋_{set}은 이미 충분히 개발돼 있습니다. 책 한 권이면 충분합니다. 좋은 질문을 고르고, 맥락을 고려한다고 했는데도 상대를 돕고자 한 내 의도가 잘 전달되지 못할 수 있습니다. 다른 사람의 성공을 돕는 질문은 지속하고 연습하고 개선하는 과정이 필요합니다. 슬기로운 연결을 돕는 성공서포터의 질문에서 가장 중요한 비책은 적용과 연습입니다.

결국 '좋은 질문'의 비결은 '더 좋은 질문'을 찾아다니는 것보다, 한 번 더 질문하는 것입니다. "수영님 생각은 어떠세요?", "조금 더 설명해줄 수 있어요?", "그렇게 생각한 이유가 있을까요?", "어떻게 이해했는지 설명해줄 수 있어요?" 그리고 이를 좋은 대화로 만들어가려는 지속적인 노력을 더하는 것입니다.

성공서포터의 질문 Do & Don't

Q 질문하면 답이 나온다

NO! '좋은 답'이 나오는 '좋은 질문'으로 만들어 가는 과정이 더 중요하다.

DO 질문은 주고받으며 자라는 대화다. 상대방의 입장에서 '질문'하고, 그 질문이 '좋은 질문'이 되도록 '돕는' 대화를 하라.

자, 이제 다른 사람의 성공을 돕는 '진짜 질문'을 하실 준비가 되셨나요?

더 생각해 볼 질문 "How are you?"

How are you?

I'm fine. Thank you. And you?

영어를 처음 배우는 단계에서 쉽게 접하는 질문과 대답입니다. 이 짧은 대화 속에서도 주고받는 질문의 원리를 찾아볼 수 있습니다.

1. 관계의 거리와 시선의 높이를 고려할 때 주고받는 대화가 가능해집니다.

"How are you?"라고 물으면 보통 "I'm fine.", "So so.", "Great!" 등 근황에 대해 간단하게 대답합니다. 거의 공식처럼 사용되는 대화입니다. 우리말에서 "잘 지내?" 혹은 "요즘 어때?"와 같은 질문이 유사한 역할을 합니다.

그런데 "How are you?" 혹은 "요즘 어때?"라고 물었는데, 갑자기 심각하고 진지하게 개인사를 줄줄 설명하면 어떨까요? 상대방은 당황하기 시작할 겁니다. 이런 질문은 정말 그 답변이 궁금하기보다는 어색한 상황에서 가볍게 대화의 물꼬를 트는 윤활유 같은 역할을 합니다. 그래서 스몰토크small talk라고 불립니다. 스몰토크를 너무 빅Big하게 답변하면서로 곤란해집니다.

여기서 주고받는 대화가 시작되도록 돕는 첫 번째 질문의 원리를 찾아볼 수 있습니다. 주고받는 대화에는 관계의 거리와 맥락에 따라 적합한 수준의 질문이 존재한다는 것입니다. "How are you?" 정도의 질문이 적합한 관계나 상황이 있습니다. 그런 상황에서 "요즘 당신 인생에서 가장 중요한 주제는 무엇입니까?"라고 질문한다면 불편할 수 있습니다. 혹은 "당신 삶의 목적은 무엇인가요?" 이런 질문은 어떨까요? 고차원의 질문이 사유를 촉진하기는 하지만, 관계 거리에 따라 사유를 촉진하는 정도가 달라집니다. 상대방 성향도 영향을 미칩니다. 평소 깊이 있게 사유하는 사람이라면 이런 질문이 크게 불편하지 않을 수도 있습니다. 이처럼 질문은 질문자와 답변하는 사람의 관계, 답변자 시선의 높이에 따라 좋은 질문이 되기도 하고 불편한 질문이 되기도 합니다. 앞서 질문에 대한 오해에서도 살펴본 바와 같이 주고받는 대화를 하기 위해 상대방과 나와의 관계의 거리, 상대방 시선이 머무르고 있는 시선의 높이에 대한 고려가 필요합니다. 주고받는 대화는 이를 고려한 질문에서 출발합니다.

2. 상황에 따라 "Thank you"도 필요하고, "And you?"도 필요합니다.

두 번째는 대화의 공간을 키우는 "Thank you"와 "And you?"에 대한 이야기입니다. 이 대화는 질문 "How are you?"와 답변 "I'm fine."으로 구성됩니다.

질문했을 때, '왜 묻는 거야?', '그런 질문이 지금 적절해?'라고 반응하는 것보다는 '물어봐 줘서 고마워'라고 답변하는 것이 다음 대화를 이어가는 데 도움이 됩니다. "Thank you"는 질문이 가질 수 있는 폭력성을 줄여 줍니다.

다음은 "And you?"입니다. 이를 통해 대화의 방향이 바뀝니다. 주고받는 대화의 공간이 만들어집니다. "Thank you,"와 "And you?"는 질문자의 의도를 전달하면서 질문의 방향을 바꿉니다. '제 이야기를 물어봐 주셔서 고맙습니다. 저도 당신의 이야기가 궁금합니다'라는 의미입니다.

여기서 주고받는 대화가 시작되도록 돕는 두 번째 질문의 원리를 찾아볼 수 있습니다. 주고받는 대화가 시작되고 공간이 만들어지는 데는 상황에 따라 "Thank you"도 필요하고, "And you?"도 필요합니다. 시작은 좀 이상할 수 있습니다. 왜 묻는지 의아할 수도 있고 불편할 수도 있습니다. 그러나 모든 대화는 시작이 있습니다. 그 시작을 좋은 대화로 만들어 가는 비결은 반응과 또 다른 질문에 있습니다.

질문했는데 대화가 이어지지 않나요?

1) 내 마음을 잘 전달할 질문의 기술이 부족할 수 있습니다. "Thank you"나 "And you?"의 연습이 필요합니다.

2) 우리의 관계가 제대로 연결되어 있지 않기 때문일 수 있습니다. 관계의 거리와 시선의 높이를 잘 다루며 질문하고 있나요? 상대방과 나 사이에 질문이 건너갈 다리가 만들어져 있나요? 상대에게 안심을 주는 단어, 경청의 표현, 취약성의 연결 등 질문자의 노력으로 질문이 상대방에게 무사히 건너갈 수 있도록 돕습니다.

우리는 질문하며 질문에 대답하며 함께하는 공간을 창조해갑니다.

성공서포터
질문의 핵심원칙

"어떤 질문이 좋은 질문인가요?"

"이런 질문, 해도 되나요?"

    질문워크숍이나 코치양성과정을 진행하다 보면 정말 많이 받게 되는 질문입니다. 리더, 퍼실리테이터 등 질문의 힘을 알고 질문하고 싶은 사람은 많은데 막상 어떤 질문을 해야 할지 고민되는 순간이 많기 때문입니다.

    한번은 질문력 향상 과정 진행 중이었습니다. M그룹 HRD부서의 부장님께서 다른 학습자의 코칭 시연에 대해 '왜'라는 말을 시작으로 질문한 것을 지적했습니다. '왜'라고 질문하면 안 됩니다. 맞는 말입니다. 보통 질문을 공부할 때 '왜'라는 질문을 지양하도록 안내합니다. 그런데 이유가 무엇일까요?

    사실 '왜'라는 질문은 무조건 하면 안 되는 것이 아니라 '왜'로 시작하는 질문은 어감상 오해를 불러일으키기 쉽기 때문에 지양하라는 것입니다. 이유를 묻는 질문이다 보니 추궁하는 느낌이 들기 쉽습니다. '왜'보다는 '이유가 무엇인지?'라고 표현하는 것이 의도를 전달하기가 좀 더 용이하다는 의미입니다. 원리를 이해해야 질문 디자인이 가능해지고 질문의 힘을 더 잘 활용할 수 있습니다.

누군가의 성공을 돕고자 하는 사람이라면 우리는 모두 누군가의 '성공서포터'입니다. 우리는 때로 누군가의 '성공서포터'가 되고, 때론 나를 위한 '성공서포터'로 인해 성공을 경험합니다. '끌고 가는 것이 아니라 스스로 움직이도록 돕는 것'. 이것이 성공서포터 질문의 가장 핵심원칙입니다.

이번 장에서는 '다른 사람의 성공을 돕는 질문'이라는 원리가 바로 서기 위해 지켜 가야 할 성공서포터 질문의 3가지 핵심원칙을 소개합니다. '이런 질문 해도 되나?'라는 생각이 들 때 원칙에 비춰 내 질문을 점검합니다. 다음 세 가지 원칙에 부합한다면 어떤 질문이든 해도 됩니다. 원칙은 여러 비슷한 상황에서 행동을 결정할 수 있는 기준이 되어 줍니다. 이를 통해 내게 맞는 질문을 선택하고 디자인할 수 있습니다.

원칙1. 주인공은 상대방이다.

원칙2. 상대방의 전진progress을 도와야 한다.

원칙3. 상대방의 변화동력에너지을 높여야 한다.

하나씩 살펴보겠습니다.

원칙1. 주인공은 상대방이다

전문코치 양성과정에는 학습자 간 모의 코칭장면이 종종 등장합니다. 한 번은 두 명의 학습자가 한 분은 코치, 한 분은 학습자가 되어 모의 코칭을 진행했습니다. 모의 코칭 역시 자신의 주제로 진행해야 제대로 동작하기 때문에 자신의 진짜 주제를 꺼내 놓는 게 일반적입니다. 이 날 고객 역할을 하신 분은 평소 출근하면서 드는 생각으로 대화를 시작했습니다. 코치 역할을 한 분은 한 글로벌 회사의 팀장님이셨습니다.

"회사 그만두고 싶다는 생각이 듭니다."

고객의 이야기를 들으니 평소 자신이 조언을 많이 해 준 이슈입니다. 돕고 싶은 마음이 커지니 대신하여 문제해결을 도와줄 질문이 쏟아집니다.

"언제부터 그런 생각이 드셨어요?"
"왜 그런 생각이 드셨어요?"
"어떤 방법을 해 보셨어요?"

코칭은 어느새 조언으로 바뀌었습니다. "이런 방법은 사용해 보셨나?", "이렇게 해보면 어떻겠냐?". 돕고 싶은 마음은 성공서포터에게 소중한 자산입니다. 그러나 돕고 싶은 마음에 운전석에 앉아 버리면 이후 문제해결의 주도권은 코치가 갖게 됩니다. 성공서포터로 역할을 하시고 싶은 분들이 가장 많이 하는 실수입니다.

심지어 코칭 장면에 대해 피드백을 주고받는 순간에도 피드백은 사라지고 돕고 싶은 마음은 조언이 되어 쏟아졌습니다. "내가 주니어 시절에 그런 생각을 했던 경험이 있는데 돌아보니 참 후회가 되더라. 그렇게 감정에 치우쳐 행동하면 안 된다." 부터 "시간이 좀 지나면 괜찮아진다."는 위로까지.

우리는 얼마든지 다른 사람을 위해 조언할 수 있습니다. 그러나 언제 변화가 일어나는지 생각해 볼 필요가 있습니다. 성인에게 일방적으로 조언하고 가르치는 방식은 생각보다 훨씬 더 비효과적입니다. 진짜 배움은 상대방의 가능성을 믿어 주고 기꺼이 질문할 때 일어납니다.

회사 그만두고 싶다는 생각이 들면 회사를 그만두면 됩니다. 그러나 그러지 못하는 건 지금 하고 싶은 이야기가 그 이슈가 아닐 수 있다는 의미입니다. 위로가 필요한 것일 수도 있고 장애를 돌파하고 앞으로 나가고 싶다는 말일 수도 있습니다. 자신이 잘 아는 주제가 등장할수록 자기중심적으로 그 이슈를 해석하기 쉽습니다. 그러면 자기도 모르게 문제해결의 주체가 됩니다. 내가 문제를 해결하려고 하고 자꾸 조언을 주게 됩니다. 이럴 때는 대신 문제해결을 하기 위해 던지는 분주한 질문보다 자신의 말을 자신이 정리할 수 있도록 돕는 질문이 상대방의 삶에 변화를 만들어 내는 데 더 영향을 미칩니다.

성공서포터 질문의 첫 번째 원칙은 '주인공은 상대방이다'라는 것입니다. 이 원칙은 내가 나의 역할을 어떻게 인식하는지, 그 인식에 기반하여 어떤 태도를 선택하는지와 관련되어 있습니다.

핵심원칙		원칙을 점검하는 질문
원칙1. 주인공은 상대방이다.	역할인식	나는 서포터인가? 역할은 적절한가?
	태도선택	I'm OK, you're OK에 서 있는가?

역할인식 누가 주인공인가?

성공서포터는 일종의 파트너십입니다. 성공을 이뤄가는 사람이 있고, 그 성공을 돕는 사람이 있습니다. 성공을 이뤄가는 사람이 주인공입니다. 리더로서 좋은 질문을 던지고 싶은 마음이 들 때, 가장 먼저 자문해봐야 할 것은 변화의 주도권을 '누가 가지고 있는지'입니다. 여러분의 질문이 상대의 문제를 대신 해결해주는 질문이라면 이미 우리의 역할은 바뀐 것입니다. 리더는 문제를 대신 해결해주는 사람이 아닙니다. 문제해결의 지원자입니다. 서포터라는 역할 인식이 중요합니다. '진짜 질문'은 주인공이 하는 것입니다.

우리는 정말 빈번하게 자신도 모르게 주인공의 자리에 서곤 합니다. 그래서 한 방향으로 이야기하고, 한 방향으로 질문합니다. 질문의 형식을 빌려 자신이 생각하는 성공의 모습으로 상대방을 이끕니다. 다른 사람의 인생에 영향을 줄 수는 있지만, 누구도 대신 생각하거나 살아줄 수는 없습니다. 다른 사람의 '진짜 성공'을 돕는다는 것은 '대신 생각하는 일'을 멈추는 것에서 시작합니다. 그것은 질문을 돌려주는 것입니다. 질문을 돌려준다는 것은 내가 궁금한 것을 묻고, 내가 문제를 해결하는 데 필요한 정보를 묻는 질문을 그만두는 것입니다. 그 자리는 지지와 경청으로 채우면 됩니다.

성공서포터 질문의 본질은 상대방에게 사유하는 힘을 돌려주는 것입니

3장. 성공서포터 질문의 핵심원칙

다. 존 휘트모어의 〈성과향상을 돕는 코칭리더십〉이라는 책에 보면 질문은 '자각'과 '책임'을 높인다고 설명합니다. 일방적으로 설명하는 것보다 질문할 때 참여가 시작되고 애정이 높아집니다. 질문하면 나의 의견을 말하게 되고, 의견이 반영되기까지의 과정을 거치면서 학습 주도성이 높아지게 됩니다.

성공서포터 질문의 중요한 본질이 바로 이것입니다. 누가 주인공인가? 리더가 아니라 구성원이 주인공이 되도록 돕는 질문. 그 질문이 진짜 성공을 돕는 질문입니다.

주인공과 서포터는 모두 자신에게 질문해야 합니다. 그러나 질문의 종류가 다릅니다. **주인공은 자신이 어디로 가고 싶은지, 어디에 있는지, 어떻게 가야 하는지 질문해야 한다면, 성공서포터는 내 질문이 성공서포터 질문의 핵심원칙 안에 있는지 끊임없이 점검하는 질문을 던져야 합니다.**

실제로 코칭장면에서 생각보다 많은 사람들이 자신도 모르게 해결책을 제시하거나 상대방이 해야 할 사유를 대신합니다. 이를 점검하는 몇 가지 방법이 있습니다. 대화 중에 '다음에 어떤 질문을 할까?'라고 생각하고 있다면 주인공 자리에 나를 두었을 가능성이 높습니다. 정말 다른 사람의 성공을 돕는 상황일 경우 다음 질문은 상대방의 말을 잘 듣고 그 말에 반응하는 형태로 나타납니다. 또 다른 방법은 상대방이 질문을 하고 있는지 관찰하는 것입니다. 만일 나 혼자 질문하고 있다면, 내가 말하는 비중이 자꾸 높아지고 있다면, 우리의 위치가 바뀐 것은 아닌지 점검해 볼 필요가 있습니다. 돕고자 하는 마음은 종종 '끌고가는 힘'이 됩니다. 진짜 변화는 스스로 만드는 힘에 의해서만 일어납니다.

태도 선택 나는 상대방을 정말 주인공으로 바라보고 있는가?

성공서포터로서 자신의 역할을 인식한 사람은 상대방을 바라보는 관점도 달라집니다. 상대방을 주인공으로 바라봅니다. 주인공으로 바라본다는 것은 도움이 필요한 사람, 내가 개선해야 할 사람으로 인식하는 것이 아니라 충분히 자신의 문제를 주체적으로 해결할 수 있는 파트너로 바라보는 것입니다. 파트너는 수평적 관계입니다. 스포츠에서 코치 역할을 생각해보면 쉽습니다. 세계적인 피겨선수였던 김연아 선수에게 그녀의 성공을 도왔던 코치가 있었습니다. 그러나 직접 무대에서 뛰어야 하는 주인공은 김연아이고 코치는 그녀가 기량을 잘 펼칠 수 있도록 돕는 조력자입니다. 그러나 이를 잘못 이해하면 무조건 질문만 하면 된다고 생각할 수 있습니다.

"코치님, 제발 제 안에 답이 있다. 그런 말은 하지 마세요." 처음 만나는 고객이 이런 말을 합니다. 일전에 코칭을 받은 적이 있는데 당신 안에 답이 있으니 해답을 생각해내라고 계속 질문만 하셨다는 겁니다. 공감됩니다. 얼마나 답답했을까요?

"네 안에 답이 있다"는 말이 정답을 제시하라며 상대방을 다그치는 용도로 사용되어서는 안 됩니다. 함께 논의하고 고민할 파트너로 상대방을 기꺼이 인정하는 태도로써의 선택이어야 합니다. 상대방이 현재 변화의 필요성을 자각하지 못하고 있어서 변하지 않는 것이지, 스스로 필요성을 느낀다면 변할 거라고 믿는 것입니다. 성공서포터에게 있어서 주인공은 내가 아니라 상대방입니다.

남이 끌고 가는 방식(대신 문제를 해결하려고 애쓰는 것)

VS.

스스로 움직이도록 돕는 방식(다른 사람의 성공을 돕는 질문을 건네는 것)

"사람들은 자신에게 통제권이 있다고 느끼고 싶어 한다.

다시 말해 운전석에 앉고 싶어 한다.

우리가 사람들에게 뭔가를 시키려고 하면

그들은 힘을 뺏긴 기분을 느낀다.

스스로 선택을 내렸다기보다

우리가 그들의 선택을 대신 내려주었다고 느낀다.

그래서 원래는 기꺼이 하려고 했던 일조차

싫다고 하거나 다른 짓을 한다."

- 조나 버거 Jonah Berger

심지어 리더-구성원 관계는 보통 기본적으로 평가자와 피평가자의 관계이기 때문에 파트너십을 유지하는 것이 어렵습니다. 더 의식적으로 상대방을 주인공으로 인정하는 태도를 선택할 필요가 있습니다. 이것이 원칙1이 갖는 두 번째 키워드입니다. 바로 태도의 선택입니다.

리더가 구성원을 주인공을 인정하는 태도를 취한다는 것은 한 사람의 고유한 존재로 존중하는 것입니다. 즉, '가르치고 교정해야 할 대상'으로 보는 것이 아니라 '함께 소통하고 의논하여 창의적 대안을 창출할 수 있는 파트너'로 바라본다는 의미입니다. 리더로서, 성공을 돕는 조력자로서 구성원에게 적절한 지원을 제공한다면 구성원이 더 좋은 성과를 낼 수 있을 거라는 믿음을 갖는 것입니다. 이런 경우, 좋은 결과가 나지 않았을 때 상대를 비난하거나 탓하지 않고, 자신의 개입이 적절하지 않았음을 성찰하고 좀 더 적절한 개입을 찾아가게 됩니다.

상호작용을 연구하는 교류분석에서는 이것을 I'm OK, You're OK의 관점이라고 부릅니다. '저 사람은 왜 저렇게 행동하지?'라는 생각이 들 때, 마음속으로 2x2 매트릭스를 그려 보면 도움이 됩니다. 한 축은 나와 너입니다. 다른 축은 OK와 Not OK입니다. OK는 그 사람이 괜찮은 사람인지, 아닌지에 대한 나의 평가인식입니다. 그러면 4개의 사분면이 만들어집니다.

오른쪽 상단부터 반시계 방향으로 제1사분면, 제2사분면, 제3사분면, 제4사분면이라고 한다면, 가르치기보다는 함께 배우기를 선택한다는 것은 1사분면, 나도 괜찮은 사람I'm OK, 당신도 괜찮은 사람You're OK이라는 생각을 갖는 것입니다.

사람을 바라보는 관점

I'm OK

| I'm OK/You're not OK | I'm OK/You're OK |

I'm OK/You're not OK

"저 사람은 도대체
왜 저렇게 행동하지?"
"도대체 변화가 없네!"

2

I'm OK/You're OK

"어떤 도움이 필요할까?"
"내가 무엇을 좀 더
지원해주면 좋을까?"

1

You're
not OK ← → You're
OK

3

I'm not OK/You're not OK

"어차피 사람은 타고나지.
노력해서 되겠어?
너나나나 가망이 없다"

4

I'm not OK/You're OK

"내가 뭘 할 수 있겠어.
어차피 요즘 애들
알아서 잘하지."

I'm not OK

나는 어느 위치에 서서 사람을 바라보는가?

좌표에서 어떤 영역에 서 있는가에 따라 내가 하는 질문이 달라집니다. '도대체 저 사람은 왜 저렇게 행동하지?'라는 생각이 드는 것은 2사분면에 서 있다는 의미입니다. 조언하고 싶은 마음이 올라온다는 것은 한 수 가르쳐 줘야겠다는 마음이며, 이 역시 2사분면에 서 있다는 의미입니다.

1사분면에 서 있다고 조언하지 못하는 것은 아닙니다. 조언할 수 있습니다. 다만 1사분면에 서서 하는 조언이 선택권을 상대방에게 주는 조언이라면, 2사분면에 서서 하는 조언은 선택권이 내게 있습니다. 마땅히 해야 할 일을 하지 않은 그 사람에게 마땅히 해야 할 것을 알려주는 방식입니다.

리더십 교육을 받고 마음에 감동이 있어 전체 구성원들과 1:1미팅을 시작한 팀장이 있었습니다. 15명의 구성원들을 미팅하는데 5명이 채 지나지 않아 감동은 사라지고 실망만 쌓입니다. 구성원 모두 생각의 깊이가 얕아 보입니다. 함께 문제를 해결할 생각은 없으면서, 그저 불평만 늘어놓는 것 같습니다. 그러다 직장인들이 자기 소속 회사에 대한 의견을 무기명으로 남기는 블라인드Blind나 잡플래닛Jobplanet 같은 어플리케이션을 보면 실망은 확신이 됩니다. '저런 수준의 생각을 하는 구성원들과 내가 무슨 몰입을 이야기하나' 하는 자괴감이 듭니다. 1:1미팅은 그렇게 점차 훈계로 변해갑니다. 문제는 그 훈계가 거의 효과가 없다는 데 있습니다.

진짜 배움은 1사분면 'I'm OK, You're OK'에서만 가능합니다. '무슨 생각으로 사는 걸까?', '생각을 하기는 하는 건가?' 이렇게 'You're not OK'의 판단이 올라올 때, 판단을 멈추고 'You're OK'로 생각의 자리를 옮깁니다. 그것이 가르치기보다 함께 성장하기를 선택하는 것입니다. 선택은 한 번에 이루어지는 것이 아니라, 매 순간 다시 선택해야 하는 도전입니다.

진짜 배움은 1사분면 "I'm OK, You're OK"에서만 가능합니다.

코칭의 철학 "당신이 주인공입니다"

초창기 코칭리더십 과정에서 교과서처럼 사용되었던 에노모토 히데타케Enomoto Hidetake의 〈마법의 코칭〉에는 코칭의 3대 철학이 다음과 같이 정의되어 있습니다.

> 1. 모든 사람에게는 무한한 가능성이 있다.
> 2. 그 사람에게 필요한 해답은 그 사람의 내부에 있다.
> 3. 해답을 찾기 위해서는 파트너가 필요하다.

국제코칭연맹ICF에서는 다음과 같이 표현합니다.

> 1. 사람은 누구나 창의적이고Creative,
> 2. 자원이 풍부하고Resourceful,
> 3. 전인적이다Whole.

한국코치협회KCA에서는 이렇게 설명합니다.

> 1. 모든 사람은 창의적이고
> 2. 완전성을 추구하려는 욕구가 있으며
> 3. 누구나 내면에 자신의 문제를 스스로 해결할 수 있는 자원을 가지고 있다.

얼마나 동의하시나요? 코칭이 국내에 들어온 초창기 10년 동안은 코칭의 3대 철학이 강조됐지만, 현재는 코칭의 철학이 잘 사용되지 않습니다. 철학은 정답을 제시할 수 있는 것이 아니라 사유하도록 돕는 것이기 때문에 하나의 철학을 제시하는 것이 적절하지 않다고 보기 때문입니다.

그럼에도 불구하고 코칭 철학 안에는 코칭에서 사람을 보는 관점이 잘 드러나 있습니다. "당신이 주인공입니다."가 그것입니다. 변화의 주체가 당신이며, 당신이 원하는 방식으로 변화를 추구할 수 있다는 것을 전제로 둡니다.

타인이 이끄는 변화는 '조종'이 됩니다. 그래서 코칭이 동작하려면 내가 아닌 상대방이 변화의 주체임을 인식해야 합니다. 이것은 성공서포터 질문의 첫 번째 중요한 원칙이기도 합니다.

코칭의 철학에서 '모든 사람에게는 무한한 가능성이 있다, 그 사람에게 필요한 답은 그 사람 내부에 있다'는 말은 오해를 많이 받습니다. '질문하면 답을 찾는다', '그 사람 스스로 해결책을 찾는다', '역량과 태도에 관계없이 이 사람이 그 일을 해결할 거라고 무조건 믿어줘야 한다'라는 형태로 이해되곤 합니다.

하지만 이 말은 그런 의미가 아닙니다. **내가 대신 정답을 생각하고 찾아줘야 하는 사람이 아니라 스스로 생각할 수 있는 사람이라는 믿음, 나도 잘하고 싶지만 저 사람도 잘하고 싶은 마음이 있다는 믿음, 상대방의 시선의 높이에 맞는, 관계의 거리를 고려한 질문을 통해 시선의 높이를 높이고 따뜻한 연결을 만들어 갈 때 상대방은 반드시 성공을 맛보리라는 믿음을 갖는 것입니다.** 그것이 사람의 무한한 가능성에 대한 믿음이며, '그 사람에게 필요한 답은 그 사람 내부에 있다'의 진짜 의미입니다.

나는 상대방을 주인공으로 바라보고 있나요?

원칙 2. 상대방의 전진progress을 도와야 한다

두 번째 원칙은 '파트너십의 목적'에 관한 것입니다. 성공서포터의 파트너 십은 상대방의 성공을 돕기 위해 존재합니다. 단순히 즐겁고 편안한 대화 가 아니라 어떤 형태로든 의미 있는 진보를 경험하도록 돕는 것이 중요합 니다. 마음을 여는 질문을 했더라도 상대방의 삶에 변화가 일어나지 않으 면 성공을 도왔다고 보기 어렵습니다. 여기에 성공서포터 질문의 두 번째 원칙이 있습니다.

핵심원칙		원칙을 돕는 질문
원칙2. 상대방의 전진을 도와야 한다.	진보	진척율Late of progress은 어떠한가? 관점이 확대되고 있는가?
	인식	의미 있는 진보가 인식되고 있는가? 상대방이 원하는 진보인가?

진보 의미 있는 진보가 이뤄지고 있는가?

원칙2의 첫 번째 키워드는 진보입니다. 성공의 진보가 경험되어야 합니 다. '성공'의 사전적 의미는 '목적하는 바를 이룸'입니다. 즉, '현재 상태As-Is 에서 원하는 상태To-be로 이동하는 것'입니다. 이것을 다르게 말하면, 변화 를 만들어 내는 일입니다. 성공서포터는 질문을 통해 상대방이 스스로 변 화, 즉 성공을 만들어 가도록 돕습니다. '목적하는 바를 이룸'이라는 성공의 정의에 비춰 생각해 보면 워크숍에서 워크숍 목적을 달성하는 것, 조직에 서 목표를 수립하고 그 목표를 달성하는 것을 모두 성공이라고 표현할 수 있겠습니다.

성공: 목적한 바를 이룸
'현재 위치As-Is에서 원하는 곳To-be로의 이동'

그러나 교육 현장에서 가장 많이 듣는 질문 중 하나가 "사람이 변하나요?"입니다. 사람은 변하지 않는다는 것을 경험적으로 너무 선명하게 인식했기 때문에 하는 질문입니다.

얼마 전 한 회사의 팀장들을 대상으로 피드백스킬 강의를 의뢰받아 팀장과 구성원들을 인터뷰한 적이 있습니다. 당시 구성원들에게 '어떤 피드백이 기억에 남는지', '어떤 피드백이 왜 불편했는지', '어떤 피드백을 받고 싶은지', '당신이 상사라면 어떻게 피드백 하고 싶은지' 등 여러 가지 질문을 한 뒤 다음과 같이 물었습니다.

"팀장님들이 이번 4시간짜리 교육 두 번 받으면 조금이라도 달라질 거라고 생각하세요?"

이 책을 읽는 여러분은 어떻게 생각하시나요? 제가 현장에서 인터뷰했던 분들은 이렇게 답하셨습니다.

"아니요. 그래서 백 번 해야 한다고 생각해요. 이것저것 새로운 교육을 하는 것이 아니라 중요한 것을 계속 반복하다 보면 100명 중 한두 명은 변하겠죠. 그리고 반복하다 보면 그 숫자가 늘어날 거라고 생각해요. 아무것도 안 하면 아무 변화도 일어나지 않잖아요."

긍정적 성향을 가진 분들이라 이렇게 답했지만, 사실 오늘날 기업현장에서 진행되는 교육에 대한 회의는 깊습니다. 한두 명의 변화를 위해 몇 차수의 교육을 진행하는 것은 효율성의 측면에서도 다시 생각해 보게 되는 지점입니다.

그런데 사람은 정말 변하지 않을까요? '변한다'는 말이 적용되는 대상, 범위, 상태를 어떻게 정의하느냐에 따라 달라질 수 있습니다. 극악무도한 범죄를 저지른 사람이 종교에 귀의해서 180도 다른 사람이 된 사례를 언론을 통해 만나기도 합니다. 그런 사람이 다시 범죄를 저질러서 회자되는 경우도 목격합니다. 성격이 불 같았던 팀장이 임원이 되어서 각종 직책자 교육을 받았지만, 심지어 어떤 상황에서는 더 불 같아지는 경우도 보게 됩니다. 그런 장면을 목격하면 사람은 변하지 않는다는 생각이 듭니다.

변화는 어떻게 일어날까요? 약국을 경영하며 고객의 마음을 샀던 경험을 살려 중학생 대상의 입시교육 분야에서 성공사례를 만든 김성오 대표가 있습니다. 김 대표는 변화의 범위를 아주 작게 설정하는 것이 중요하다고 강조합니다. 왼쪽에 있는 물컵을 오른쪽으로 옮기고 싶을 때 간절히 바라는 마음만으로 물컵을 이동시킬 수는 없습니다. 그런데 손으로 물컵을 왼쪽에서 오른쪽으로 옮기면 물컵은 이동하게 됩니다. 물컵 위치에 대한 작은 변화가 일어난 것입니다. 김성오 대표는 이를 '물컵 옮기는 일에 성공했다'라고 표현합니다. 그러면서 사람의 변화도 이와 비슷하다고 강조합니다. 일상에서 내가 바꿀 수 있는 작은 변화를 만들어 갈 때 작은 성공들이 쌓이게 되고 그 성공들이 모여 삶의 변화를 가져온다는 이야기입니다.

성공서포터의 역할은 상대방이 작더라도 의미있는 변화를 경험하도록 돕는 것입니다. 변화경영연구소를 통해 많은 사람들의 혁신을 도왔던 (故) 구본형 소장은 '성공이란 가고 싶은 길을 계속 가는 것'이라고 말했습니다. 가만히 들여다보면 '성공'이란 단어가 동적인 특성을 가졌다는 것을 알 수 있습니다. 한 번 이루고 끝나는 것이 아니라 작은 성공들을 이루며, 그런 '이룸'을 지속하는 과정입니다. 즉, 가고 싶은 길을 계속 가는 것, 세상을 조금이라도 살기 좋은 곳으로 만드는 것이 성공이라는 것입니다.

성공서포터로서 리더의 질문은 상대방의 성공을 돕기 위해 존재합니다. 성공서포터 질문은 상대방 성공의 진척율Late of progress을 높여야 합니다. 성공서포터로서 이를 잘 지원하고 있는지 진척율을 기반으로 스스로에게 질문해 볼 수 있습니다. '상대방이 원하는 곳To-be을 명확하게 인식하도록 돕고 있는가?', '현재 위치(A)에서 원하는 곳(B)으로 이동하도록 여정을 잘 디자인했는가?', 'A에서 B로 이동하는 방법을 다양하게 모색할 수 있도록 적절한 질문을 던지고 있는가?', '생각의 경계는 확장되고 있는가?', '꼭 봐야 할 중요한 포인트들을 점검해볼 수 있도록 질문하고 있는가?'

조직에서 구성원의 성공은 성과와 성장을 의미합니다. 성과는 기한과 고객의 기대치를 맞춰가는 것이고, 성장은 그 일을 하는 데 있어서 숙련도, 범위, 난이도가 커지는 것을 의미합니다. 이 과정에서 리더의 질문은 구성원이 성과를 낼 수 있게 도움을 줍니다. 일을 하는 데 있어서 숙련도, 범위, 난이도의 변화를 지원합니다. 현재 위치에서 원하는 곳으로 이동을 돕습니다. 성공서포터로서 리더는 자신의 질문이 이 역할을 하고 있는지 스스로 점검해 볼 필요가 있습니다. 구성원이 의미 있는 변화_{성공}를 경험할 때 내 질문은 성공서포터의 질문이 됩니다.

인식 의미 있는 변화가 인식되고 있는가?

원칙2의 두 번째 키워드는 '인식'입니다. 상대방이 스스로 '내가 성장하고 있다', '진보하고 있다'고 느낄 수 있어야 합니다. 진보의 인식을 돕기 위해 일대일 면담 마무리에 "오늘 김 대리에게 의미 있었던 것 한 가지만 말해줄 수 있을까?"라고 질문할 수 있습니다. (물론 관계의 거리에 따라 솔직한 대답이 나오지 않을 수도 있지만) 이런 질문은 자신의 입장에서 대화를 다시 생각해보고 스스로 의미를 정리하는 데 도움이 됩니다. 진짜 배움이 일어나게 하는 질문은 상대방이 직접 성장의 증거를 볼 수 있도록 돕는 질문입니다. 스스로 성장의 증거들을 인식할 때, 변화는 지속될 수 있으며 성공의 경험은 더 커지게 됩니다.

업무로 힘들어하는 구성원이 있습니다. 상사는 구성원에게 '이 일을 통해 지금 네가 성장하고 있고, 언젠가는 지금의 일이 의미 있게 느껴질 때가 있을 것이다'라고 말해 줍니다. 좋은 말인데도 이런 대화는 대개 '라떼는 말이야'로 해석됩니다. 성장, 성공의 증거를 인식하는 주체가 구성원이 아니라 상사이기 때문입니다. 주입하는 방식이 아니라 공감하고 스스로 인식하도록 돕는 질문이 필요합니다.

서울에서 부산으로 이동한다고 가정해보면, 출발한 지 한두 시간쯤 되면 대전을 지나고 있어야 합니다. 차가 멈춘 것으로 느껴지거나 창밖으로 여전히 서울의 도심이 보이면 '과연 부산에 도착할 수 있을까' 회의가 듭니다. 우리는 무언가를 열심히 추진하는 과정에서 성공의 증거를 스스로 느끼면서 갈 때, 진척율을 확인할 수 있을 때 더 열심히 그 일을 하게 됩니다. 성공서포터는 그런 인식이 일어나도록 돕는 사람입니다.

회사에서 어떤 일을 할 때 그 일이 내 성장에 정말 도움이 된다고 스스로 믿으면 누가 시키지 않아도 그 일을 열심히 하게 됩니다. 그런데 아무리 유익한 일이라도 내 생각에 그것이 소진되는 일, 이용당하는 일이라고 생각이 된다면 하기 싫고 빨리 끝내고 싶어집니다. **중요한 것은 상사의 인식이 아니라 일을 하는 나의 인식입니다.** 다른 사람이 내게 말해주는 것은 별로 중요하지 않습니다. "지금 이 시간이 힘들더라도 지나고 나면 다 김 대리가 성장하는 데 중요한 자원이 될 거예요.", "주인의식을 가지고 열심히 하면 그 일이 다 돌아오게 됩니다." 이런 말은 큰 의미를 갖기 어렵다는 것입니다. 성공서포터로서 리더는 다음의 대화처럼 상대방이 스스로 목표와 방법을 찾아낼 수 있도록 도와야 합니다.

A 요즘 어떤 것이 고민이에요?

B 신규 입사자 매뉴얼을 새로 만들고 싶은데 진도가 잘 안 나가요. 빨리 끝내고 싶어요. 진도가 늦어지니 자괴감이 들어요.

A 신규 입사자 매뉴얼 제작을 빨리 마무리하고 싶군요. 어떤 매뉴얼이 되면 좋겠어요?

B 음... 새로 입사한 사람들에게 위로가 되는 매뉴얼이요. '뭘 해야 한다' 고 강요하거나 빠른 적응을 재촉하는 것이 아니라 안심을 주고, 혼자 가 아니라 조직이 당신을 돕고 있다는 메시지를 전달하는 매뉴얼. 그 래서 '잘 해보고 싶다' 용기가 나는 매뉴얼이 되면 좋겠어요.

A '안심을 주고 혼자가 아니라는 것을 알려주고 싶다'는 말이 참 의미 있 게 들리네요. ○○님은 어떤 일을 할 때 그것이 참 중요한가 봐요?

B 맞아요. 새로운 곳에 오게 되면 누구나 힘들잖아요. 그런데 자꾸 '왜 아 직 이것도 모르니?', '이것도 해야 하고, 저것도 해야 한다' 그러면 너무 피곤하잖아요. 사람들은 다 자기만의 속도가 있고 강점이 있는데... 그 강점이 강점으로 발휘되도록 돕는 사람이 되고 싶어요.

A 아, 그런 매뉴얼을 만들고 계신 거네요. 신규 입사자의 적응을 돕고 한 사람 한 사람이 자신의 속도대로, 강점으로 기여할 수 있도록 돕는 가 이드.

B (웃음) 말씀 듣고 보니 제가 그런 대단한 일을 하고 있었네요. 다시 에너 지가 올라왔어요. 잘 마무리할 수 있을 것 같아요.

3장. 성공서포터 질문의 핵심원칙

위 대화에서 B는 신규입사자 매뉴얼 제작을 '빨리 끝내야 하는 과업'으로 인식하고 그것을 해내지 못한 자신을 자책하고 있었습니다. 이때 성공서포터가 진도가 나가도록 돕거나, 현상을 돌파하도록 도울 수도 있지만 위 대화처럼 인식을 확장함으로써 변화를 도울 수도 있습니다. B는 대화를 통해 매뉴얼 만드는 작업이 '빨리 끝내야 하는 과업'이 아니라 '한 사람 한 사람이 자신의 속도대로, 강점으로 기여할 수 있도록 돕는 일'이라고 인식을 확장할 수 있었고 그것만으로도 다시 매뉴얼 작업을 지속할 에너지를 얻을 수 있었습니다.

성공서포터의 질문은 성공을 돕기 위해 존재하지만 성공을 만들어주는 것이 아니라 상대방이 스스로 성공을 만들고 그 증거를 인식하며 가도록 돕는 역할을 합니다. 리더와 구성원처럼 지속적으로 상호작용하는 경우에는 이것이 더 중요합니다. 성공의 증거는 지속적인 관찰을 통해 더 신뢰도를 갖기 때문입니다. 리더가 구성원을 관찰하고 기록할 때 성공서포터로서의 역할을 더 잘할 수 있습니다.

구글, 마이크로소프트처럼 세계적인 기업들은 성공서포터로서 리더의 역할을 강조합니다. 2020년 기준, 애플과 시가총액 1~2위를 다투는 마이크로소프트는 리더의 역할을 '코치'라고 이야기합니다. 여기서 코치는 성공서포터의 개념입니다. 직원들이 해야 하는 업무와 개발 영역을 명확히 정립할 수 있도록 목표를 세우고 그 안에서 좋은 질문을 하고 스스로 성과를 낼 수 있도록 배움을 촉진해야 한다는 것입니다.

구글도 비슷합니다. 구글은 한때 관리자를 없앤 적이 있었습니다. 그 결과 여러 가지 문제가 생겼고, 이후 관리자가 왜 필요한지 데이터 분석을 통해 연구했습니다. 그 프로젝트가 산소 프로젝트Project Oxygen입니다. 마치 산소처럼 있을 때는 몰랐는데 없어지니 너무 중요한 존재임을 깨달았기 때문입니다. 이후 직원 설문과 데이터 분석을 통해 훌륭한 관리자들에게서 공통된 행동을 발견9했습니다. 관리자 역할의 핵심이 구성원의 성공을 돕는데 있다는 것입니다. 리더는 상대방이 스스로 자신의 진보를 잘 인식하도록 도울 수 있어야 합니다.

성공서포터의 질문은 보지 못하는 것을 보게 합니다. 보지 말아야 할 것에서 시선을 거두고 봐야 할 곳으로 시선을 돌리도록 돕습니다. 이런 질문은 4장 성공서포터를 위한 '좋은 질문'의 재료를 설명할 때 좀 더 상세히 다루겠습니다. 이 장에서 우리가 기억할 부분은 성공서포터 질문의 두 번째 원칙, '상대방의 전진Progress을 도와야 한다'입니다.

원칙 3. 상대방의 변화동력에너지을 높여야 한다

마지막 세 번째 원칙은 여정을 지속하는 힘에 관한 것입니다. 모든 변화에는 에너지가 필요합니다. 태도를 바꾸는 데도, 행동의 변화를 선택하는 데도 모두 에너지가 필요합니다. 이것을 우리는 '동기'라고 부릅니다. 어떤 질문은 내가 좋은 사람이 되고 싶게 만들고 내 행동을 고치고 싶게 만듭니다. 반면, 어떤 질문은 맞는 말인데도 이상하게 기분이 나쁘고 반대로 하고 싶어집니다.

성공서포터 질문의 세 번째 원칙은 지속적으로 에너지를 창출하는 것입니다. '에너지를 창출한다'고 하면 내가 에너지를 부여하는 것이라고 오해할 수 있습니다. 성공서포터 질문은 상대방이 스스로 에너지를 만들어가도록 돕는 질문입니다.

사람들을 만나면 기억에 남는 질문이 있는지 종종 물어봅니다. 지인 중 한 분은 "과거에는 꿈이었는데, 지금은 멋진 현실이 된 것은 무엇인가?"라는 질문이라고 답했습니다. 이 질문을 처음 들었을 때도 성취를 인식하며 에너지가 올라갔지만 이 질문은 지금도 종종 더 나은 자신이 되기 위해 노력하는 동력이 되어 준다고 했습니다. 이 분에게는 이 질문이 변화동력이 되어 주는 좋은 질문인 것입니다.

기업에 계신 한 임원은 이렇게 말씀하셨습니다. 대표이사와 일대일 미팅을 하면서 대표이사가 이런 질문을 던졌다는 것입니다.

"김 상무, 김 상무가 A본부 총괄한 지 몇 년 되었나?
김 상무 전과 후로 뭐가 달라졌다고 생각하나?"

A본부를 맡게 되면서 열심히 일했던 것은 맞는데 그 질문을 들으니 지난 시간을 성찰하게 되었습니다. 이전에는 '그동안 나는 무슨 일을 했는가'라는 생각을 했다면 그 질문 이후로는 '나는 어떤 가치를 창출하고 있는가'로 자문하게 되었다고 설명합니다. 이 분에게는 이 질문이 변화동력을 높이는 질문입니다.

변화동력을 높이는 질문에는 여러 가지 요소가 있지만, 여기서는 2가지를 이야기하려고 합니다. 하나는 상대방 중심You -centered이고 다른 하나는 미래지향입니다. 우리는 나의 성공을 이야기하고 꿈꿀 때, 그 성공을 향한 변화 에너지가 올라가기 때문입니다.

핵심원칙	원칙을 돕는 질문	
원칙3. 상대방의 변화동력을 높여야 한다.	You-Centered	상대방의 입장에서 질문하고 있는가?
	미래지향	과거나 현재보다 원하는 모습에 집중하고 있는가?

You Centered 상대방의 입장에서 질문하고 있는가?

〈어린왕자〉로 유명한 프랑스 소설가 생텍쥐페리Saint-Exupéry는 배 만드는 법을 설명하는 것보다 바다를 꿈꾸고 갈망하도록 돕는 것이 더 효과적이라고 이야기합니다. 배 만드는 법을 '가르치기'보다 바다에 대한 관심과 질문이 일어나도록 돕는 것. 이것이 더 멋지고 효과적으로 배를 즐겁게 만드는 비결입니다.

성공을 위한 변화에너지를 만드는 질문도 이와 비슷합니다. 배 만드는 기술을 가르치거나 바다로 나가야 한다는 생각을 주입하는 것이 아니라 내부에 있는 것을 끄집어내고 시선이 닿지 못한 곳에 시선이 닿을 수 있도록 돕는 것입니다. 인식의 경계에 갇힌 자원과 열망을 꺼내도록 돕는 것이지 그것을 주입하는 것은 아닙니다.

먼저 나 중심I-centered의 질문보다 상대방 중심You-centered의 질문이 에너지를 높이고 성공을 돕는 데 더 효과적입니다. 우리가 감정을 이야기할 때

"배를 만들고 싶다면 나무를 모으고 일을 나누고 명령을 내리기 위해 사람들을 북돋우지 마십시오. 대신, 광대하고 끝없는 바다를 갈망하게 만드십시오."

— 생텍쥐페리 Antoine de Saint-Exupéry

는 나를 중심으로 이야기하는 것이 소통이 잘 됩니다. 내 것을 이야기하기 때문입니다. 타인의 감정이나 욕구에 대해 이야기하면 내가 타인을 평가하는 것이 돼 버립니다. 내 것이 아니기 때문입니다. 이렇게 나를 중심으로 이야기하는 것을 'I-message'라고 합니다. 그런데 질문을 할 때는 반대로 상대방 중심, 'You-centered'를 강조합니다. 다른 사람의 성공을 돕는 질문은 내 것이 아니라 상대의 것을 확인하고 상대가 성공하도록 돕는 과정이기 때문입니다. 내가 궁금해서 하는 질문I-centered 말고 상대방이 문제를 해결

하는 데 도움이 되는 질문You-centered이어야 한다는 뜻입니다. 전자의 질문
I-centered보다는 후자의 질문You-centered이 다른 사람의 성공을 돕고 에너지를
창출하는 데 효과적입니다.

나 중심I-centered의 질문	상대방 중심You-centered의 질문
• 어떤 일이 있었어요? • 그 다음에 무엇을 했어요? • 왜 이렇게 안 하세요? 이렇게 하세요!	• 그것이 당신에게 어떤 의미가 있어요? • 뭐부터 해보고 싶어요? • OO이 중요하신가 봐요? 말씀 속에서 OO을 중 요하게 생각하는 마음이 느껴지네요.

　질문에 대한 반응을 할 때도 마찬가지입니다. 상대방 입장에서 공감하
며 듣는 것이 중요합니다. 다음과 같이 대답하는 것은 적절한 공감이 아닙
니다.

　A 이것이 좀 어려워요.
　B 뭐가 어려워요. 이렇게 하시면 되잖아요.

　A 이것이 중요할 것 같아요.
　B 그것보다 이것을 먼저 해 보시면 어떨까요?

　위 두 가지 대화 모두 성공을 돕는 조언같지만, 이미 문제해결의 오너십
이 상대방이 아닌 질문자에게로 옮겨 갔습니다. 이것은 원칙1과도 연결되
어 있습니다. 성공서포터 질문의 핵심은 문제해결의 주체가 되는 것이 아

니라 문제해결을 돕는 에너지를 창출하는 데 있습니다. 상대방의 문제를 '어떻게 해결할까' 생각하며 듣다 보면 자신에게 필요한 정보를 얻기 위한 질문을 하게 됩니다. 그러면 원칙1도 깨어지지만, 원칙3에도 영향을 줍니다. 상대방은 그 답변을 하느라 에너지가 떨어지기 때문입니다.

좋은 질문을 하지 못해도 괜찮습니다. 호기심을 가지고 이야기에 귀를 기울이면 그 과정 자체가 오히려 좋은 성공지원이 되는 경우가 많습니다. 나 중심I-centered 사고로 "뭐가 어려워요. 이렇게 하시면 되잖아요."라고 판단하기보다는 "그럴 수도 있겠네요."하고 공감하는 것You-centered입니다. 상대방 중심에서 질문하고 들을 때, 비로소 변화와 성공의 동력이 자라납니다. 성공서포터가 어렵지 않다고 해서 상대방도 어렵지 않을 것이라고 생각하면 금세 연결이 끊어집니다. 상대방이 어렵다고 이야기하면 그럴 수 있겠다고 믿어주는 것부터가 시작입니다.

미래지향 원하는 모습에 집중하고 있는가?

원칙3의 두 번째 키워드는 '미래지향'입니다. 과거나 현재보다 '원하는 모습'에 집중하는 것입니다. 앞의 예에서 "김 상무가 A본부를 맡기 전과 후로 뭐가 달라졌다고 생각하나?"라는 질문이 김 상무의 변화동력으로 작동할 수 있었던 것은 대표가 이를 비난이나 평가 의도로 던진 질문이 아니기 때문입니다. 이 사례의 경우에서는 지금까지 잘해왔고 앞으로 더 잘해달라고 격려로 던진 질문이었습니다. 당장 답변을 요구한 질문도 아니었고 실제 당시 상황에서도 웃으면서 "좀 생각해보겠습니다."라고 답변했다고 합니다. 이후 김 상무는 이 질문을 A본부의 더 나은 미래를 그리는 동력으로 활용할 수 있었습니다.

만일 같은 질문이지만, 김 상무에게 개선 피드백을 주기 위해 이 질문을 했다면 어떨까요? 당장 답변을 하도록 요구하고 그 답변이 자신의 생각과 다르다고 이를 교정하기 위한 대화를 이어갔다면 어땠을까요? 이 질문은 상대방이 더 나은 모습이 되도록 변화동력을 만드는 질문이 되기보다는 의욕을 저하시키는 질문이 되었을 것입니다.

상대방이 스스로 변화를 만들어 가길 바란다면, 성공서포터의 질문은 상대방이 '원하는 곳'에 충분히 집중하도록 돕는 질문이어야 합니다. 다른 사람의 성공을 돕는다는 것은 그 사람이 현재 있는 곳과 그 사람이 가고자 원하는 곳을 인식하고 그 갭을 좁혀나가는 과정입니다. **그 사람이 가고자 원하는 곳을 충분히 인식하도록 돕는 질문은 기꺼이 그곳으로 가고 싶은 에너지를 높여 줍니다.**

성공서포터의 질문은 일회성 대화로 그치는 것이 아니라, 주고받으며 쌓아가는 대화이므로 이는 피드포워드Feedforward10의 개념에 가깝습니다. 성공서포터의 질문은 과거를 통해 배웁니다. 그러나 과거에 머무르는 것이 아니라 과거의 경험에서 교훈을 발견하거나 내가 가진 자원(잠재력)인데 미처 못 본 것들을 발굴하여 이를 미래의 성공을 위해 활용합니다. 내가 가진 자원을 발견하는 것은 변화를 향한 에너지를 높이는 데 중요한 역할을 합니다.

K사의 인사실 C실장의 이야기입니다. 이 분은 K사에 경력직으로 입사

해 20년 간 총 두 번의 핵심가치수립 프로젝트를 진행했습니다. 입사 후 얼마 안 되어 진행했던 프로젝트에서는 "우리가 어떤 것을 좀 더 잘하면 좋을지?"를 질문했습니다. 미래를 바라보는 질문인 듯했지만, 실제 인터뷰를 해 보면 늘 과거의 문제에 머무르게 됐습니다. '무엇을 좀 더 잘하면 좋을지'를 이야기하기 위해 '무엇이 안 됐고, 무엇이 문제이고, 그래서 그것을 어떻게 개선해야 하는지' 이야기했습니다. 인터뷰를 할수록 에너지는 떨어졌고 진행하는 인사팀도 그 과정이 힘들었습니다. 그렇게 힘들게 핵심가치를 만들었지만, 구성원 입장에서는 참여했다는 생각이 들지 않았습니다. 그저 회사 차원에서 핵심가치를 만들어 구성원에게 전파하는 것으로 인식되었습니다.

15년 후 B사의 핵심가치를 리뉴얼할 기회가 왔습니다. C실장은 지난 경험을 돌아보며 스스로에게 질문했습니다. '어떻게 구성원으로 하여금 '우리가 해냈다'라고 느끼게 할 수 있을까?', '어떻게 하면 진행하는 과정에서 인사팀의 구성원들도 보람을 느낄 수 있을까?' 그리고 질문을 바꿨습니다. '우리가 어떤 것을 좀 더 잘하면 좋을지?'라는 질문 대신 '무엇을 잘했는지' 질문한 것입니다.

"우리 회사에서 근무하면서 탁월한 성과를 낸 경험이 있다면 무엇인가요? 어떻게 그런 경험을 할 수 있었나요?"

C실장님의 이번 질문은 오히려 생각의 방향이 미래를 향하도록 도왔고,

인터뷰이나 인터뷰어 모두로 하여금 에너지를 창출하게 만들었습니다. 탁월한 성과를 낸 경험에 초점을 맞춰 질문하자 '어떻게 하면 그 행동을 더 많이 할 수 있을까'로 생각의 방향이 모아졌습니다. 1년에 한 번 탁월한 행동을 했다면, 그 행동을 두 번 하면 된다는 생각에 도달했습니다. 인터뷰를 원하지 않아 간신히 참석한 구성원도 자신이 탁월했던 경험을 나누면서 에너지가 올라갔습니다. 홀로 해낸 경험보다는 동료나 협업부서 도움을 받은 경험들도 많았습니다. 인터뷰가 끝난 후엔 모두 기분 좋게 돌아갔습니다. 애사심도 높아졌습니다.

인사팀 직원들은 전 직원 600명을 1시간씩 1:1로 모두 인터뷰했습니다. 그런데 그 과정에서 지치는 것이 아니라 인사팀도 함께 자랑스러워졌고 그 과정이 즐거웠습니다. 더욱 흥미로운 것은 인터뷰이가 되었던 사람들 중 일부는 자원하여 인터뷰어로 함께 참여했다는 점입니다. 보통 HR에서 제도개선을 주도하는데, 이렇게 만들어진 핵심가치는 비로소 '우리가 만든' 가치가 되었습니다.

이처럼 과거나 문제, 하지 말아야 할 것에 집중하게 만드는 질문보다는 원하는 것, 미래, 해야 할 것에 집중하도록 돕는 질문이 좀 더 변화동력에너지을 높이는 데 도움이 됩니다.

"나는 성공서포터인가? 평가자인가?"

이런 질문 어떤가요?

우리가 조직에서 흔하게 겪을 수 있는 장면입니다. 이런 질문은 시선의 방향을 과거로 돌리는 질문입니다. 더 나은 대안을 찾기 위해 원인을 분석하거나 과거를 리뷰하는 질문은 좋은 질문입니다. 그러나 지나치게 문제에만 집중하거나 문제의 책임자를 추궁하기 위한 질문은 에너지를 높이는 좋은 질문이 되기 어렵습니다.

다음 2가지의 질문셋을 살펴보겠습니다. 최근 해결하고 싶은 고민을 하나 생각해봅니다. 그리고 두 가지 질문셋의 질문에 맞춰 답해보세요. 질문 유형별로 어떤 생각과 마음과 기분이 드는지 한번 생각해보세요.

질문셋 1

- 무엇이 잘못 되었던 것일까요?
- 왜 이런 문제가 생겼다고 생각하세요?
- 얼마 동안 이 문제에 시달려 왔나요?
- 그 문제가 계속될 때 자신이 어떻게 느껴지세요?
- 지금의 문제가 결국 누구(무엇)때문이라고 생각하세요?
- 이 문제가 현재의 삶에 어떤 방해가 되고 있나요?

 질문셋 2

- 그 문제가 바람직하게 해결되어 있는 상태는 어떤 모습인가요?
- 그것이 해결됐을 때 어떤 기분일까요?
- 그것이 이루어졌을 때 내가 얻게 되는 혜택은 무엇인가요?
- 그것이 이루어지면, 당신이 가장 좋아하는 그 사람은 뭐라고 할까요?
- 그것을 이루기 위해 내가 가지고 있는 자원은 무엇인가요?
- 그 자원을 어떻게 최대한 활용할 수 있을까요?
- 그것을 이루기 위해 당장 무엇부터 시작할 수 있나요?

[질문셋1]을 따라 답변하다 보면 힘이 빠집니다. 좌절되고 스스로에게 실망감이 들기도 합니다. [질문셋2]를 따라가다 보면 좀 더 창의적으로 해결방안을 찾게 됩니다. 그 이유는 바로 [질문셋 1]은 과거지향형 질문이고, [질문셋 2]는 미래지향형 질문이기 때문입니다. 과거지향형 질문은 문제, 잘못에 집중하게 됩니다. 미래지향형 질문은 원하는 것에 집중합니다. 미래지향형 질문이 더 성공서포터 질문에 가깝습니다.

〈삶을 변화시키는 질문의 기술〉의 저자, 마릴리 애덤스Marilee G. Adams가 이야기하는 '심판자의 질문', '학습자의 질문'도 비슷한 맥락에서 이해할 수 있습니다. 마릴리 애덤스는 질문에 2가지 유형이 있다고 소개합니다. '심판자와 학습자의 질문'입니다. 심판자의 질문은 평가자의 질문입니다. 평가하고 책임소재를 찾고 추궁합니다. 상대방은 회피하거나 변명하게 됩니다. 어떤 문제가 생겼을 때 빨리 공유하고 적절하게 개입해야 하는데, 비난받을까 봐 두려워 문제를 숨기는 것입니다.

학습자의 질문은 성공서포터의 질문입니다. 상대방이 경험을 통해 배우도록 돕습니다. 이 일을 통해 무엇을 배워야 할지 질문합니다. 어떻게 개선해서 보다 나은 상황으로 만들지 고민합니다.

심판자의 질문	학습자의 질문
• 뭐가 잘못되었지?	• 제대로 돌아가는 것은 뭘까?
• 누구 탓이지?	• 내가 책임질 일은 뭘까?
• 내가 옳다는 것을 어떻게 입증할 수 있을까?	• 사실은 뭘까?
• 어떻게 나의 세력권을 보호할 수 있을까?	• 큰 그림은 뭘까?
• 어떻게 통제할 수 있을까?	• 어떤 선택을 할까?
• 내가 질 수도 있겠지?	• 이 일에서 유익한 것은 무엇일까?
• 내가 상처받을 수도 있겠지?	• 내가 배운 점은 뭘까?
• 그들은 왜 그렇게 어리석고 실망스러울까?	• 다른 사람들이 생각하고, 느끼고, 필요로 하고, 원하는 것은?
• 왜 날 괴롭히지?	• 어떤 일이 가능할까?

중요한 것은 언제나 우리에게 '전환의 오솔길'이 있다는 것입니다. 매 순간 선택할 수 있는 기로가 나타납니다. 평가자의 위치에 서서 심판자로 질문할 수도 있고, 성공서포터가 되어 학습자의 위치에 서서 결과로부터 배우고, 더 나은 미래를 그려 볼 수 있도록 도울 수도 있습니다. 심판자의 위치에 서면, '저런 질문을 왜 하지?', '내가 한 수 가르쳐줘야겠다.' 생각하기 쉽습니다. 질문하기보다는 가르치게 됩니다. 가르치지 않고 질문하기를 선택한다는 것은 심판자의 위치에서 자리를 옮겨 성공서

포터가 되어 학습자의 위치에 함께 서는 것입니다. 학습자의 위치에 서 있을 때 제대로 질문할 수 있고, 상대방의 배움에 도움이 되는 반응을 할 수 있습니다. 지금 어디에 서 계신가요?

[참조] 마릴리 애덤스, 〈삶을 변화시키는 질문의 기술〉
(김영사, 2018)

TRY THIS 성공서포터 질문의 핵심원칙 **체크리스트**

원칙1. [Ownership] 주인공은 상대방이다.

`역할인식` 나는 서포터인가? 역할은 적절한가?

`태도선택` I'm OK, you're OK에 서 있는가?

`추가 점검질문`

☐ 지금 나의 질문에 의하면 내가 문제해결의 주체인가? 상대방이 문제해결의 주체인가?
　　(문제해결의 주체가 내가 되어 필요한 정보를 묻고 있지 않은가?)

☐ 상대방을 도와줘야 하는 부족한 사람으로 인식하는가? 함께 문제를 해결할 수 있고 의
　　견을 교환할 수 있는 파트너로 인식하는가?

☐ 정말 질문을 듣고 있는가? 내 말을 하려고 기다리고 있는가?

☐ 상대방의 말을 임의로 해석하거나 판단하거나 충고하고 있지 않은가?

☐ 나의 고정관념이 대화를 방해하고 있지 않은가?

☐ 상대방에 대한 믿음을 가지고 있는가?

원칙2. [Progress] 상대방의 전진을 도와야 한다.

`진보` 진척율은 어떠한가? 의미있는 진보는 무엇인가? 이를 돕는 여정의 설계는 적
　　절한가? 관점이 확대되고 있는가?

`인식` 상대방이 원하는 진보인가? 상대방이 이를 인식하고 있는가?

`추가 점검질문`

☐ 지금 내 질문은 상대방이 혼자 해결하는 것보다 더 좋은 결과를 창출하고 있는가?

☐ 지금 내 질문은 상대방이 자신의 목표를 이루는 데 기여하고 있는가?

☐ 성공을 돕는 데 활용할 만한 포인트질문셋은 없는가?

☐ 지금 내 질문은 상대방이 다양한 가능성을 탐색하도록 돕고 있는가?

☐ 그것이 상대방이 원하는 진짜 목표가 맞는가?

☐ 여정에 꼭 필요한 질문을 제공하고 있는가? 목표인식과 실행촉진의 질문이 포함되어
　　있는가?

☐ 미처 가치를 발견하지 못한 것은 없는가?

원칙3. [Energy] 상대방의 변화동력을 높여야 한다.

You centered '상대방의 입장'에서 질문하고 있나?

미래지향 과거나 현재보다 '원하는 모습'에 집중하고 있는가?

추가 점검질문

☐ 지금 나의 질문은 상대방이 스스로 변화하고 싶도록 만드는가? 변화하도록 억지로 끌고 가고 있는가?

☐ 지금 나의 질문은 상대방이 스스로 '할 수 있겠다'라는 마음이 들도록 돕고 있는가? 변화해야 한다고 내가 설득하고 있는가?

☐ 지금 나의 질문은 상대방이 자신에 대한 믿음이 커지도록 돕고 있는가? 좌절감이 들게 만들고 있는가?

☐ 질문에 대답만 하고 있는가? 질문한 상대방의 말을 헤아리는가?

☐ 상대방에 대한 진정한 관심을 유지하고 있는가?

☐ 내 반응은 진심을 담고 있는가?

☐ 판단이나 비난의 단어를 사용하고 있지는 않은가?

위 질문에 기초하여

1. 일대일 면담 계획을 세울 때도 적용해 볼 수 있습니다.

"변화의 주체가 누구인가?", "내가 끌고 가려고 하는 건 아닌가?", "그들이 스스로 문제를 해결할 수 있게 돕는 과정으로 설계하고 있는가?"

2. 대화 중에 점검할 수 있습니다.

"에너지가 창출되고 있는가?", "우리의 대화는 이 사람의 변화 에너지를 높이고 있는가?", "나의 궁금함을 물어봄으로써, 해결의 주체가 내가 됨으로써 오히려 에너지를 감소시키고 있지는 않은가?"

3. 대화 후에 점검할 수 있습니다.

"성공가능성을 높이고 있는가?", "진보가 경험되고 있는가?", "어떤 변화가 일어났는가?"

4장

성공서포터를 위한 '좋은 질문'의 재료

누군가에게 맛있는 요리를 대접하고 싶을 때는 요리에 대한 지식과 경험이 중요합니다. 하지만 때로는 실력이 조금 미숙해도 좋은 재료를 선택하고 거기에 상대방을 아끼는 마음이 더해질 때 맛있는 음식이 되기도 합니다. 다른 사람의 성공을 돕는 질문도 비슷합니다. 질문에 대한 지식과 경험에 따라 질문의 효과가 달라지는 것은 사실이지만 때론 실력이 조금 부족해도 상대방을 진심으로 아끼는 마음에 질문의 원칙 3가지만 지킨다면, 질문은 효과를 가집니다. 이때 우리가 사용할 수 있는 '좋은 질문'의 재료가 있습니다.

다른 사람의 성공을 돕는 질문을 디자인할 때 사용할 수 있는 재료는 크게 2가지입니다. 첫째, 정말 원하는 성공이 무엇인지 확인하고 현재 상태와 목적지를 연결하도록 돕는 질문입니다. 그런 질문들을 사용하여 성공서포

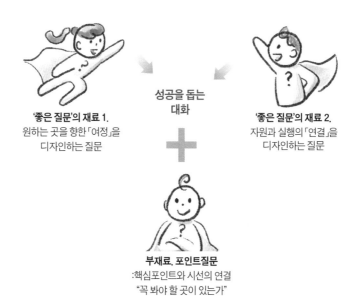

'좋은 질문'의 재료 1.
원하는 곳을 향한 「여정」을
디자인하는 질문

성공을 돕는
대화

'좋은 질문'의 재료 2.
자원과 실행의 「연결」을
디자인하는 질문

부재료. 포인트질문
:핵심포인트와 시선의 연결
"꼭 봐야 할 곳이 있는가"

터로서 상대방과 함께 걸어갈 「여정」을 디자인할 수 있습니다. 둘째, 이동을 돕는 질문입니다. 함께 걸어갈 「여정」을 그렸다고 이동이 저절로 되는 것은 아닙니다. '이동하기 위해 사용할 수 있는 나의 강점은 무엇이 있을까?', '어떤 경험을 꺼내어 활용할 수 있을까?', '어떤 장애가 예상되고 그것은 어떻게 해결해갈 수 있을까?' 가능성과 방법을 발견해야 하고, 용기도 생겨야 합니다. 이런 질문들을 통해 자원과 실행의 「연결」을 디자인할 수 있습니다.

여기에 추가적인 질문셋set을 부재료로 사용할 수 있습니다. [포인트질문]입니다. [포인트질문]은 사안에 따라 때로는 '이것이 핵심입니다', '이것은 꼭 생각해보세요' 같은 꼭 봐야 하는 사유의 포인트를 짚어주는 질문입니다. 회고할 때 사용하는 질문, 특정 상황에서 논의를 진전시킬 때 사용하는 질문 등 해당 분야의 전문가들이 만들어 놓은 다양한 포인트 질문셋set이 있습니다. 이를 적소에 활용하는 것도 성공서포터로서 다른 사람의 성공을 돕는 데 도움이 됩니다. 재료들을 하나씩 살펴보겠습니다.

'좋은 질문'의 재료1 「여정」을 디자인하는 질문

다른 사람의 성공을 돕는 대화에서 성공서포터가 사용할 수 있는 첫 번째 재료는 「여정」을 디자인하는 질문입니다. 현재As-Is와 원하는 곳To-Be을 명료하게 하여 둘 사이의 경로path를 보게 하는 질문을 의미합니다.

「여정」을 디자인하는 질문의 가장 중요한 역할은 2가지입니다. 하나는 출발 시점에서 목적지를 발견하는 것이고 다른 하나는 여정 중에 목적지를 상기하는 것입니다. 첫 번째 역할, 목적지를 발견한다는 것은 어디로 가고 싶은지 묻는 것입니다. 성공서포터는 상대방이 원하는 성공을 경험하도록 돕습니다. 이를 위해 질문을 통해 '원하는 성공이 무엇인지', '그것이 정말 원하는 것인지' 사유하도록 돕습니다. 가고 싶은 곳이 분명해지면 현재 위치As Is와 가고 싶은 곳To Be 사이에 갭이 보입니다. 그 이후에 그 갭을 어떻게 좁히고 싶은지 다양한 방식으로 생각해보도록 도울 수 있습니다.

또 다른 하나는 목적지를 상기하도록 돕는 것입니다. 즉 길을 잃지 않도록 돕습니다. 깊이 있게 숙고하고 폭넓게 대화하더라도 성공서포터의 머릿속에는 늘 전체 여정이 있어야 합니다. '여정'이라는 것은 '계획'이 아니라 '실재적 경험'을 의미합니다. 성공서포터는 대화가 계획에 머물지 않고 상대방의 삶에 작더라도 의미 있는 경험으로 연결될 수 있도록 질문을 통해 지금 우리가 여정의 어디쯤 와 있는지, 여정이 어디를 향하고 있었는지 상기하도록 돕습니다.

「여정」을 디자인하는 질문의 대표적 예는 '① 어디로 가고 싶어요?', '② 지금 어디에 있어요?', '③ 어떻게 가고 싶어요?', '④ 무엇부터 해볼래요?' 이 네 가지입니다. 이 네 개의 질문을 활용하여 다른 사람의 성공을 돕는 기본 여정을 디자인할 수 있습니다.

예를 들어 30분간 회의를 한다고 가정하고, 이 4가지 질문으로 여정을 디자인해 보겠습니다.

1. 어디로 가고 싶어요? (= 이 회의를 통해 얻고자 하는 것은 무엇인가요?)

A프로젝트를 통해 각자가 배운 경험을 공유하고 이를 통해 함께 배우는 것

2. 지금 어디에 있어요? (= 현재 상태는 어떤가요?)

A프로젝트가 막 종료되어 각자 회고노트를 작성하여 슬랙Slack(협업툴)에 올림

3. 어떻게 가고 싶어요?

회의 시간을 통해 슬랙Slack에 올려진 회고노트를 함께 읽고 질문하기, 각자 1가지씩 레슨포인트 공유하기(다음에 반영하고 싶은 것)

4. 무엇부터 해 볼래요?

회의목적과 진행방식 정리하여 회의 안내하기

> **[공지] A프로젝트 회고 미팅**
>
> - 목적: A프로젝트를 통해 각자가 배운 경험을 공유하고 이를 통해 함께 배우는 것
> - 일시: OO월 OO일 09:30 ~ 10:00 (소요시간: 30분)
> - 참석자: OOO, OOO, OOO, OOO, OOO
> - 진행방식
>   ① 슬랙Slack에 올려진 회고노트를 함께 읽습니다.
>   ② 궁금한 부분을 질문합니다.
>   ③ 각자 1가지씩 레슨포인트 공유합니다(다음에 반영하고 싶은 것).

4가지 질문을 통해 회의 참석의 목적과 이를 실현할 방법을 스스로 정리해 볼 수 있습니다. 이런 식으로 자기 자신에게 활용해 볼 수도 있고 다른 사람에게 원하는 여정을 디자인하도록 도울 수도 있습니다. 원리는 동일합니다. 어디로 가고 싶은지 목적지에 대해 생각하고 이 여정을 디자인하는 것입니다.

원하는 곳을 향한 「여정」을 디자인하는 질문을 코칭에서는 프로세스 질문이라고 부릅니다. 프로세스process는 '일이 처리되는 경로나 공정'을 의미합니다. 대표적인 프로세스 질문이 그로우GROW 입니다. 조직에 코칭을 도

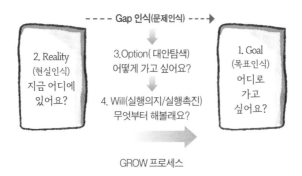

GROW 프로세스

입하여 확산시키는 데 지대한 영향을 미친 존 휘트모어John Whitmore가 제시한 코칭 프로세스 질문으로, 간단하면서도 강력해 전 세계적으로 사용되고 있습니다. 다양한 프로세스 질문이 여기서 파생됩니다. GROW 질문의 디자인 원리 역시 위 4개의 질문과 동일합니다.

1. 어디로 가고 싶어요? 어디에 있어요?

Goal목표인식의 질문, Reality현실인식의 질문이 여기에 해당합니다. '나는 어디로 가고 싶은지', '현재 내가 어디에 있는지'를 명료하게 인식할 때 현재As-Is와 원하는 곳To-Be이 연결됩니다.

2. 어떻게 가고 싶어요?

현재As-Is와 원하는 곳To-Be의 연결은 그 사이의 갭을 확인하도록 돕습니다. 갭을 인식하면 그 갭을 좁힐 수 있는 다양한 방법을 탐색하게 됩니다. Option대안탐색은 방법을 탐색하고 선택하도록 돕는 질문셋으로 구성되어 있습니다.

3. 무엇부터 해볼래요?

마지막은 갭과 실행의 연결입니다. 탐색한 대안과 자원을 가지고 원하는 곳To-Be으로의 이동을 돕는 질문입니다. Will실행의지/실행촉진은 계획을 세우고 우선순위를 정하며 실행의지를 높여 실제 변화로 만들어 내는 과정입니다.

이처럼 성공서포터는 주인공이 가고 싶은 곳과 현재 위치를 확인하는 질문을 통해 프로세스 디자인을 도울 수 있습니다.

질문디자인 실습 **원하는 곳을 향한 「여정」 디자인**

다른 사람의 성공을 돕는 대화에서 프로세스 질문을 활용하면 성공의 전체 여정을 쉽게 디자인할 수 있습니다. 함께 실습해보겠습니다. 〈선배와의 대화〉과정에 참여한 주니어 학습자에게 본 과정의 기대사항을 물었습니다. '조직에서 소통 잘하는 법을 배우고 싶다'고 답변하네요. 이 답변에서 출발하여 원하는 것이 무엇이고 어떻게 이를 얻을 수 있을지 여정 질문으로 대화를 디자인해보겠습니다.

목표To-Be를 인식하도록 돕는 질문
⇨

현재 상황As-Is을 인식하도록 돕는 질문
⇨

현재에서 목표로 이동하는 방법을 찾도록 돕는 질문
⇨

선택하고 실행하도록 돕는 질문
⇨

참고 예시

"조직에서 소통 잘하는 법을 배우고 싶습니다."

A 조직에서 소통 잘하는 법을 배우고 싶군요. 소통 잘하고 싶은 이유는 무엇인가요? ⇦목표를 인식하도록 돕는 질문

B 제가 근무하게 될 부서는 타 팀과 협업이 많은 부서라 소통 방법을 배워 좀 더 원활하게 업무 협조도 얻고 싶고, 맡은 일도 더 잘하고 싶어요.

A 현재 모습은 어떠세요? ⇦상황을 인식하도록 돕는 질문

B 여러 차례 소통하다 보면 그래도 잘하는 편인데, 처음 업무협조를 요청하는 단계, 첫 대화를 시작하는 단계가 가장 어려워요.

A 원하는 모습에 도달하려면 무엇이 필요한가요? 어떤 방법으로 그것을 채울 수 있을까요? ⇐ 현재에서 목표로 이동하는 방법을 찾도록 돕는 질문

B 일단 편안해지면 질문도 잘하고, 사람들에게 정보를 일목요연하게 전달하는 것도 잘합니다. 그런데 낯선 분들께 처음 말을 건네는 것이 좀 어려워요. 첫 대화를 시작하는 질문, 관계를 형성하는 대화를 좀 잘하고 싶습니다.

A 무엇부터 해보고 싶으세요? ⇐ 선택하고 실행하도록 돕는 질문

B 오늘 선배님께서 나눠주시는 조직 소통의 노하우를 잘 듣고 배우겠습니다. 특별히 관계 형성을 위한 소통방법을 열심히 학습하겠습니다. 배운 내용 중 한 가지를 골라 당장 다음 주에 시작되는 프로젝트에서 사용해보고 싶습니다. 그 질문이 관계 형성에 어떤 도움이 되는지 관찰하고 피드백을 받겠습니다.

'좋은 질문'의 재료2 「연결」을 디자인하는 질문

성공서포터가 사용할 수 있는 '좋은 질문'의 두 번째 재료는 「연결」을 디자인하는 질문입니다. 첫 번째 재료가 여정의 각 지점을 디자인하는 질문이었다면, 두 번째 재료는 각 지점들을 실제로 연결하는 방법을 찾는 질문입니다. 정말 원하는 곳이 어디인지도 분명히 알았고, 상대방은 현재 자신이 서 있는 곳도 인식했습니다. 이제 그 사이의 갭을 좁히고 싶은데 무엇부터 어떻게 해야 할지 잘 모르겠습니다. 성공서포터는 좋은 질문을 통해 그 방

법을 발견하도록 돕습니다. 이것이「연결」을 디자인한다는 말의 의미입니다. 상대방이 가진 자원과 실행의 연결을 돕습니다.

앞에서 우리는 상대방 맥락에 맞춰 사유의 시선을 높이는 질문이 좋은 질문이라고 배웠습니다.「연결」을 디자인한다는 것이 바로 이 사유의 시선을 넓히고 높이는 작업입니다. 문제에 갇힌 시선을 확장하여 다른 차원을 보도록 도와 목표를 이룰 방법을 발견할 수 있습니다. 또는 상대방이 미처 보지 못한, 혹은 사용하지 못하고 있는 잠재력, 경험, 강점 등을 발견하여 사용할 수 있도록 도울 수 있습니다.

다른 사람의 성공을 돕는 대화를 하다 보면 자신이 가지고 있는 것을 보지 못하거나 그 진짜 가치를 몰라서 사용하지 못하는 경우가 빈번합니다. 성공 서포터는 '좋은 질문'을 통해 자신이 무엇을 가지고 있는지, 어떻게 사용할 수 있는지, 자신이 가진 힘과 실행을 연결하도록 질문을 디자인할 수 있습니다.

사람은 누구나 사물을 바라보는 자기만의 시선을 가지고 있습니다. 관점입니다. 관점은 종종 생각의 경계 역할을 합니다. 성공서포터는 '좋은 질문'을 통해 경계에 갇힌 상대방의 시선을 자유롭게 이동하도록 돕습니다. 경계를 달리해볼 수도 있고 경계를 더 크게, 혹은 좀 더 좁게 만들어 살펴볼 수도 있습니다. 예를 들어 상황을 내 시선에서만 바라보는 사람에게 타인의 시선으로 그 문제를 바라보도록 돕는 질문을 건넬 수 있습니다. 내 문제일 때 보이지 않던 것도 아끼는 지인의 문제라고 관점을 바꾸어 생각해보면 훨씬 더 쉽게 문제가 풀리기도 합니다.

A 이건 정말 안 하고 싶은 일이예요. 그러나 저밖에 할 사람이 없어요. 힘들어도 제가 해야만 해요. 이 일 때문에 너무 괴로워요. 어떻게 해야 할까요?

B 정말 아끼는 후배가 와서 그렇게 이야기하면 뭐라고 조언해 줄 것 같으세요? ⇦ 타인의 시선으로 그 문제를 바라보도록 돕는 질문

혹은 문제를 바라보는 시선의 위치를 바꿔볼 수도 있습니다. 때로는 문제 밖에서 문제를 보게 하거나 다른 시선으로 문제를 바라보게 만들어 해결을 도울 수 있습니다.

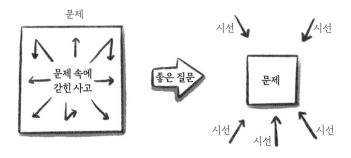

한 번은 같은 내용으로 서로 다른 대상에게 전달하는 5차수 강의를 진행 중이었습니다. 4차수까지 진행하고 나니 살짝 욕심이 났습니다. 좀 더 깊이 있는 탐색이 가능하겠다 싶었습니다. 그대로 해도 되는데 굳이 5차수는 밤새 고민하여 프레임을 바꾸어서 진행했습니다.

결과적으로 고생은 많이 했지만 결과는 이전과 유사한 수준이었습니다. 노력을 많이 했는데 성과가 나지 않자 이러려고 밤까지 새웠나 후회가 되

었습니다. 여러 가지 상황과 겹치면서 효능감이 낮아졌습니다. '내가 이것밖에 안 되는 사람인가?', '이렇게 변화를 만들어 내지 못하나?' 부정적인 생각들이 꼬리에 꼬리를 물고 잠 못 이루게 했습니다. 부정적 생각의 선순환을 멈춘 것은 남편의 '좋은 질문'과 격려였습니다.

"잘하고 싶었구나? 안 했으면 알 수 없었던 것을 시도했기 때문에 알게 되었네. 잘했어."

그 말 한마디로 제 사유의 시선은 방향을 바꾸었습니다. '내가 이것밖에 안 되는 사람인가?'라고 결과와 나의 존재를 연결하며 자책하던 시선을 잘하고 싶었던 제 마음으로 돌렸습니다. 결과와 나의 존재를 분리하고 위로를 건넸습니다.

"5차수를 동일하게 했다면, '끌고 가려고 하면 안된다'는 진리를 새삼 깨닫지 못했을 거야. 앞으로는 얼마나 그들을 더 잘 믿어주고 참여와 공감을 이끌어 내겠어? 지금도 좋은 코치인데, 앞으로 얼마나 더 좋은 코치가 될까 기대가 된다."

마음을 알아주고 격려가 더해지자 회복이 되었습니다. '그대로 유지하고 머무를 수 있었던 일인데 잘 돕고 싶어서 내가 도전한 거구나.' 시선이 바뀌자 부정적 선순환을 멈추고 저를 위로할 수 있었습니다. 위로가 채워지자 기꺼이 성찰과 개선의 다음 단계로 이동할 수 있었습니다.

이것이 성공서포터 질문의 중요한 원리입니다. '왜 그렇게 자책하냐고, 그런 모습이 다른 사람의 성공을 돕는 사람으로서 가질 자세이냐고' 따끔하게 지적할 수도 있고, 결과와 존재를 분리하여 사고하라고 조언을 건넬 수도 있습니다. 그러나 성공서포터는 지시, 조언, 해석, 판단 전에 상대방이 스스로 자신의 문제를 해결하도록 좋은 질문을 건네는 사람입니다. 그 질문이 좋은 질문이 되도록 마음을 담고 기술을 더하고 상대방이 서 있는 그곳에 서서 이야기를 듣습니다. 그럴 때 우리는 상대방의 삶에 일어나는 놀라운 변화를 함께 경험하고 응원할 수 있는 기회를 갖게 됩니다.

자원과 실행의「연결」을 돕는 질문은 다양한 방식으로 디자인할 수 있습니다. 이것은 숙련을 통해 성장하는 영역이기도 합니다. 성공서포터로서 질문을 시작할 때 중요한 것은 '경계의 변화'라는 질문 디자인 원리를 이해하는 것입니다. 이 원리를 기반으로 다양한 형태로 연습하고 적용해 보다 보면 나에게 맞는 질문을 디자인할 수 있게 됩니다.

가장 쉽게 시작해 볼 수 있는 방법은 앞의 예시로 설명한 것처럼 다른 사람 입장에서 내 문제를 바라보도록 돕는 질문, 문제 안에 갇힌 시선을 문제 밖으로 꺼내 다른 측면을 보도록 돕는 질문입니다.

예를 들어 정반대의 상황, 정반대의 감정, 정반대의 방법을 대입하여 경계를 바꿔줄 수 있습니다. 불가능에 집중하고 있다면 가능한 것을 보도록 하거나, 밝은 면에 집중하고 있다면 어두운 면을 보도록 하는 것입니다. '모든 것이 가능하다면?', '모든 것이 가능하지 않다면?', '크게 본다면?', '작게 쪼개어 본다면?' 이런 식으로 다양하게 조건의 변화를 주어 질문할 수 있습니다.

활성화 vs.비활성화

가능한 모든 대안을 활성화시켜 봅니다. 그러면 무엇을 좀 해볼 수 있을까요?

지금 인지되는 모든 문제를 비활성화시켜 봅니다. 그러면 무엇을 하고 싶어요?

저/소 vs. 고/대

작아서 좋은 것은? 적을수록 좋은 것은?... 더 작게 만들어 본다면?

많아서 좋은 것은? 많을수록 좋은 것은?... 더 많아지게 만들어 본다면?

가볍게 vs. 무겁게

가볍게 할 것? 더 가볍다면? 가벼워서 주의할 것?

좀 더 무겁게 고려해보고 싶은 것이 있다면?

If vs. If not

만약 ~ 하다면? 만약 ~하지 않다면?

축소 vs. 확대

지금 고려하는 대상들을 최대한 축소해서 생각해본다면?

미처 못 본 대상들까지 이를 확대해서 생각해본다면?

안전 vs. 위험

안전한 것은? 위험한 것은? 위험하지만 기회인 것은? 안전하지만 위기인 것은?

반대/뒤집기

보이는 반대편에는 무엇이 있나? 반대가 된다면 무슨 일이? 약점을 뒤집는다면, 강점을 뒤집는다면? 현상을 뒤집어 본다면? 그것을 다시 뒤집어 본다면? 반대의 반대와 지금은 무슨 차이가 있나?

구분/분할

틈을 나누어서 구분해 본다면? 3단계로 구분해 본다면? 최소한의 분할, 최대한의 분할된 모습? 재구성한다면?

통합/연결

합해서 본다면? 통합할 때 주의할 것? 다른 것에 연결해 본다면? 다른 방식으로 연결해 본다면? 연결해서 최고의 효과를 낼 수 있는 절차는?

사실-가상	펼쳐서-모아서	시작-끝	기적-노력	수렴-확산
망원경-현미경	초점-조준	유익-무익	간절한-분명한	어두운-밝은
If- If not	안다-모른다	축소-확대	안전-위험	익숙한-불편한
고-대	저-소	가볍게-무겁게	닫힌-열린	장-단
O-X	교체-유지	부분-전체	선택-포기	+--
연결-단절	생략-추가	우연-필연	원인-결과	좋은-싫은

활용해 볼 수 있는 대조 단어

대안을 탐색하는 문제해결기법 중에 스캠퍼SCAMPER 기법이 있습니다. S, C, A, M, P, E, R로 시작하는 7개의 질문을 통해 사고를 촉진하는 방식입니다. 스캠퍼SCAMPER 기법은 조건에 변화를 줌으로써 아이디어 확산을 돕는 대표적 관점전환 질문 중 하나입니다. 스캠퍼 질문은 다음과 같습니다.

스캠퍼(SCAMPER)

S=Substitution(대체) 기존에 사용되고 있는 것을 무엇으로 대체할 수 있는가?

C=Combine(결합) 다른 것과 합쳐 볼 수 있을까?

A=Adapt(변형, 응용) 기존 모양이나 순서를 바꿔 본다면? 응용하거나 다르게 조정해 본다면?

M=Modify(수정) 크기, 색, 성질, 기능, 디자인 등을 바꿔 본다면?

P=Put to other use(용도변경) 지금까지와 다른 용도로 사용해 본다면?

E=Eliminate(제거) 어떤 것을 생략해 본다면? 기존에 있던 무언가를 제거한다면?

R=Reverse(역발상) 순서나 형식을 반대로 하거나 역으로 바꿔 본다면?

내 시선이 머무르고 있는 곳, 즉 시점에 변화를 주어 질문을 디자인할 수도 있습니다. 현재 문제를 바라보고 있는 시선을 과거로 돌려 비슷한 문제를 극복했던 성공경험이나 과거의 경험에서 교훈을 떠올려보는 것입니다. 반대로 미래시점으로 시선을 돌려 이루어진 모습을 상상해보거나 왜 그런 목표를 갖게 되었는지 마음의 열망을 떠올려 보는 질문도 시점의 변화를 통해 자원을 발견하는 좋은 질문입니다.

다음과 같은 상황에서 상대방의 성공을 돕기 위해 어떤 질문을 디자인해볼 수 있을까요?

생각해보기

"올해는 잘 된 것이 하나도 없어요. 모든 것이 엉망입니다."

⇨

참고 예시 1

시점의 변화

• 내년은 어떤 해가 되면 좋겠어요?

• 당신이 정말 원하는 것은 무엇인가요?

조건의 변화

[잘된 것 vs. 잘 안 된 것]

• 잘된 것이 있다면? 그래도 의미있는 것을 찾아본다면 무엇이 있을까요?

[활성화 vs. 비활성화]

• 지금 인지되는 모든 문제를 비활성화시켜 봅니다. 그러면 무엇을 하고
  싶어요?

[기타 조건의 변화]

• 올해를 좀 더 쪼개서 보면 어떨까요? 3단계로 구분해 본다면?

• 좀 더 긴 차원에서 바라본다면? 남은 시간을 연결해서 볼까요? 20대가 아
  직 5년 남았네요. 20대 전체를 연결해서 본다면 올해가 어떻게 기억에 남
  을까요?

　　우리가 가진 생각의 경계를 확장하거나 변경하는 질문은 모두 자원과 실
행의 연결을 디자인하는 질문이 될 수 있습니다.

참고 예시 2

A 올해는 잘 된 것이 하나도 없어요. 모든 것이 엉망입니다.

B 많이 힘드셨군요. 혹시 그런 어려움을 통해 배운 것이 있다면 무엇이

　　있을까요? ⇐올해 어려웠던 부분에 내 생각이 집중되어 있습니다. 그때 '그 중에 의미 있

　　었던 것은 무엇인지 묻는 질문은 나의 시각을 문제에서 배운 것으로 바꿔 생각해 보도록 돕

　　습니다.

A 없습니다. 의미 있는 것이 조금도 없습니다.

B 그럴 수 있어요. 이제 곧 새해가 시작되는데 새해는 어떤 해가 되면 좋겠
어요?

A 좀 더 나답게 행복했으면 좋겠습니다.

B 내년 이맘때의 내가 나에게 "올해 좀 더 나답게 행복하게 만들어줘서 고
마워"라고 말한다면 나의 무엇 때문일까요? 나답게 행복하기 위해 올해
는 무엇을 좀 해보고 싶으세요? ⇦관점질문의 핵심은 '긍정을 강요하는 것'도, '억지
로 의미를 찾는 것'도 아닙니다. 그러나 좋은 질문은 우리 생각의 경계를 확장하고 새롭게 만
들어 줍니다. 상대방이 현실을 다시 바라볼 수 있다면, 미래를 위해 오늘 작은 변화를 만들어
갈 수 있다면 당신의 관점질문은 성공한 것입니다.

일상의 모든 것이 좋은 질문의 재료가 됩니다.

영국 사람들과 함께 일했던 적이 있습니다. 일상의 모든 것을 질문의 소재로 활용하는 모습이 참 인상적이었습니다. 한번은 글로벌 맥주회사 리더십 프로그램을 진행했는데 다양한 맥주 캔들이 스토리텔링 질문의 소재가 되었습니다. 때로는 테이블 위에 있던 소품들이 즉석에서 오프닝 대화용 질문 소재가 되기도 했습니다.

사실 질문의 세 가지 원칙만 기억하면 일상의 모든 것이 관점 전환을 돕는 좋은 질문의 재료가 될 수 있습니다. 예를 들어 로프, 돌멩이, 나무조각 등 일상의 다양한 소품들을 활용하여 우리 생각의 경계를 확장하도록 돕는 것입니다. 워크숍 시작할 때 바닥에 로프 등으로 원을 그려 놓거나 숫자를 나열한 후 다음과 같은 질문을 건넬 수 있습니다.

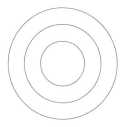

"지금 당신은 어디에 있나요? 거기로 한 번 가보세요.
볼륨을 높여 보시겠어요? 어떤 말이 들리나요?"

이런 질문은 내면의 공간을 시각화하여 일상에 머물러 있던 시선을 내면으로 이동하게 합니다. 원이나 숫자를 사용하여 우리 사유가 머무르는 곳으로 시선을 옮기게 합니다. 저마다 자신의 이야기를 하게 되고, 의미 없었던 동그라미와 숫자들은 참석자의 말에 따라 저마다의 의미를 갖게 됩니다.

"지금 정리된 것이 있나요?"
"이야기하고 싶은 것이 있나요?"

익숙한 질문은 아니기 때문에 어색할 수는 있습니다. 그러나 관계의 거리를 잘 고려하여 질문한다면, 이런 질문은 새로운 생각의 지평을 열어줍니다. 경계의 변화를 통해 사유의 시선이 깊고 풍부해지도록 도울 수 있습니다.

부재료. 핵심포인트와 시선을 연결하는 [포인트질문]

다른 사람의 성공을 돕는 대화에서 질문은 중요한 역할을 합니다. 원하는 곳을 향한 여정을 디자인하는 질문, 그 여정에 도달할 수 있도록 자원과 실행을 연결하는 질문, 이 두 가지 재료만 가지고도 얼마든지 멋진 요리, 타인의 성공을 돕는 대화를 디자인해 볼 수 있습니다.

다만 이 과정은 성공서포터의 역량에 따라 질적 수준이 달라질 수 있습니다. 이는 지속해서 연습하고 개발해야 하는 과정입니다. 이 과정에서 도움이 되는 추가적인 질문셋set이 있습니다. 포인트질문입니다. 각 분야의 전문가들이 이미 잘 만들어 놓은 포인트질문을 활용하는 것입니다. 더 나아가 이 질문들을 나에게 맞게 수정하여 나만의 포인트질문을 설계해 볼 수도 있습니다.

대화연구가인 주디스 그레이저Judith E. Glaser는 〈대화지능〉이라는 책에서 리뷰를 통해 학습을 돕는 'LEARN' 질문셋을 제안합니다. 효과적인 회고를 위해 함께 짚어야 할 5가지 핵심포인트를 제시하는 질문셋입니다. 'LEARN'에서 각 알파벳으로 시작하는 다섯 단어를 통해 좋았던 점Like, 익사이팅했던 점Excite, 불안했던 점Anxiety, 축하할 요소Reward, 필요한 다음 단계Need의 5가지를 묻습니다. 보통 개선사항이나 성취사항에 집중하기 쉬운데 불안했던 점을 꼭 짚어야 할 핵심포인트로 제시함으로써 구성원의 정서를 함께 살피도록 돕습니다.

L=Like (선호) "이 미팅에서 가장 좋았던 것은 무엇인가요?"

E=Excite (흥분) "가장 흥분되었던 점은 무엇인가요?"

A=Anxiety (불안) "가장 불안했던 점은 무엇인가요?"

R=Reward (보상) "이 미팅 진행 과정에 있어 축하할 만한 것이 있다면 무엇인가요?"

N=Need (필요) "계속 전진하기 위해 우리에게 필요한 다음 단계는 무엇일까요?"

이처럼 포인트질문은 꼭 봐야 하는 곳으로 시선을 옮겨 핵심포인트를 사유하도록 돕기 위해 별도로 구성된 질문셋set입니다.

포인트질문에는 우리가 회고를 할 때 사용하는 질문, 특정 상황에서 논의를 진전시킬 때 사용하는 질문 등 해당 분야의 다양한 전문가들이 만들어놓은 다양한 질문셋들이 있습니다. 성공서포터로서 나만의 포인트질문을 디자인할 수 있도록, 대표적인 몇 가지 질문셋을 소개해드리겠습니다.

포인트질문set 1 실행 전후로 점검을 돕는 AAR과 BAR

AAR과 BAR은 실행 전후로 점검을 돕는 포인트질문입니다. 먼저 AAR은 미 육군의 NTCNational Training Center에서 시작된 질문셋[11]입니다. 1998년 은퇴한 고든 설리반Gordon Sullivan장군이 기업에 적용하면서 비즈니스에서 인기 있는 도구가 되었고 현재는 다양한 기업이 활용하고 있습니다.

AAR은 목표와 결과의 갭 확인, 그 갭이 만들어진 원인분석을 포인트로 설정했습니다. 이를 통해 행동을 개선하여 다음 목표 달성을 위해 나아갈 수 있도록 합니다. AAR 4개의 질문은 이런 포인트를 짚어 나가도록 구성돼 있습니다.

'AAR After Action Review' 질문

① 목표는 무엇인가? What were our intended results?

② 실제 결과는 무엇인가? What were our actual results?

③ 결과의 원인은 무엇인가? What caused our results?

④ 무엇을 계속해야 할 것인가? 무엇을 향상시켜야 하는가?

What will we sustain or improve?

이후 BAR 질문이 추가되었습니다. BAR의 목표는 실행 전에 성공률을 높이는 것입니다. 이를 측정할 수 있는 지표와 성공가능성을 높이는 포인트 질문으로 구성돼 있습니다.

'BAR Before Action Review' 질문

① 얻고자 하는 결과는? 측정지표는?

What are our intended results and measures?

② 어떤 도전, 상황에 직면할 것인가?

What challenges can we anticipate?

③ 과거 유사한 경우 우리는 무엇을 배웠는가?

What have we or others learned from similar situations?

④ 큰 결과의 차이를 만들어 내는 것은 무엇인가?

(혹은 무엇이 우리를 성공하게 할 것인가)

What will make us successful this time?

창조적 회의를 돕는 질문셋, ORID와 DVDM

　창조적 대안을 모색해야 하는 회의에서 집단의 시너지를 돕는 퍼실리테이션은 중요합니다. 리더가 퍼실리테이션 역량을 갖출 때 회의는 좀 더 생산적으로 진행될 수 있습니다. 이 과정에서 도움이 되는 퍼실리테이터의 질문set이 있습니다. ORID 질문셋set과 DVDM 질문셋set입니다. 이 질문셋은 중요한 몇 가지 지점을 짚어, 의견을 다양하게 탐색하면서도 같은 기준으로 의견을 공유할 수 있도록 돕습니다.

　먼저 ORID는 인지하고 해석하는 사고의 자연스러운 순서를 따라 사건을 깊이 있게 사고하도록 돕는 질문셋set입니다. 사실을 먼저 객관적으로 확인하고 다음으로 내적반응을 살핍니다. 그리고 지각된 사실과 감정에 기반하여 사건을 해석하고 결정을 내리는 방식입니다. 객관적 사실, 느껴진 감정, 그 상황에 대한 해석과 결정사항의 4가지를 꼭 짚어야 하는 핵심 포인트로 제시하는 질문셋입니다.

'ORID' 질문

What?	Gut?	So What?	Now What?
Objective	Reflective	Interpretive	Decisional
SENSE	HEART	HEAD	ACTION
"어떤 일이 발생했지?"	"어떤 감정이 느껴지지?"	"그것은 무엇을 의미하지?"	"어떤 결정을 내릴 것인가?"

> **예** 회의 아젠다 선정
>
> **O=Objective(지각 - 데이터, 정보)**
> 지금까지 회의에서 논의된 사실은 무엇인가요?
> 우리가 아직 논의하지 못한 것은 무엇이죠?
>
> **R=Reflective(반응 - 감정, 느낌)**
> 그 중 다루기 쉽다고 느껴지는 것은 무엇인가요?
> 어렵다고 느껴지는 것은 무엇인가요?
>
> **I=Interpretive(해석 - 의미, 중요성)**
> 왜 어렵다고 느끼나요? 다루기 쉽다고 느끼나요? 이것이 주는 의미는 무엇인가요?
>
> **D=Decisional(결정 - 요약, 결정, 조치)**
> 그럼 이번 회의에서 가장 중요하게 다뤄야 할 것은 무엇일까요?
> 가장 먼저 다뤄야 할 것은 무엇일까요? 어떤 순서로, 누가 진행할까요?

다음은 'DVDM' 질문[12]입니다. DVDM 질문은 불확정적인 개념을 명확히 하고 이에 대한 탐색을 통해 바람직한 상황을 실현하는 데 도움을 줍니다.

'DVDM' 질문

D=Definition(정의) 이것은 무엇인가?

V=Value(가치) 왜 필요한가? 왜 중요한가?

D=Difficulty(어려움) 어려운 이유는 무엇인가?

M=Method(방법) 어떻게 하면 잘할 수 있을까?

대부분의 갈등은 같은 개념을 서로 다르게 이해하는 데서 비롯됩니다.

DVDM질문은 우리가 사안을 공유하고 이해하는 데 도움이 됩니다. 저는 종종 팀 워크숍을 할 때 서로가 가진 생각을 확인하고 공유하는 목적으로 활용하곤 합니다.

D=Definition(정의) - 피드백이란?

V=Value(가치) - 피드백은 왜 중요한가?

D=Difficulty(어려움) - 우리가 피드백하기 어려운 이유는 무엇인가?

M=Method(방법) - 어떻게 하면 잘할 수 있을까?

DVDM질문을 통해 개념의 정의, 가치, 어렵다고 느끼는 요소, 개선할 방법에 대해 서로가 가지고 있던 생각들을 공유하면 팀이 합의하는 대안을 찾아나가는 과정이 수월해집니다.

포인트질문set 3 세일즈를 돕는 'SPIN'

'SPIN' 질문은 영업 분야에서 핵심을 짚는 질문으로 유명한 질문셋set입니다. 효과적인 세일즈를 돕는 질문으로, 어떤 제품을 효과적으로 판매하기 위해서는 현재 상황Situation과 문제Problem를 인식하도록 돕고 그 문제의 영향을 확인Implication시키고 이를 해결하기 위한 대안Need으로 우리 제품을 고려[13]하도록 돕습니다.

'SPIN' 질문

S=Situation(상황) 현재는 어떤 상황인가?

P=Problem(문제) 문제는 무엇이고 그 중 가장 큰 문제는 무엇인가?

I=Implication(확대) 그 문제는 조직과 자신에게 어떤 영향을 미칠 것인가?

N=Need(대안) 그 문제를 해결하기 위해 어떤 방법을 생각하고 시도해 보았는가? 실행과정

에서 방해요인은 무엇인가?

포인트질문은 꼭 봐야 하는 핵심적인 사항을 짚어주는 역할을 합니다. LEARN, AAR / BAR, ORID, DVDM, SPIN 등은 모두 각 영역에서 전문가들이 오랜 고민을 거쳐 만들어 온 질문셋set입니다. 동시에 현장에서 광범위하게 사용되며 효과를 검증한 질문이라는 공통점이 있습니다. 이런 질문셋을 기억하고 있다가 활용하면 도움이 됩니다.

포인트질문 디자인 실습　우리 팀을 위한 포인트질문 만들기

원리를 이해하면 성공을 도울 때 필요한 질문셋을 가져다 사용할 수도 있고 필요에 따라 디자인해 볼 수도 있습니다. 우리 팀을 위한 회고질문을 만들어 보겠습니다. 어떤 핵심포인트를 점검하는 것이 좋을까요? 앞에서 다룬 'AAR'이나 'LEARN' 같은 기존 핵심질문셋을 참고하여 만드는 것도 한 방법입니다.

⇨

참고 예시

앞에서 설명한 LEARN질문을 변형하여 만들어 보겠습니다.

① 미팅의 마무리 혹은 프로젝트 리뷰에서 서로 마음을 표현하고 알아주
고 해소하기 위해 LEARN질문을 사용해보니, 질문 5개는 좀 길게 느
껴지고 중복되는 느낌이 있습니다.

> 예 몇 번 사용해보니 우리 조직에서는 E질문("가장 흥분되었던 점은 무엇인가요?")과 R
질문("이 미팅 진행과정에 있어 축하할 만한 것이 있다면 무엇인가요?")에서 유사한 답변
이 나왔습니다. ⇨E질문과 R질문을 통합하기

② 조직에서 회고문화를 확산하고 싶은데 이를 상징적으로 표현하는 단
어가 배움LEARN보다는 다른 단어가 좋을 것 같습니다. 도약이라는 의
미의 'LEAP'가 더 적합하게 느껴집니다.

③ 우리 팀의 회고를 위한 포인트질문 'LEAP' 도출

L=Like (선호) "지난 프로젝트에서 가장 좋았던 것은 무엇인가요?"

E=Excite (흥분) "신나게 몰입했던 부분은 무엇인가요?"

A=Anxiety (불안) "불안했거나 걱정했던 부분은 무엇인가요?"

P=Progress (진보) "더 나은 프로젝트를 위해 개선하고 싶은 것은 무엇인가요?"

이처럼 팀이 함께 질문을 만들어 볼 수도 있고 성공서포터로서 나만의 포인트질문을 디자인하여 사용할 수도 있습니다.

QUESTION

"우리는 질문을 하면
사람들이 우리가 아는 게 없다고 생각할까 봐 두려워한다.
하지만 진실은 정반대다.

- 프란체스카 지노Francesca Gino

2부

성공을 돕는
질문 디자인 실습

2부에 오신 것을 환영합니다. 1부에서는 나의 질문을 돌아보고, 내가 사용할 좋은 질문의 재료들을 둘러봤습니다. 성공서포터 질문의 핵심원칙을 통해 이 재료들을 어떻게 요리하는 것이 좀 더 효과적인지도 다뤘습니다. 2부에서는 재료와 원칙을 활용하여 실제 다양한 상황에서 질문을 디자인하는 연습을 해보려고 합니다. 목적은 여러분 각자가 처한 상황과 맥락에서 '다른 이의 성공을 돕는 일'에 성공하시도록 돕는 것입니다.

여러분은 어떤 성공을 그리고 계신가요? 조직에서 새롭게 멘토가 되어 멘티를 돕고 싶은 사람일 수도 있고, 재택근무 상황에서 팀장이 되어 '어떻게 연대하고 보충해야 하나' 고민이 깊은 사람일 수도 있습니다. 아이의 성장을 돕고 싶은 부모일 수도, 좋은 강사, 코치가 되고 싶어 상호작용을 통한 배움의 기술로써 질문을 고민하는 사람일 수도 있습니다. 우리가 앞에서 같이 공유한 '성공'의 정의는 현재 있는 곳As-Is에서 원하는 곳To-Be으로 이동하는 것입니다. 2부에서는 내가 적용하고 싶은 상황을 상상해 보면서 호흡을 같이 가져가시면 좋겠습니다.

상대방과 작은 테이블을 사이에 두고 마주 앉았다고 상상해 보겠습니다. 어떤 말로 대화를 시작하고 싶으세요? 앞에서 배운 질문의 재료들이 떠오르시나요? 아니면 말문이 턱하고 막히시나요? 질문을 건넸지만, 반응이 영 시원찮을 수 있습니다. 첫 대화는 잘 시작했는데 상대방의 답변에서 불쑥 화가 올라올 수도 있습니다.

다른 사람의 성공을 돕는 대화를 하다 보면 빈번하게 마주하게 되는 좌절의 골짜기가 있습니다. 가장 먼저 마주하는 골짜기는 '도대체 어떻게 시작해야 할까?'입니다.

"어떤 질문으로 대화를 시작해야 할지 모르겠어요."
"질문해도 말을 안 합니다."

무사히 시작해도 고비는 있습니다. 날씨도 묻고, 주말 이야기도 묻고 어
찌어찌 잘 시작했습니다. 그런데 그런 대화를 하다가 본론을 꺼내자니 뭔
가 어색합니다. 스몰토크만 하다가 대화가 끝나기도 합니다.

A 요즘 어떤 어려움이 있어요?
B 다들 그렇죠 뭐. 특별히 어려운 일 없습니다.

A 요즘 어떤 어려움이 있어요?
B 일이 너무 많아서 힘들어요.

오늘 하고 싶은 이야기가 무엇인지 묻거나 요즘 어떤 어려움이 있는지 질
문했는데, 대화 연결에 어려움을 겪기도 합니다. 구성원이 고민사항을 말하
지 않으면 대화를 이어가기가 어렵고, 말을 하면 '어떻게 답을 줄까?' 고민
이 되어 어렵습니다. 어디까지 피드백해야 할까?, 이런 이야기 해도 될까?
두 번째 마주하는 골짜기는 대화의 목적 합의의 실패에서 오는 단절입니
다. 성공을 돕는 대화는 상대방이 원하는 주제로 이야기하는 것이 중요합

니다. 현재 자신의 고민을 이야기합니다. 표면적 이슈이거나 잘 정리되지 않은 수준일 수도 있습니다. 그런데 많은 리더들은 이런 애로사항을 들으면 바로 솔루션이 나갑니다. 솔루션을 주는 것이 문제가 아니라 진짜 주제로 합의하지 못한 채 대화가 진행되는 데 더 큰 문제가 있습니다. 대화할수록 갭이 벌어집니다. 도움을 주고 싶은 마음에 생각을 교정하기 위해 애쓰고, 설득하고 심지어 방어하기도 합니다. 이 정도 되면 상대방은 괜히 이야기했다 싶습니다. 그렇게 대화는 단절로 넘어갑니다.

　물론 이 단계를 무사히 잘 지나가는 사람들도 있습니다. 순조롭게 대화를 시작하고 대화 주제도 합의하여 대화를 연결합니다. 이렇게 처음과 다음의 고비를 잘 넘긴 분들이 마주하는 골짜기가 또 있습니다. 방법 발견의 실패에서 오는 좌절입니다. 한참 질문을 주고받았습니다. 이제는 대화를 마무리해야 할 것 같아 질문을 건넵니다. "무엇을 해보고 싶어요?" 물어보지만, 뻔한 이야기가 나올 때가 많습니다. "어떻게 달리해볼 수 있을까요?"라고 질문해도 "모르겠어요."라는 답변뿐입니다. 솔직히 묻고 있는 자신도 잘 모르겠습니다. 도움을 주고 싶어 시작한 대화인데 괜히 시작했나 싶습니다.

　이 고비까지도 잘 넘길 수 있습니다. 이제 마지막 네 번째 좌절의 골짜기가 남아 있습니다. 대화는 순조롭게 진행된 것 같습니다. 좋은 대안이 나온 것 같고 시간은 소요되었지만 마음은 뿌듯합니다. 문제는 그 다음입니다. 성공서포터의 대화는 대개 일회적 관계로 끝나지 않습니다. 리더와 구성원, 멘토와 멘티, 부모와 자녀. 다른 사람의 성공을 돕는 일은 대부분 지속적으로 관계를 맺으며 지켜보는 과정을 갖습니다. 문제는 대화할 때는 의미 있는 진보가 일어날 것 같았는데 막상 현실에서 그 진척이 제대로 되고 있지 않다 느껴질 때입니다. 지속성이 생기지 않는 데서 오는 좌절입니다. 작정하고 대화를 한 순간에는 도움이 된 것처럼 느껴졌는데 잠시 신경을 끄면 어느새 같은 모습인 것 같습니다. 애정을 쏟은 관계일수록 그런 모습을 보면 실망하게 됩니다. "아... 어떻게 스스로 성장하도록 도울 수 있을까?" 많은 성공서포터분들이 자문합니다.

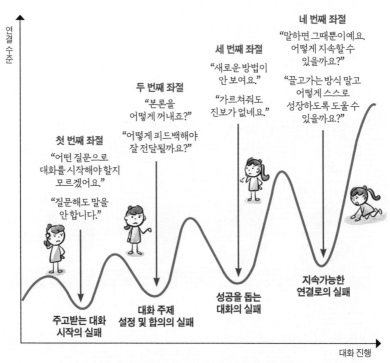

다른 사람의 성공을 돕는 대화에서 주로 만나게 되는
4가지 좌절의 골짜기가 있습니다.
이 단계를 잘 넘어가지 못하면 연결이 끊어지고 대화는 형식적이 됩니다.

여러분의 대화는 어떤가요? 다른 사람의 성공을 돕는 대화는 일상 대화와 달라 대화를 하다 보면 주로 만나게 되는 좌절의 골짜기들이 있습니다. 연결이 끊어지기 때문에 경험하는 현상입니다. 어떻게 이 네 가지 좌절의 골짜기를 넘어 상대와 슬기롭게 연결될 수 있을까요?

2부는 이 내용을 다루고 있습니다. 〈성공서포터 질문 디자인 실습〉을 돕는 3개의 장으로 구성됩니다. 5장에서는 내가 가진 자원들을 사용해서 원하는 '성공'을 만들도록 돕는 온택트대화모델On:TACT을 소개합니다. 다른 사람의 성공을 돕는 실제 대화들을 분석하여 단절이 주로 발생하는 지점을 정리했습니다. 이 단계를 잘 넘어갈 수 있도록 지원하는 모델입니다. 1단계에서 상대방과 연결을 만들고, 2단계에서 목표를 공유하고, 3단계에서 자원과 방법을 발견하고, 4단계에서 의미 있는 변화를 만들어 갑니다. 성공을 돕는 대화에서 질문을 설계할 때 이 모델이 유용한 도움이 될 것입니다.

6장에서는 성공서포터가 경험할 수 있는 몇 가지 상황을 가지고 어떻게 성공을 도울 수 있을지 구체적으로 살펴봅니다. 맥락이 함께 제공될 때 좀 더 쉽게 이해할 수 있기 때문입니다. 그리고 7장은 이 여정을 지속하는 데 필요한 것이 무엇인지 질문을 건네며 마무리합니다.

우리 각자가 가진 삶의 이유, 돕고 싶은 마음, 경험과 기술은 내가 가진 좋은 자원입니다. 나의 자원과 대화모델을 활용해 상대방의 성공을 도울 수 있습니다. 각 단계마다 마주하게 되는 좌절의 골짜기, 단절의 계곡을 잘 지나가야 슬기롭게 연결됩니다. 결국, 성공서포터는 연결을 돕는 사람입니다. 성공서포터와 주인공의 연결을 돕고 주인공의 자원과 실행의 연결을 돕습니다. 주인공이 현재 서 있는 곳과 가고 싶은 곳으로의 연결, 즉 '성공'을 돕습니다.

각자 돕고 싶은 사람과 상황을 하나 정하고 그 사람의 성공을 돕겠다는 마음으로 '좋은 질문'을 디자인해 보시면 좋겠습니다. 가이드만으로는 실력이 채워지지 않습니다. 진짜 실력은 현장의 경험과 성찰을 통해 쌓입니다. 그 여정을 잘 도울 파트너 역할을 기대하며 구성하였습니다. 나만의 프로젝트를 차근차근 실천해 본다면 어느새 성공서포터로서 나다운 성공을 만들어 가고 있는 자신을 발견하게 될 것입니다. 나다움으로 기여하는 여정에서 마주할 수 있는 좌절의 순간, 이 책을 펼쳐 보고 해결의 실마리를 얻을 수 있길, 다시 연결하여 걸어갈 때 이 책이 도움이 되길 기대합니다.

이를 위해 가이드를 200% 활용할 수 있는 학습 방법을 소개합니다.

조직의 사람들이 '어떻게 효과적으로 학습하고 성장하도록 도울까?' 연구했던 크리스 아지리스Chris Argyris는 배움에 2가지 방법이 있다고 이야기합니다. 첫 번째 방법은 일원학습Single loop learning입니다. 지식의 습득을 통해 문제해결에 효율적인 방법을 찾는 적응적 학습adaptive learning입니다. 즉 각 가이드가 설명하는 방법을 그대로 잘 이해하고 배우는 단계입니다. 두 번째 방법은 이원학습Double loop learning입니다. 경험을 통해 성찰하며 배우는 생성적 학습generative learning입니다. 실제 나의 현장에 적용해 보면서 어떤 부분을 잘하고 있고 어떤 부분을 잘못하고 있는지 피드백을 통해 학습하는 것입니다. 그러다 보면 나만의 원리를 찾게 됩니다.

〈성공을 돕는 질문디자인〉 가이드 활용법도 동일합니다. 먼저 이 가이드의 원리를 충분히 이해하셨으면 좋겠습니다. 어떤 부분은 너무 당연한 이야기 같고, 어떤 부분은 내가 이미 잘 하고 있는 것 같지만, 실제로 잘 못하고 있는 경우도 아주 많습니다. 우선 온전히 이해해 보는 과정이 필요합니다. 다음은 실천하고 적용하고 성찰하고 개선하는 과정입니다. 스스로 성찰하는 방법을 활용할 수도 있고 다른 사람에게 피드백을 들어 보는 것도 좋습니다.

"혹시 오늘 대화에서 어떤 부분이 의미 있었는지 이야기해줄 수 있을까요?"

"혹시 불편했던 지점이 있었나요? 알려 주시면 제가 배우고 성장하는 데 큰 도움이 될 것 같아요."

"제가 좋은 리더가 되기 위해 어떤 점을 개선하면 좋을지 한 가지만 이야기해줄 수 있을까요?"

이 과정에서 의식적으로 노력해야 할 부분은 내 질문이 성공서포터 질문의 핵심원칙에 부합하는지 스스로 점검하는 것입니다. 상대방을 내가 도움을 줘야 할 대상이 아닌 함께 고민하고 방법을 찾아갈 파트너로 존중하는 것이 필요합니다. 존중은 마음에 있지 않고 행동에 있습니다. '내 답을 강요하지 않는 것', '관심을 갖고 듣는 것', '상대를 위해 기꺼이 시간을 내는 것'입니다. 파트너십은 여기서부터 출발합니다.

앞에서 두 가지 학습방법(일원학습, 이원학습)을 소개해드렸습니다. 여기에 배움의 차원을 한 차원 높여줄 학습방법을 한 가지 더 소개해드리고 싶습니다. 진성리더들의 학습방법인 삼원학습Triple loop learning입니다. 진성리더십Authentic Leadership을 연구하는 윤정구 교수가 아지리스 연구에 더해 소개한 방법입니다.

미래의 모습을 담은 원하는 모습을 설정하고 현재의 모습과 차이를 줄여나가는 변혁적 학습transformative learning입니다. 즉, 먼저 성공서포터로서 자신이 원하는 모습을 그려봅니다. '나는 어떤 성공서포터가 되고 싶은가?', '어떤 사람으로 기억되고 싶은가?' 그리고 '그런 사람이라면 어떻게 질문을 디자인하고 대화를 이어 갈까?' 생각해보고 그 차이를 메꿔 나가는 방식입니다.

배운 것을 삶에 적용하다 보면, 우리는 종종 '기대한 나'와 '현재의 나' 사이를 비교하며 그 갭에 좌절할 때가 있습니다. 기대를 낮추기도 합니다. 변혁적 학습은 미래의 내가 오늘의 나를 미래로 초대하는 방법입니다. 그 갭에 좌절한 나에게 위로를 건넵니다. '당신이 이렇게 부족해' 하는 것이 아니라 '당신 이런 사람이잖아'라고 일깨워줍니다. 그 말이 가슴에서 울릴 때 '맞아. 나 이런 사람이지'하고 다시 걸어갈 에너지를 회복하게 됩니다.

이 책을 쓰면서 현업과 병행하는 것도 힘들고, 생각만큼 잘 풀리지 않아서 힘들어 했던 시간들이 있었습니다. 스스로 기대하는 이상적 결과와 현재의 결과 사이의 차이가 커서 그 갭에 좌절하기도 했습니다. 다시 그 갭을 메꾸는 노력을 시작할 수 있었던 것은 미래의 내가 오늘의 나에게 말을 걸어왔기 때문입니다. 제가 진짜 원하는 나는 '완벽한 책'을 내는 사람이 아니라 오늘 가진 것으로 기여하고, 내일 더 나은 결과를 만들어 가는 사람입니다. 비로소 다시 제가 제 삶의 주인공이 되었습니다. 이것이 세 번째 학습방법입니다.

다른 사람의 성공을 돕는 일을 하다 보면, 잘 돕고 싶은 마음과는 달리 질문이 잘 떠오르지 않거나 대화가 매끄럽게 연결되지 않아서 답답할 때도 있습니다. 많은 리더, 코치, 퍼실리테이터 분들이 좌절을 경험하는 것을 봅니다. 이때 세 번째 학습방법이 우리에게 한 걸음 나아갈 힘을 줍니다. 입증하려는 나를 내려놓고 주변의 판단에 귀 기울이기를 멈추고, '미래의 내'가 하는 말에 귀 기울여 보는 겁니다. 나도 모르게 좌절의 골짜기에 빠졌을 때 이 방법은 종종 위로가 되어 줍니다. 이제 내가 원하는 삶의 목적을 이루기 위해 필요한 새로운 방법, 태도 등을 다시 선택합니다. 그리고 다시 걸어가면 됩니다.

마지막으로 이 모든 과정을 간단하게 정리한 마인드셋을 소개합니다. 와우디랩의 최송일 대표께서 일상에서 실현하는 디자인씽킹으로 초대할 때 제안하는 마인드셋입니다. 디자인씽킹이 일상과 타인을 새롭게 관찰하고 공감하고 변화를 만들어가는 과정이다 보니 성공서포터의 삶과도 참 많이 닮아 있습니다. 7개의 마인드셋이 너무 좋아서 최송일 대표께 허락을 받고 성공서포터에게 필요한 마인드셋으로 살짝 수정해서 담아봤습니다.

마인드셋1. 아는 것과 행동하는 것은 다르다. 배운 것을 작게라도 "실천"해보자

마인드셋2. 익숙함보다는 "낯섦"에 머물러 보자.

마인드셋3. 사소한 변화도 발견할 수 있도록 "민감"하게 "관찰"하자

마인드셋4. 내 생각과 의견을 사랑하는 데 빠지지 말자

마인드셋5. 판단하지 말고 "관심"을 가지고 질문하고, 잘 듣고, 또 질문하자

마인드셋6. 답을 정해 놓지 말고 "열린 관계"를 즐기며

마인드셋7. "실패해도 괜찮아"라고 말하며 실패를 통해 무엇을 배울 수 있는지 생각하자.

자, 이제 성공서포터로서의 여정을 시작해 볼까요?

성공서포터의 슬기로운 연결을 돕는 On:TACT 대화모델

이 장에서는 성공서포터의 대화모델을 소개합니다. 슬기로운 연결을 돕는 온택트대화모델On:TACT입니다. 다른 사람을 위한 마음에서 출발한 대화가 좌절의 골짜기에 빠지지 않고, 따뜻하게 연결되도록 돕고 싶어서 '온택트On:TACT'라고 이름 붙였습니다. '온On'은 대화모드를 켠다는 의미도 있지만 따뜻한 연결을 시작한다는 의미도 있습니다. 그리고 '택트TACT'는 단순한 접촉이 아니라 깊이 있는 연결encounter이 가능하도록 돕는 단계를 담았습니다.

여러분은 성공서포터로서 대화를 설계할 때 제일 먼저 무엇을 하시나요? 다른 사람의 성공을 돕는 대화를 하는 리더들은 GROW같은 코칭대화모델을 종종 활용합니다. 예를 들어 다음과 같이 도입 - 본론 - 마무리의 순서로 질문할 수 있습니다.

[도입 대화]

오늘 기분이 어때요?

[주제 대화]

- 지난 한 달간 일하면서 어려웠던 이야기를 듣고 내가 도울 수 있는 부분에 대해 지원하고 다음 달에 목표를 이루는 데 도움을 주고 싶어 대화하고자 합니다.
- 이루고 싶은 것은 무엇인가요? 지난 한 달간 일하면서 어려웠던 일은 무엇인가요?
- 어떻게 해결하고 싶어요? 무엇부터 해볼 건가요?

[마무리 대화]

내가 무엇을 도와줄까요? 언제 다시 미팅할까요?

위 대화는 4장에서 소개한 질문재료 중 '여정을 디자인하는 질문'으로 설계한 대화입니다. 이론적으로는 참 좋은 질문셋set입니다. 상대의 정서를 확인하고 어떤 이야기를 하고 싶은지 묻습니다. 거기에서 출발하여 대화를 이어갑니다. 지원할 부분과 다음 미팅 계획으로 마무리합니다.

문제는 어떤 경우에는 이런 질문으로 다른 사람의 성공을 돕는 '좋은 대화'가 되는데 어떤 경우는 그렇지 못하다는 데 있습니다. 현장에서 이론을 잘 사용하기 위해서는 현장의 맥락을 함께 고려해야 합니다. 서문에서 소개한 왈츠를 기억하시나요? 다른 사람의 성공을 돕는다는 것은 함께 왈츠를 추는 과정입니다. 질문을 통해 나의 이야기text와 상대의 이야기text가 어우러져 함께하는 맥락Context: text + text을 창조해 내는 것입니다. 리더와 구성원의 만남에서도 서로를 위해 기여할 수 있는 각자의 이야기가 있습니다. 그 이야기들이 왈츠를 추듯 어우러져 서로의 성공을 돕습니다.

그러나 이 과정은 질문을 기술적으로 던질 수 있다거나 혹은 대화하고 싶고, 돕고 싶다는 의도만으로는 원활하게 진행할 수가 없습니다. 의도와 기술을 모두 갖추고 있어야만 다른 사람을 초대할 수 있습니다. 초대가 반드시 연결로 이어지는 것도 아닙니다. 상대방의 호응이 있어야 연결은 시작됩니다. 단절의 계곡을 피해 슬기롭게 연결되기 위한 방법이 있습니다. 그것이 4단계로 이뤄진 On:TACT대화모델입니다.

1단계[On:] 대화로의 초대 "상대방과의 연결이 필요합니다."

대화가 시작되려면 먼저 우리가 대화하고 싶은 관계여야 합니다. 이것은 관계의 깊고얕음을, 혹은 친밀함의 정도를 의미하는 것은 아닙니다. 처음 만나는 사람과도 우리는 종종 마음을 열고 대화합니다. 핵심은 신뢰에 달려 있습니다. 처음 만나는 사람과도 우리는 조건부 신뢰를 가집니다. 첫 대화를 통해 이 사람을 계속 믿어도 되는지, 아니면 경계해야 하는지 판단하게 됩니다. 신뢰가 없거나 신뢰가 깨진 관계라면 좋은 질문을 한다고 해도 '좋은 대화'로 이어지기는 어렵습니다. 이때, 상대방과의 연결이 필요합니다. 이것이 On:TACT대화모델의 1단계입니다.

2단계[T] 같은 방향을 바라보는 것 "진짜 목표와 연결이 필요합니다."

A 나는 요즘 우리 사수 때문에 고민이 많아.

B 그래? 나도 이런 고민이 있어. 규정이 바뀌어서 기획안 작성이 너무 어려워.

A 규정이야 정해진 거니까 읽고 참고하면 되잖아. 우리 사수는 바뀌지도 않고 일할 맛이 안 나.

B 규정집이 진짜 두껍거든. 그걸 언제 다 읽어?

A 그래도 너는 사수는 없어서 좋겠다.

이런 대화, 어떠세요? 기술적으로 볼 때 주고받는 대화를 하고 있는 것처럼 보이지만, 실상은 각자 자기 하고 싶은 말만 하고 있습니다. 일대일 면담 등 우리가 조직에서 만나는 수많은 대화의 장면에서 이런 대화를 쉽게 목격할 수 있습니다. 서로 대화하고 있다고 착각하고 있을 뿐입니다. 그런 대화는 몰입을 돕고 에너지를 높이는 것이 아니라 오히려 피로감을 일으킵니다.

2단계는 같은 방향을 바라보고 그 방향에 대해 함께 이야기하기 시작하는 단계입니다. 같은 방향을 바라보는 것도, '진짜 목표'를 발견하는 것도 중요합니다. 다른 사람의 성공을 돕는 대화는 반드시 같은 목표를 바라보고 있어야 합니다. 진짜 목표를 발견하고 그 목표를 함께 공유할 때 대화의 초점은 명료해지고 그 초점에 맞춘 대화가 오고 갑니다. 이것이 2단계, '진짜 목표'와의 연결입니다. '진짜 목표'를 발견하고 그 목표를 공유할 때 비로소 우리는 누군가의 성공을 제대로 도울 수 있습니다.

3단계[A] 내 안의 힘 발견 "내가 가진 보석같은 자원과 연결이 필요합니다."

질문을 한다는 것은 답변에 대한 기대가 있기 때문입니다. 리더와의 대화에서 구성원이 질문한다는 것은 상사가 도움을 주리라는 기대 때문입니다. 기대가 없으면 우리는 질문하지 않습니다. 상대방이 나를 도와주고 싶어한다는 믿음, 나를 도울 수 있을 거라는 믿음, 내가 혼자 고민하는 것보다 함께 고민하면 보다 나은 결과를 얻을 수 있으리라는 믿음이 있을 때 우리는 질문합니다.

　그 믿음을 어떻게 현실화할까요? 3단계의 핵심은 가능성과 자원의 발견입니다. 성공서포터의 '좋은 질문'을 통해 미처 생각지 못한 나의 자원을 발견합니다. 새로운 가능성을 찾게 됩니다. 원하는 목표를 이룰 방법을 깨닫게 됩니다. 그러면 기대가 생깁니다. 기꺼이 실행하고 싶어집니다. 이것이 3단계. 자원과의 연결입니다. 성공서포터의 '좋은 질문'은 내가 가진 자원과 실행의 연결을 돕습니다.

4단계 [CT] 질문하는 삶으로의 초대 "여정으로 연결이 필요합니다."

우리의 대화는 한 번으로 끝나지 않습니다. 보통 과거의 경험이 다음 대화에 영향을 미칩니다. 처음에는 기대를 가졌는데 실제로 한 번도 도움을 받지 못했습니다. 그러면 다음 대화 초대에 진심으로 응하지 않을 것입니다. 도움받은 경험이 쌓여야 나의 이야기를 꺼냅니다. 혼자 고민한 것보다 함께 논의했을 때, 질문하고 주고받는 대화를 했을 때, 더 나은 결과를 얻은 경험이 있을 때 우리는 다시 질문합니다.

좋은 결과를 얻었던 경험은 도움이 필요한 순간 다시 질문할 수 있게 돕는 힘이 됩니다. 이것이 4단계. 여정으로의 연결입니다. 여정으로 연결된다는 것은 기꺼이 '질문하는 삶'을 선택한다는 의미입니다. '좋은 질문'의 힘을 경험한 사람은 다른 사람의 성공을 돕는 '좋은 질문'을 건넬 수 있습니다. 동시에 자신이 좀 더 자신다운 성공을 경험할 수 있도록 자신의 삶에서 굽이굽이 '좋은 질문'을 스스로 건넬 수도 있습니다.

이제 온택트대화모델On:TACT 단계별로 어떻게 연결을 촉진할 수 있을지 그 방법을 하나씩 살펴보겠습니다. 각 단계의 연결을 고려하여 질문을 디자인하면 다른 사람의 성공을 돕는 대화에서 단절의 계곡을 피하는 데 도움이 됩니다. 동시에 대화가 잘 진행되지 않는다고 생각하는 순간 이를 진단하고 해결할 수 있도록 돕는 가이드가 됩니다.

1단계
On

2단계
To-Be

상대방과 연결하라

1. 편안하게 시작하라
: 안심문장, 관심질문

2. 의미 있게 시작하라
: 의미질문, 주인공질문

3. 보람 있게 시작하라
: 듣는 마음, 반응 표현

진짜 목표와 연결하라

1. 공감과 질문으로 연결하라
: 공감표현, 연결질문

2. 진짜 목표를 발견하도록 도와라
: 진짜 목표를 발견하는 질문

3. 같은 방향을 바라보라
: 목표합의를 돕는 질문

3단계
Align

4단계
Choice & Take

자원과 연결하라

1. 자원과 가능성 발견에 초점을 맞춰라
: 발견질문

2. 발견한 것은 제대로 표현하라
: 가치를 알아주는 인정

3. 성공 돕는 대화라는 것을 기억하라
: 정렬질문

여정으로 연결하라

1. 선택은 상대방이 가진 권한이다
: 선택존중

2. 응원의 말을 건네라
: 지지표현

3. 질문으로 연결하라
: 다시 연결하는 질문

슬기로운 연결을 돕는 On:TACT 대화모델

1단계[On:] 상대방과 연결하라

온택트대화모델On:TACT 1단계의 핵심은 '상대방과 연결'하는 것입니다. 성공을 돕는 대화로 초대하고 효과적으로 연결하도록 돕는 3가지 방법을 소개합니다. 첫 번째, 편안하게 연결합니다. 두 번째, 의미 있게 연결합니다. 세 번째, 보람있게 연결합니다. 하나씩 살펴보겠습니다.

1. 편안하게 연결합니다

성공을 돕는 대화에서 가장 기본은 상대방이 편안하게 자신의 생각과 감정을 이야기할 수 있도록 돕는 것입니다. 이때 고려해야 하는 요소가 '관계의 거리'입니다. 앞에서 우리는 성공서포터의 좋은 질문은 관계의 거리와 시선의 높이를 고려하여 건네는 질문임을 이해했습니다. 다른 사람의 성공을 돕는 대화를 시작할 때 첫 질문은 관계의 거리를 고려하여 설계하는 것이 중요합니다. 관계의 거리가 멀수록 섬세한 배려가 필요합니다.

① 안심문장

가장 쉽게 시작해 볼 수 있는 것이 '안심문장'을 더하는 것입니다. 사람들은 예측이 어려울 때 불안함을 느낍니다. "팀장님, 드릴 말씀이 있습니다" 하면 어떤 생각이 드시나요? 보통 어떤 말을 할지 몰라 긴장하게 됩니다. "김 대리, 오늘 면담 좀 할까?"라는 리더의 얘기에 구성원도 역시 긴장합니다. "김 대리, 요즘 너무 힘들어 보이더라. 좀 돕고 싶은데 30분 정도 이야기할 시간 돼?'라고 아젠다를 먼저 공유하는 것만으로도 상대는 안심할 수 있습니다. 이런 것이 '안심문장'의 역할입니다.

질문은 그 속성상 '왜 이런 질문을 하는 거지?', '어떻게 답을 해야 안전하지?'라는 생각이 들 수 있습니다. 상대방과의 관계의 거리가 있다면 평소 하는 말에 작은 안심문장 하나를 더해보는 것이 좋습니다. 특히 팀장-구성원 간의 관계에서는 안심문장 하나만 더해도 내 의도가 훨씬 더 잘 전달됩니다.

"하고 싶은 말이 뭐야? 뭐라고 쓴 거야?

⇨ "하고 싶은 말이 뭐야? 뭐라고 쓴 거야? + 내가 이해하고 싶어서 그래."

"이건 왜 이렇게 한 거야?"

⇨ "내가 궁금해서 그런데 + 이건 왜 이렇게 한 거야?"

"어떻게 할 계획이야?"

⇨ "니가 하고 있는 그거 진짜 어려운 거야. + 혹시 어떻게 할 계획이야?"

표정도 비언어로 이야기하는 일종의 안심문장입니다. '뭐 이런 거까지 이야기하는가?' 하실 수 있습니다. 그런데 질문에 대한 오해②에서 보셨죠? 질문을 주고받는 과정은 생각보다 더 불편할 수 있습니다. 특히 팀장-구성원 관계에서는 표정 같은 비언어적 메시지를 관리하는 것이 대화모드를 켜는 데 도움이 됩니다.

안심문장만 더해도 내 의도가 훨씬 더 잘 전달됩니다.

특히 면담이나 보고에서 리더의 표정이 좋지 않다면 구성원은 무의식적으로 자문하게 됩니다. '내용이 마음에 안 드는 걸까?', '내가 뭘 잘못했나?', '나를 무능력하다고 생각하는 것은 아닌가?' 리더는 구성원들의 내면에서 빠르게 일어나는 사유의 과정이 건강한 방향으로 갈 수 있도록 도와야 합니다. 그때 도움을 주는 방식이 안심문장을 더하거나 표정을 따뜻하게 유지하는 것입니다.

다면인터뷰 결과에서 '절대 웃지 않는 팀장님'이라는 의견을 본 적이 있습니다. 실제 이 팀장을 코칭으로 만났을 때는 잘 웃는 분이었습니다. 신임 팀장이다 보니 구성원과 친밀해질 시간이 부족한 탓에 구성원과 가까워지지 못했고 이분에 대한 구성원의 지각이 '웃지 않는 팀장님'이 되어버린 것입니다. 관계의 거리가 먼 사이일수록 표정으로 인해 잘못된 해석을 할 가능성이 높습니다. 불필요한 오해를 줄여주는 것도 성공서포터의 중요한 역할입니다.

관계의 거리가 멀다면 표정을 관리하는 것도 안심문장 역할을 합니다

② 관심질문

두 번째는 관심질문을 사용하는 방법입니다. 보편적으로 누구나 쉽게 말할 수 있는 가벼운 주제의 이야기가 있습니다. 그러나 성공서포터 대화에서는 이것보다 한 단계 더 들어갑니다. '상대방이 말하기 좋은' 주제로 대화의 문을 여는 것입니다. 음악 좋아하는 사람과는 음악 이야기로 시작할 수 있고 운동 좋아하는 사람과는 운동 이야기로 시작할 수 있습니다. 관심질문의 핵심은 '관심'에 있습니다.

교육장면에서는 아이스브레이킹이 이 역할을 합니다. 학습자들이 긴장을 풀고, 경계를 넘어 학습하고 질문할 수 있도록 돕습니다. 단순히 즐겁고 흥미로운 활동보다는 메인 학습과 연결된 마중물의 역할을 하는 활동이 좋습니다. 이 또한 학습자에 대한 관심에서 출발합니다. 교육 대상에 대해 이해하고 그분들의 신발을 함께 신을수록 대화모드를 켜는 데 효과적인 관심질문을 던질 수 있습니다.

5장. 성공서포터의 슬기로운 연결을 돕는 On:TACT 대화모델

저는 조직에서 멘토나 리더 역할을 맡은 분들을 위해 성공서포터 대화 교육을 할 때 첫 대화가 어렵다면 "How are you?"를 떠올려 보도록 안내합니다. 다만, you자리에 건강, 일, 취미 등 다른 주제를 넣어서 물어보는 것입니다. 이럴 때 좀 더 상대방에게 관심을 높여 질문하면 대화모드가 켜지는 데 도움이 됩니다. 예를 들어 "요즘 건강 어때?"라고 묻는 것보다 "지난달에 수술한 다리는 괜찮아?" 또는 "지난주 내내 집에서 일하는 것 같던데, 건강 괜찮아?"라고 묻는 것이 좀 더 상대에게 관심을 갖고 건네는 질문입니다.

보통 스몰토크라고 불리는 이런 대화에서 리더들이 가장 많이 물어보는 질문은 "이런 질문, 해도 되나요?"입니다. 이를 구별하는 좋은 방법은 대화의 목적에서 출발하는 것입니다. 왜 관심질문으로 시작할까요?

많은 분들이 오해하는 것 중에 하나가 꼭 스몰토크로 대화를 시작해야 한다는 것입니다. 그러다 보니 스몰토크가 '본론에 앞서 형식적으로 진행하는 의미 없는 대화'가 되어 버리는 경우도 발생합니다. 그러나 성공을 돕는 대화에서 스몰토크는 상대방이 자신의 이야기를 편안하게 할 수 있도록 돕기 위한 마중물입니다. 정확하게 말하면 스몰토크는 의미 없는 주제로 시작하는 것이 아니라, 상대방이 말하기 편한 주제로 대화를 시작하는 것입니다.

여기서 핵심은 '편안한 연결'입니다. 관계의 거리가 먼 사람을 위해 '안심 문장'을 더해 질문을 건네듯, 관심질문으로 상대방을 대화에 초대할 때도 역시 관계의 거리를 고려해야 합니다. 관계의 거리를 고려한다는 의미는 상대방이 가진 경계를 존중한다는 뜻입니다. 나에게는 아무런 문제가 되지 않는 질문도 상대방에게는 어려운 질문일 수 있습니다.

앞에서 질문의 선택기준으로 핵심원칙을 소개해드렸습니다. 여기서도 동일합니다. 우리가 조직에서 스몰토크로 대화를 시작하는 것은 단순한 친밀감을 형성하고자 위함이 아니라 함께 협력하고 일하는 관계로 연결되기 위해서입니다. 성공서포터로서 역할을 수행하는데 도움이 되는 질문은 해도 됩니다. 그렇지 않다면 하지 않는 것이 좋습니다.

사람의 마음에는 여러 개의 문이 있어서 더 깊은 마음의 문으로 들어가기 위해 거쳐야 할 문들이 있습니다. 어떤 사람은 쉽게 마음의 문을 열지만 어떤 사람은 좀 더 섬세한 고려가 필요합니다. 편안하게 자기 생각을 말할 수 있도록 돕기 위해 상대방 마음의 문을 두드리는 질문이 관심질문입니다. 관심질문으로 대화모드를 연결하고자 한다면, 반드시 관계의 거리를 고려하여 상대방의 마음의 문을 두드려야 합니다.

마음을 두드리는 질문의 열쇠는 질문자의 호기심에 달려 있습니다. 단, 질문자 자신의 목적을 달성하기 위한 호기심이 아니라 상대방에 대한 호

사람의 마음에는 여러 개의 문이 있어서 더 깊은 마음의 문으로 들어가기 위해 거쳐야 할 문들이 있습니다.

기심입니다. 상대방을 존재 그 자체로서 이해하고 관심을 갖는 것입니다. '이 사람은 어떤 이야기하는 것을 좋아하는가?', '무엇으로부터 동기를 얻는가?', '단기적인, 장기적인 목표가 무엇이고, 지금 무엇에 집중하고 있는가?', '어떤 것을 의미 있게 생각하는가?', '이 사람이 출근하고 싶게 만드는 요소는 무엇이며, 출근하기 싫게 만드는 요소는 무엇인가?'

호기심을 가지면, 그가 중요하게 생각하는 것이 무엇인가를 생각하며 따라갈 수 있게 됩니다. 관심이 있으면 마음을 여는 질문이 보입니다.

2. 의미 있게 연결합니다

상대방을 성공 돕는 대화로 초대하는 두 번째 방법은 의미 있게 연결하는 것입니다. 타인의 성공을 돕는 대화는 일상적인 대화가 아니라 변화와 성장을 일으키는 대화입니다. 대화모드 연결에 있어 관심질문의 좋은 점은 상대방이 부담 없이 답할 수 있다는 데 있습니다. 다만 이런 질문은 잘못하면 지나치게 개인적인 대화가 되거나 대화의 주제와 동떨어지게 됩니다. 때로는 스몰토크로 시작된 대화가 면담의 절반을 차지하기도 합니다.

① 의미질문

성공 돕는 대화로의 초대는 본 주제와 맥락이 자연스럽게 연결될 수 있는 질문이 좋습니다. 너무 먼 대화부터 시작하면 대화의 주파수를 맞추는 데 시간이 오래 걸릴 수 있기 때문입니다. 대화모드가 커지기 위해 안전감이 필요한 것은 사실이지만 그것이 꼭 스몰토크에서 출발할 필요는 없습니다. 일상적인 겉치레 인사보다 '원하는 것', '그것이 의미하는 바'를 묻는 질문이 좀 더 효과적인 연결을 돕습니다. 예를 들면 다음과 같은 질문일 수 있습니다. 다음의 질문에 답변해 보세요.

- 당신의 꿈은 무엇입니까?
- 이루고 싶은 것이 있나요? 요즘 열정적으로 찾거나 갈망하는 것은 무엇입니까?
- 꼭 하나 해결할 수 있다면, 어떤 문제를 해결하고 싶습니까?
- 무엇이든 할 수 있다면, 가장 하고 싶은 일은 무엇입니까?
- 요즘 당신의 가장 큰 기쁨은 무엇입니까? 가장 큰 두려움은?
- 당신은 어떤 것에 몰입하곤 합니까? 당신의 가장 큰 강점은 무엇입니까?
- 어떤 어려움이 있으십니까? 요즘 가장 큰 도전은 무엇입니까?
- 당신의 삶에서 바꾸고 싶은 한 가지가 있다면 무엇입니까?
- 당신의 삶을 의미 있게 하는 것은 무엇입니까?

어떠세요? 답변하기 쉽지 않죠? 그러나 생각이 정리되는 것을 느끼셨을 것입니다. 이런 대화는 상대방의 반응에 따라 이후 대화의 질이 결정됩니다. 늘 이런 질문으로 대화를 시작할 순 없지만 무의미한 스몰토크보다는 좀 더 상대방에게 깊은 관심을 가지고 던지는 질문이 오히려 연결을 돕습니다.

다만 이는 상대와 어느 정도 신뢰가 형성되어 있을 때 가능합니다. 이미 불신이 쌓인 관계에서는 작동하기 어렵습니다. '내가 왜 당신의 이런 질문에 대답해야 하지?'라고 불쾌감이 올라오면 이 질문은 동작하지 못합니다. 상대방이 받아줄 때만 가능한 질문입니다. 이 역시 '관계의 거리'를 고려해서 건네야 한다는 의미입니다.

② 주인공질문

좀 더 안전하게 시작할 수 있는 방법은 대화 주제에 초점을 맞추되 상대방의 성공경험에서 출발하는 질문입니다. 사람들은 자신을 알아봐주는 사람과 쉽게 연결됩니다. 사람을 제대로 알아봐주는 방법 중 하나가 상대방의 성공경험, 자랑스러운 순간, 강점에 대한 이야기를 들어주는 것입니다. 아부나 과한 칭찬을 하라는 의미가 아닙니다. 성공서포터로서 스스로를 자리매김하는 작업입니다. 상대방이 주인공이고 나는 서포터입니다. 주인공을 주인공답게 만드는 요소들에 대해 묻고 듣는 과정인 것입니다.

- 기억에 남는 성공경험 하나만 이야기해 주시겠어요?
- 내가 정말 자랑스럽다고 여겨진 순간이 있다면 언제인가요?
- ○○○ 이 분야에 애정과 열정이 느껴져요. 이 부분을 좀 설명해주실 수 있을까요?

자주 만나는 관계라면 기간을 좁혀 질문해 볼 수도 있습니다.

- 이번 주 가장 뿌듯했던 일 한 가지만 선택해 본다면 어떤 것이 있을까요?

• 힘든 와중에도 감사하다 생각했던 일이 있을까요? 어떤 일 있으셨어요?

성공경험으로부터 시작하여 대화를 연결하는 방식은 편안하게 대화를 열어가는 데 도움이 됩니다. 이는 팀 미팅에서도 적용해 볼 수 있습니다. 생애(혹은 지난 한 달 간) 가장 자랑스러운 순간을 하나씩 적어 보라고 안내하는 것입니다. 이를 통해 팀 미팅의 목적과 자연스럽게 연결할 수 있다면 시작부터 에너지가 높은 상태로 출발할 수 있습니다.

3. 보람있게 연결합니다

상대방을 성공 돕는 대화로 초대하는 세 번째 방법은 보람있게 연결하는 것입니다. 어떤 대화에서 누군가가 건넨 질문에 성의있게 답변했는데 그 답변에 대한 반응 때문에 실망했던 경험 혹시 있으신가요? 세 번째 방법은 질문이기보다는 질문자의 태도에 대한 부분입니다. 기본적으로 듣고 싶은 마음이 있을 때 질문을 건네야 합니다. 듣고 싶은 마음이 없는데 형식적으로 질문하면 관심질문이든 의미질문이든 효과가 없습니다. 상대방과 연결되지 못하고 대화모드는 바로 꺼집니다.

① 듣는 마음

리더의 1:1미팅이 불편하다고 토로하는 구성원의 의견 중에 가장 많이 나오는 말이 '형식적'이라는 말입니다. 형식적인 질문, 형식적인 모양일 때가 많다는 겁니다. 그 중에서도 한 구성원의 말이 기억납니다. 1:1면담을

마치면서 리더들은 종종 "더 할 말 있나?"라고 마지막 질문을 던진다고 합니다. 그런데 구성원인 자기 귀에는 "지겹구나. 이제 자리를 끝내자. 나는 할 말 없는데 너는 있는가?"라고 들린다고 합니다. 리더는 실제로 그런 의미로 한 말이 아닐 수 있겠지만 "더 할 말 있나?"라는 리더의 질문에 계속 말을 하기란 매우 어려운 일입니다.

평가를 앞두고 조직에서 피드백 면담을 할 때도 비슷합니다. 리더는 할 말을 미리 준비하고 있습니다. 전달하고 싶은 메시지가 있는 것입니다. "요즘 어때요?", "요즘 어려운 일 없어요?" 질문했지만 사실은 정말 궁금해서 묻는다기보다는 '내가 하고 싶은 말이 있는데 그 말을 시작하기 전에 분위기 조성이 필요해서 묻는 말이에요. 길게 말고 적당히 답해주면 좋겠어요.'라는 속마음을 가지고 있지는 않았을까요? 이런 상황에서는 상대방 말이 잘 들리지 않습니다. 빨리 스몰토크를 마치고 본격적으로 본인이 계획한 진도를 나가고 싶습니다.

들으려는 마음 없이 하는 질문은 지시보다 불편할 수 있습니다. 이런 경우 형식적으로 던지는 질문보다 "오늘 김 대리와 A프로젝트에 대해 리뷰하고자 합니다. 30분 정도 예상하고, 이 미팅을 통해 저는 A, B, C를 기대해요."라고 명료하게 제시하는 것이 대화모드 연결에 더 도움이 될 수 있습니다.

1단계의 핵심은 상대방과의 연결입니다. 대화로의 초대입니다. 상대방에 대해 좀 더 잘 이해하고 싶어서 제대로 연결되고 싶어서 건네는 질문입니다. 정말 궁금해서 묻는 건지 스스로 돌아볼 필요가 있습니다. 듣고 싶은 마음이 있을 때만 질문하는 것이 좋습니다.

② 반응표현

질문에 대해 상대방이 답변할 때 가치롭게 인식하고 반응해주는 것도 중요합니다. "질문하지 말고 그냥 말해주면 좋겠어요. 어차피 알면서 물어보는 거잖아요." 조직에서 인터뷰해보면 이런 얘기 많이 듣습니다.

상사가 질문하면 구성원은 당황스럽습니다. 나의 답변이 나를 판단하는 재료로 사용되는 것이 두렵기 때문입니다. 그런데 리더가 질문할 때마다 나는 답을 다 알고 있어. 너의 답을 말해 봐라는 태도로 질문하면 더 긴장되고 어렵습니다. 아무리 배울 것이 많은 리더의 질문이라고 해도 구성원은 두려움과 불신에 뇌를 닫아버리고 말을 아끼게 됩니다. 대답할 때마다 판단하거나 지적해도 마찬가지입니다. 의견을 표현하고 싶은 마음이 사라집니다.

사람들은 자신의 기여가 가치 있게 받아들여진다는 느낌을 받지 못하면 기여하기를 멈추게 됩니다. 우호적이지 않은 분위기에서는 조용하고 무난

한 답변만 나오는 이유입니다. 질문을 잘 주고받고자 한다면 기여한 바를 사려 깊게 알아봐 줘야 합니다. 답변도 기여입니다. 어떤 답을 해도 안전하며 그 답에서 의미 있는 포인트를 지각하도록 도와주면, 구성원들은 자신의 기여가 가치 있게 인정된다고 느껴 판단받을 수 있다는 두려움을 넘어 기꺼이 참여하기를 선택합니다.

국내 회의문화 전문가로 불리는 D대표의 경우, 유명한 퍼실리테이터이기도 한데 퍼실리테이션 기법을 배웠다거나 특별한 기술을 사용하지도 않습니다. 성공서포터로서 맥락을 읽어내고 그 안에서 중요한 메시지를 찾아 그것을 공유하도록 돕는 힘이 뛰어납니다. 상대방이 어떤 말을 해도 그 안에서 의미를 발견해줍니다. 그리고 인정해주는 표현을 합니다. 이 분이 주로 사용하는 언어는 "훌륭합니다"입니다. 성공을 만들어가는 여정은 치열한 사유를 요구하는데, 성공서포터의 "훌륭합니다" 한마디가 치열하게 탐색하고 끝까지 사유하도록 돕습니다. (다만, 이 말은 누가 하느냐에 따라 달라집니다. 진심이 담긴 "훌륭합니다"와 진심이 없는 "훌륭합니다"는 큰 차이가 있습니다.) 때로는 진정성을 담은 "훌륭합니다" 이 한마디로도 충분합니다.

누군가의 성공을 기꺼이 기대하고 함께 질문하고 들어준다는 일은 사실 굉장히 에너지가 많이 들어가는 일입니다. 좋은 질문을 고르는 것보다 중요한 것은 질문하고 들어주는 일을 지속하는 것입니다. 그러면 반드시 대화는 연결됩니다. 상대방에 대한 진정한 호기심만 가져도 질문이 떠오릅니다. 온택트대화모델On:TACT 1단계, 상대방과 연결되기 위해 3가지만 기억하세요. 편안하게, 의미 있게, 보람있게 연결하자.

1단계[On:] 상대방과 연결하라

[On:]단계의 핵심은 나와 상대방의 연결입니다. 나는 성공서포터로, 상대방은 주인공으로 연결합니다. 즉 대화하고 싶은 사람이 되는 것입니다. 대화하고 싶은 관계가 될 때, 기꺼이 내 성공에 대해 함께 이야기하고 싶은 마음이 들 때 우리는 타인의 성공을 도울 수 있습니다.

1단계를 돕는 3가지 방법

1. 편안하게 연결하는 질문으로 시작합니다.
① [안심문장] 질문을 건넬 때 안심문장 더하기
② [관심질문] 상대방이 답하기 좋은 관심질문 건네기

2. 의미 있게 연결하는 질문으로 시작합니다.
① [의미질문] 본 주제와 맥락이 자연스럽게 연결될 수 있는 질문으로 시작하기
② [주인공질문] 상대방의 성공 경험을 묻는 질문으로 시작하기

3. 보람있게 연결하는 반응을 더합니다.
① [듣는 마음] 들으려는 마음이 있을 때만 질문하기
② [반응표현] 답변에 가치를 알아주는 반응 더하기

온라인에서의 연결:
온택트On:tact에서 온溫택트로

성공서포터의 대화, 온라인에서는 어떨까요? 요즘 리더 대상의 강의를 하다 보면 재택근무로 인한 소통의 어려움을 많이들 호소하십니다. 온라인 방식에서는 비언어적 메시지가 감소하기 때문에 작은 자극에도 민감하게 반응할 수 있고 같은 텍스트를 서로 다르게 해석할 가능성이 있습니다. 이런 위험으로 오히려 의견 표현에 어려움을 느낄 수도 있고, 외부 자극에 소통이 중단될 수도 있습니다. 온라인 소통으로 소외나 단절을 더 크게 느끼는 리더들도 많습니다. 대면에서 마주하기 때문에 경험했던 구성원들의 의례적 반응이 온라인에서 대거 사라졌기 때문입니다.

질문워크숍에 같은 부서 팀원들이 함께 참여한 적이 있었습니다. 그팀의 상사는 상사가 어떤 질문을 했을 때 구성원들이 제대로 답변하지 못하면 호되게 호통치기로 유명한 상사였습니다. 다만, 상사 스스로는 이 문제를 인지하지 못하고 계셨습니다. 어느 날은 화상회의를 진행하던 중 발표자의 발표가 부실했다고 합니다. 그러자 그 상사 분은 어느 때처럼 심하게 호통쳤고, 그 순간 채팅창에서 자유롭게 오가던 질문과 의견들이 일순간에 사라졌습니다. 그걸 본 상사는 평소 오프라인 현장에서는 느끼지 못했던 정적을 느끼고 호통이 소통에 미치는 영향에 깜짝 놀라셨다고 합니다. 이후 피드백 방식을 바꾸셨습니다.

온라인 대면 상황에서 정적이 길어지면 혼자 말하는 기분이 듭니다. 그렇다고 억지로 소통을 유도하는 것도 힘만 들지 그닥 효과적이지 않습니다. 흥미로운 것은 온라인 소통이 가지는 장점도 많다는 사실입니다. 2020년 1학기는 대부분의 대학이 줌이나 웹엑스 같은 화상회의시스템을 활용하여 온라인 라이브 방식으로 수업을 진행했습니다. 석박사 과정 학생들을 인터뷰해보니 어떤 사람들은 줌을 활용하면서 질문하는 것이 오히려 더 자유로워졌다고 말합니다. 현장에서는 교수님의 강의 흐름을 방해할까 봐 염려되어 제대로 질문하기 어려웠는데, 온라인상에서는 채팅창에 질문을 남기면 교수님께서 보실 수 있을 때 보시고 필요할 때 답변을 주시기 때문에 오히려 쉽게 질문할 수 있다는 이야기입니다.

배달음식을 주문할 때도 과거에는 전화로 하는 주문이 일상적이었다면 요즘에는 배달의민족 같은 어플의 사용이 증가하고 있습니다. 어플 사용이 편한 이유 중 하나가 말할 필요가 없이 텍스트 입력으로만 원하는 정보를 제공할 수 있다는 점입니다. 때로는 말보다 글로 표현하는 것이 편합니다. 이는 발언의 공포가 줄어들 수 있어서 방법론적으로 보면 오프라인 환경에서보다 질문이 좀 더 편안해질 수도 있다는 말입니다.

온라인 대면의 장점을 살려 질문을 주저하게 되는 요소를 제거한다면 오프라인에서도 좀 더 편안하고 활발한 상호작용을 촉진할 수 있습니다. 많은 인원이 한 자리에 모인 오프라인 특강에서는 다수의 의견을 동시에 말하기 어렵습니다. 그래서 오프라인에서도 온라인 상호작용 툴을 활용하곤 했습니다.

대규모 인원을 대상으로 온라인 특강을 할 때 저는 종종 멘티미터 Mentimeter(https://www.mentimeter.com)나 슬라이도Slido(https://www.sli.do) 같은 상호작용 도구를 활용합니다. 이런 도구를 선택하는 기준은 두 가지입니다. 사용하기 편리할 것, 대상의 특성에 부합할 것.

예를 들어 '대화형 프리젠테이션 소프트웨어 Interactive presentation software'라고 소개하는 멘티미터는 다수의 의견을 한 번에 보여주는 시각화에 효과적입니다. 일단 사용과 조작이 쉽습니다. 무기명으로 참여하게 되어서 상호작용을 촉진하는 데 도움이 되고, 몇 명이 참여했는지 카운팅이 되는 점도 편리합니다. 인원 제한이 없어서 네트워크 환경만 원활하다면 대규모 인원도 한 번에 참여할 수 있습니다. 일례로 각 부서 참석자들에게 요즘 가장 고민하는 것이 무엇인지 질문하면 참석자들이 멘티미터에 접속하여 각자의 답을 입력합니다. 이를 워드클라우드나 그래프 등 다양한 형태로 시각화하여 함께 공유할 수 있습니다.

'상호작용을 쉽게 만든다. Audience Interaction Made Easy'는 캐치프레이즈의 슬라이도도 쉽게 사용해 볼 수 있는 도구입니다. Q&A와 투표 기능을 통해 다수의 의견을 모아서 볼 수 있습니다. Q&A 기능을 이용하면 누구나 무기명으로 쉽게 질문을 올릴 수 있고 참가자들은 다른 사람이 올린 질문도 자유롭게 확인할 수 있습니다. 다른 사람들이 올린 질문들을 보면서 나도 이 질문이 궁금하다 싶으면 공감버튼을 누를 수 있고 공감버튼을 많이 받은 질문은 상단에 노출됩니다. 워크숍 시작 전에 슬라이도 사이트를 공유하고 워크숍 중 언제든지 질문을 남기라고 안내한 후 틈틈이 혹은 과정 종료 전에 질문에 대한 답을 제공할 수도 있습니다. 물리적 거리에 관계없이 투표하여 바로 결과를 확인할 수 있는 점도 편리합니다.

중요한 것은 도구만으로 무조건 상호작용이 가능해지는 것은 아니라는 사실입니다. 도구가 잘 작동되도록 돕는 설계가 필요합니다. 예를 들어 온라인 대면에서도 온택트대화모델On:TACT 1단계의 3가지 방법을 사용해 볼 수 있습니다.

1. 편안하게 연결하는 질문으로 시작합니다.
① [안심질문] 1, 2, 3 정도로 숫자만 입력해도 되는 간단한 질문으로 시작합니다.
② [관심질문] 상대방이 답하기 좋은 질문으로 시작합니다. [예] 지금 기분점수를 10점 만점으로 표현해 보도록 안내할 수도 있습니다.

2. 의미 있게 연결하는 질문으로 시작합니다.
다음은 본 주제와 연결하여 서로의 의견을 같이 확인할 때 도움이 되는 질문들을 건넵니다. 보통은 무기명으로 하는 것이 좀 더 효과적입니다.

3. 보람있게 연결하는 반응을 더합니다.
질문자의 반응이 중요합니다. 응답한 내용들에 대한 가치를 인정해주면 상호작용은 좀 더 촉진됩니다.

다음은 〈메타버스〉의 저자이신 김상균 교수의 경험담입니다. 개인적으로 굉장히 인사이트가 있어서 공유합니다. 김상균 교수는 종종 200~300명 정도 대학생을 대상으로 특강을 합니다. 한번은 현장에서 질문을 받아 그 질문에 답하는 형태로 강연을 기획하셨다고 합니다. 실제 강연 당일, 강당에 가득 모인 학생들을 대상으로 질문을 받았는데 그 많은 학생 중 단 한 명도 질문하지 않았습니다. 하는 수 없이 평소 학생들에게 받았던 질문들을 이야기하며 강연을 진행했습니다. 다음에는 질문을 받는 방식을 변경했습니다. 카카오톡 오픈채팅방을 통해 질문을 받았습니다. 강연장 앞에 커다란 스크린을 설치하고 바로 카카오톡 오픈 채팅방을 보여주면서 질문이 올라오면 답변하는 형태로 진행한 것입니다. 이번에는 40~50개 정도의 고민이 순식간에 올라왔습니다. 이를 주제로 진행했습니다. 2시간이 순식간에 지나갔습니다.

그 다음 해에는 한 번 더 변화를 주었습니다. 유튜브 라이브 방송으로 특강을 진행한 것입니다. 유튜브의 댓글 창을 통해 실시간으로 의견들이 남겨졌습니다. 이번에는 질문을 남기는 것은 물론 서로의 질문에 답변까지 달기 시작했습니다. 학생들은 활발하게 소통에 참여했고 강의실에서보다 좀 더 재미있게 진행되었습니다.

어떤 방식으로 대화에 초대하느냐에 따라 보여주는 모습이 이렇게 다릅니다. '온라인에서도 어떻게 연결할까?', '어떻게 주고받는 대화로 초대할까?' 성공서포터로서 고민이 필요한 이유입니다. 이처럼 같은 대상이지만 맥락에 따라, 설계에 따라 상호작용의 빈도와 질이 달라집니다.

온라인 대면 상황에서 의미 있는 연결을 고민하는 리더라면 온라인 환경변화에 따른 도구도 익히는 것이 좋습니다. 요즘에는 유튜브에 너무 좋은 강의들이 많습니다. '상호작용 도구'만 검색해서도 쉽게 배울 수있는 도구와 미니 강좌들이 펼쳐집니다. 마음에 드는 것을 선택하여 익히고 내 현장에 적용해 볼 수 있습니다. 실험하고 개선하면서 적합한 방식을 찾아가면 됩니다.

다만, 기계적 상호작용이 아니라 성공서포터로 연결하는 것이 중요합니다. 현재 상대방과의 대화에서 질문 비율을 점검해 봅니다. '나는 다른 사람의 질문을 받고 있는가?' 주로 이야기하는 위치에 서 있다고 생각되면 1단계 '상대방과의 연결'이 제대로 되고 있지 않다는 뜻입니다. 안심 문장을 더해 보는 것, 진정성 있게 표현하는 것, 취약성을 노출하는 것 등 연결을 돕는 노력이 도구를 사용하는 것보다 우선돼야 합니다.

온라인의 연결On:tact을 '따뜻한' 온_蟲택트로 바꾸려면 때론 취약성을 노출하는 것도 도움이 됩니다. "팀장 역할 잘 하고 싶은데, 비대면 상황이다 보니 어떻게 서로 의견을 교류할 수 있을지 고민이 됩니다. 혹시 좀 도와주실 수 있을까요?"라고 질문으로 도움을 구할 수도 있습니다. 이때 구성원이 어떤 도움을 주더라도 그 가치를 발견하고 인정해주는 반응이 중요합니다. 실제 도움이 되었다면 근거를 가지고 설명해주고, 도움이 안 됐다고 해도 기꺼이 의견을 내준 것이 힘이 되었음을 표현해주면 됩니다.

성공서포터의 대화는 상대방과의 관계의 거리를 어떻게 좁히고, 시선의 높이를 어떻게 높이는지에 따라 대화의 경험이 달라집니다. 이를 위해 가장 중요한 첫 번째 단계가 '관계의 거리를 어떻게 빠르게 좁힐까'입니다. 다음 단계로 대화가 진행되기 위해서는 이 단계의 연결을 제대로 해내는 것이 중요합니다.

팀 미팅에서 슬기로운 연결을 돕는 오프닝

팀 미팅이나 워크숍 등 다양한 장면에서 On단계 질문을 활용해 볼 수 있습니다. 다수의 참석자가 있는 상황에서 On단계 질문은 참석자들이 긴장을 풀고 경계를 넘어 학습하고 질문할 수 있도록 돕는 것이 핵심입니다. 이 경우에도 단순히 즐겁고 흥미로운 활동보다는 메인 주제와 연결된 마중물의 역할을 하는 질문으로 시작하는 것이 좋습니다. 또한 참석 대상에 대해 이해하고 그들과 신발을 함께 신을수록 대화모드를 켜는 데 효과적인 질문을 던질 수 있습니다.

팀 미팅이나 함께 배우는 워크숍에서 활용해 볼 수 있는 On단계 질문을 소개합니다.

[1] 주인공질문 응용버전으로 대화모드 켜기

예 "나의 강점 단어 한 가지만 적어 본다면?"

각자의 강점 한 가지씩 묻는 질문으로 대화모드를 연결할 수 있습니다. 또는 2인 1조로 짝을 지어 각자의 성공경험을 인터뷰하는 방식도 좋은 오프닝 질문입니다. 2인 1조로 짝을 지어 인터뷰할 경우 "성공경험 한 가지만 이야기해 주세요"라고 인터뷰 질문을 제공하고 상호인터뷰를 진행하는 방식입니다.

강점, 성공요인, 인생에서 행복했던 기억 등 인생의 굿뉴스는 이야기하면서 행복감이 커집니다. 이런 질문은 팀 미팅 시작 시에 빠르게 편안함을 형성하고 상호연결을 돕는 데 도움이 됩니다.

Rule

1 단어로 대답해주세요. (문장X)

⟮예⟯ 좋은 성격, 탁월한 유머감각, 잘생김

2 긍정적인 답변으로 선택해주세요.

3 무엇이든 괜찮습니다. (없어요x)

Tip1. 리더가 먼저 편안하고 유머러스한 분위기를 조성하는 것이 좋습니다. 진지하게 역량평가하는 과정이 아니라 팀 구성원이 서로를 알아가고 연결되도록 돕는 On:단계이기 때문에 그렇습니다. "잘생김 때문입니다", "좋은 성격 탓이죠" 등 유머러스한 답변 예시들을 화면에 충분히 띄워 놓고 참고할 수 있도록 돕습니다.

타고난 적응력   탁월한 리포   주도력   놀라운 유머감각

공정성   친절한 행동   배효의 자세   창의력   분석력

책임   권리력   공감력   기민함

체계   자기 확신   수려한 언변

미래향   신념   집중력   화합

지적사고   존재감   긍정적 사고   사교성

Tip2. 구성원이 답변을 할 때 그 속에서 의미 있는 부분이 있다면 언급하고 가는 것도 이후 연결에 도움이 됩니다. 예를 들어 구성원들의 의견을 듣다 보면 종종 공통점을 발견할 수 있습니다. 유난히 책임감이 많이 나온다든지, 혹은 따뜻한 분위기가 많이 연출된다든지. 이렇게 관찰된 패턴을 읽어 주고 인정해 주면서 2단계로 연결하면 좀 더 효과적입니다. "우리 팀에 따뜻한 사람들이 참 많네요." 이처럼 리더가 구성원의 이야기를 소중하게 다루고 있다고 느끼게 돕는다면 연결이 더욱 잘 이뤄집니다.

[2] 정서적인 연결을 공유하며 대화모드 켜기

⟮예⟯ **"지금 기분 어떠세요?"**

가볍지만 유용한 질문으로 기분을 묻는 질문을 활용할 수 있습니다. 현재 자신의 기분과 그 이유를 묻는 질문은 빠른 연결을 도와줍니다. 여기서 핵심은 감정단어를

사용하여 기분과 이유를 함께 설명하는 것입니다. 그러나 대부분의 조직 구성원들이 정서 표현에 익숙하지 않기 때문에 충분한 단어를 제공할 필요가 있습니다. 감정 단어는 한국비폭력대화센터 홈페이지에 있는 단어를 사용하면 도움이 됩니다.

지금 기분 어떠세요?

"저는 OOO하고, OOO합니다. 왜냐하면~"

Positive Feeling

감동받은, 뭉클한, 감격스런, 벅찬, 환희에 찬, 황홀한, 충만한,
고마운, 감사한,
즐거운, 유쾌한, 통쾌한, 흔쾌한, 기쁜, 행복한, 반가운,
따뜻한, 감미로운, 포근한, 푸근한, 사랑하는, 정을 느끼는, 친근한, 훈훈한, 정겨운,
뿌듯한, 산뜻한, 만족스런, 상쾌한, 흡족한, 개운한, 후련한, 든든한, 흐뭇한, 홀가분한,
편안한, 느긋한, 담담한, 친밀한, 친근한, 긴장이 풀리는, 안심이 되는, 차분한, 가벼운,
평화로운, 누그러지는, 고요한, 여유로운, 진정되는, 잠잠해진, 평온한,
흥미로운, 매혹된, 재미있는, 끌리는,
활기찬, 짜릿한, 신나는, 용기 나는, 기력이 넘치는, 기운이 나는, 당당한, 살아있는, 생기가 도는, 원기가 왕성한, 자신감 있는, 힘이 솟는,
흥분된, 두근거리는, 기대에 부푼, 들뜬, 희망에 찬

Negative Feeling

걱정되는, 까마득한, 암담한, 염려되는, 근심하는, 신경 쓰이는, 뒤숭숭한
무서운, 섬뜩한, 오싹한, 주눅든, 겁나는, 두려운, 간담이 서늘해지는, 진땀 나는
불안한, 조바심 나는, 긴장한, 떨리는, 안절부절못한, 조마조마한, 초조한
불편한, 거북한, 겸연쩍은, 곤혹스러운, 떨떠름한, 언짢은, 괴로운, 난처한, 멋쩍은, 쑥스러운, 답답한, 갑갑한, 서먹한, 숨막히는, 어색한, 찝찝한
슬픈, 가슴이 찢어지는, 구슬픈, 그리운, 눈물겨운, 목이 메는, 서글픈, 서러운, 쓰라린, 애끓는, 울적한, 참담한, 처참한, 안타까운, 한스러운, 마음이 아픈, 비참한
서운한, 김빠진, 애석한, 냉담한, 섭섭한, 야속한, 낙담한
외로운, 고독한, 공허한, 적적한, 허전한, 허탈한, 막막한, 쓸쓸한, 허한
우울한, 무력한, 무기력한, 침울한, 꿀꿀한
피곤한, 고단한, 노곤한, 따분한, 맥 빠진, 맥 풀린, 지긋지긋한, 귀찮은, 무감각한, 지겨운, 지루한, 지친, 절망스러운, 좌절한, 힘든, 무료한, 성가신, 심심한
혐오스런, 밥맛 떨어지는, 질린, 정떨어지는
혼란스러운, 멍한, 창피한, 놀란, 민망한, 당혹스런, 무안한, 부끄러운
화가 나는, 끓어오르는, 속상한, 약 오르는, 분한, 울화가 치미는, 핏대서는, 격노한, 분개한, 억울한, 치밀어 오르는

Tip1. 감정단어는 보통 잘 사용해 보지 않은 단어이기 때문에 이 오프닝 질문이 유용하게 작동하기 위해서는 리더의 시범이 중요합니다. 솔직하게 시작할 때 느껴지는 정서를 이야기하면 도움이 됩니다. 긍정정서와 부정정서를 함께 이야기하면 좋은 앵커링이 되어 솔직한 의견을 이끌어 내는 데 도움이 됩니다. 긍정정서만 이야기하는 것보다 오히려 솔직하게 자신의 정서를 이야기하는 환경이 조성될 때 좀 더 깊은 연결이 만들어집니다.

저는 지금 설레기도 하고 분주하기도 합니다.

왜냐하면, 오랜만에 우리 팀 전체가 오프라인으로 모여 워크숍을 하게 되니까 여기 계신 분들을 보기만 해도 설레고 기분이 좋네요. 그러면서도 유익한 시간이 되면 좋겠다 하는 마음이 들어 살짝 분주해지기도 합니다. 말하고 나니 중심이 더 잘 잡히네요.

이런 식으로 기분과 그 이유를 말씀해주시면 됩니다. 이쪽부터 돌아가면서 해볼까요?

감정단어를 화면에 띄우고 정서를 표현하게 하는 방법도 좋지만, 사진카드나 이미지를 이용하여 감정 표현을 도울 수도 있습니다. 이미지를 활용하는 방법의 가장 큰 장점은 미처 생각하지 못한 자유롭고 창의적인 표현들이 나타난다는 점입니다. 그런 기법 중 하나가 '캐릭터 나무'입니다. 장 미셸 무토Jean-Michel Moutot, 다비드 오티시에David Autissier가 쓴 〈워크숍 매뉴얼〉이라는 책에 소개된 방법입니다. 다양한 사람의 모습이 표현돼 있는데 이 중 자신의 모습과 닮은 사람에게 스티커를 붙여 표현하는 방식입니다. '캐릭터 나무'를 활용하면 자신의 감정 상태를 보다 솔직하고 창의적으로 표현할 수 있습니다.

[3] 학습주제와 직접 연결을 통해 대화모드 켜기

예 "우리 팀의 회의장면을 그림으로 표현한다면?"

회의를 주제로 할 때 의미질문을 응용하여 우리 팀의 현재 회의 모습을 그림으로 그려보도록 안내하는 방법입니다. 이런 기법을 리치 픽처Rich picture라고 부릅니다. 그림으로 표현해 대화모드를 켜는 방식입니다. 구성원들은 삼삼오오 조를 구성한 후, 조별로 한 장의 커다란 전지를 나눠 갖습니다. 각자 위치에서 자신의 그림을 그립니다. 완성되면 그림을 대표하는 키워드를 정해 가운데에 작성합니다. 이를 통해 워크숍 주제에 대한 구성원들의 생각을 확인할 수 있습니다.

Tip. 안전하다 느껴지지 않을 때는 그림으로 생각을 표현하는 것은 쉽지 않은 방식입니다. 다만 리더가 충분히 안전감을 제공할 수 있다면 말로 표현하는 것보다 다양한 생각을 확인해 볼 수 있는 기회가 되기도 합니다.

효과적인 진행을 위해 가볍고 재미있는 질문으로 시작해 보는 것도 좋습니다. 예를 들어 각자 '좋아하는 TV프로그램이 무엇인지' 이야기해 보는 것입니다. 시간소요도 적고 가벼운 질문이어서 분위기 조성에 도움이 됩니다.

다음으로 그림을 못 그려도 상관없고 편안하게 그려도 된다는 점을 친절하게 설명하고 안내하는 과정이 필요합니다. 각자 그림을 그리지만 하나의 전지에 구역을 나눠 그림을 그리기 때문에 팀 전체가 함께 완성하는 작업이 됩니다. 일단 누군가가 그림을 그리기 시작하면 대부분 참여하게 됩니다. 이 단계는 주제 대화로 연결되는 데 도움이 된다는 장점이 있습니다. 그림을 가지고 대화를 시작하면 '우리 팀의 회의문화 개선'같은 워크숍 주제로 자연스럽게 연결할 수 있습니다.

러닝퍼실리테이션 추가학습자료 소개

이 책에서는 팀 미팅이나 워크숍을 설계하는 기법 자체를 다루지는 않습니다. 워크숍 설계는 이 책과 함께 "가르치지 말고" 시리즈인 정강욱, 〈가르치지 말고 배우게 하라〉와 김지영, 〈가르치지 말고 경험하게 하라〉를 참조하시면 도움이 됩니다.

정강욱 박사는 여러 가지 교수설계 이론에 기반하여 실전에서 사용할 수 있는 설계방법을 제안합니다. 이를 ART2 Facilitation Cycle이라고 부릅니다. 콜브의 경험학습에 기반하여 오프닝으로 부르는 참여단계Action, 학습자가 문제를 인식하고 배워야 하는 이유와 의미를 찾는 성찰단계Reflection, 실제 학습이 진행되는 설명단계Teaching, 강의장에서 실습하는 훈련단계Training의 4단계로 워크숍 설계를 제안합니다. 정강욱 박사의 모델은 리더가 워크숍을 통해 실제 이슈 해결에 도움이 되는 어떤 개입을 할 수 있는지 프로세스 단계별로 구체적 예시를 제공하고 있어 현장적용이 쉽습니다.

김지영 박사는 학습 경험 디자인 원리에 따라 거꾸로 디자인을 제안합니다. 러닝디자인 5단계 DEPTH입니다. 1단계 목적지 설정Destination, 2단계 학습증거 설정Evidence, 3단계 학습경험 설계Process, 4단계 도구선택Tools, 5단계 전체 지도 러닝맵Handy Map으로 구성되어 있습니다. 김지영 박사의 교수설계모델에는 워크숍의 성공여부를 자가 평가할 수 있는 학습증거와 실제 워크숍의 효과성을 높일 수 있는 도구까지 포함되어 있다는 점이 강점입니다.

슬기로운 연결을 돕는 On:TACT 대화모델

2단계[To-be] 진짜 목표와 연결하라

2단계의 핵심은 '진짜 목표와 연결'하는 것입니다. 진짜 목표란 상대방이 정말 원하는 대화주제를 의미합니다. 정말 많은 대화가 여기에서 실패합니다. 이 단계만 잘 넘겨도 이후는 훨씬 쉽습니다. 한번 생각해보겠습니다. 상대방과 연결이 되면 주고받는 대화가 시작됩니다. 누군가 나의 이야기에 귀 기울여주고 인사이트를 주는 질문을 던집니다. 대화를 하다 보니 목표가 분명해지고 성공 가능성이 높아집니다. 이런 대화를 마다할 이유가 있을까요?

사실 우리는 나의 이야기를 진심으로 들어주는 사람이 그립습니다. 나는 듣고 있다고 생각하는데, 정작 상대는 전혀 그렇게 생각하지 않을 수 있음을 인지해야 합니다. 실제로 성공을 돕는 대화에서도 이런 상황이 자주 발생합니다. 본인은 조언이라고 생각하지만 상대방은 지적이라 생각하는 경우입니다. 일부 구성원들은 멘토링을 두고, 강제로 하는 '강토링'이라는 우스갯소리를 하는 경우도 있습니다. 내 이야기를 들어주는 것이 아니라 자꾸 자신의 생각을 강요하기 때문입니다. 돕고자 하는 마음일지라도 그 마음이 온전히 전달되기 어려운 경우가 많습니다. 의도는 내 안에 있고 상대는 나의 말과 행동을 통해 내 의도를 주관적으로 해석하기 때문입니다. 성공을 돕는 대화 2단계에서 중요한 것은 대화의 초점을 맞추는 일입니다. 이를 돕는 세 가지 방법을 소개합니다.

1. 공감과 연결질문을 사용합니다.

"팀장님, 현재 하고 있는 일은 보람이 없습니다. 좀 더 마케팅스러운 일을 하고 싶습니다."

일대일 면담에서 구성원이 이야기합니다. 어떻게 대답할 수 있을까요? 대부분의 팀장은 "내 생각에는 말이지."라고 설명하거나 "세상에 마케팅스러운 일은 없어. 어떻게 내 일을 마케팅스럽게 할 것인가 고민이 중요한 거야."라고 조언하고 충고합니다. 여기서 대부분의 대화는 단절의 계곡으로 빠집니다.

성공서포터 대화에서도 얼마든지 조언할 수 있지만 조언하는 방식으로만 대화를 이어가면 대화의 주도권은 질문자에게로 옮겨갑니다. 단절의 계곡에 빠지지 않고 슬기롭게 연결되려면 조언, 판단하고 싶을 때 일단 멈추는 것이 필요합니다. 이것은 의도적인 훈련이 필요합니다.

① 연결질문

불평처럼 이야기하는 말에는 언제나 숨겨진 질문이 있습니다. 예를 들어 '마케팅스러운 일을 하고 싶다'는 구성원의 하소연은 일을 바꿔 달라는 요구가 아니라 자신이 하는 일의 의미를 좀 더 깊이 이해하고 싶은데 도와줄 수 있는지 묻는 질문입니다. 이런 질문에 잘 반응해야 다른 차원의 연결을 맛봅니다.

일단 어떤 불평같은 이야기를 들어도 판단을 멈춥니다. 바로 솔루션을 주고 싶은 마음에도 잠시 멈춤을 누릅니다. 그리고 상대의 말을 그대로 다시 질문으로 돌려줍니다. "그렇군요, 김 대리가 생각하는 마케팅스러운 일이란 어떤 건가요?" 구성원이 충분히 이야기할 수 있도록 질문을 던지고, 그 후에 조언해도 늦지 않습니다.

불평에 담긴 진짜 질문을 읽어낼 수 있다면 더 좋습니다. "일하면서 좀 더 보람을 느끼고 싶은 거죠?"라고 되물어 줄 수 있습니다. 우리는 불평했을 때 훈계를 들은 경험은 많은데, 의도를 알아봐주고 질문을 읽어주는 사람을 만나본 경험은 별로 없습니다. 성공서포터란, 다른 사람의 성공을 지원하는 사람입니다. 이를 위해 사람들이 불평처럼 늘어놓는 이야기 속에서 진짜 이야기를 듣는 귀를 키워야 합니다.

> **구성원** 팀장님, 현재 하고 있는 일은 보람이 없습니다. 좀 더 마케팅스러운 일을 하고 싶습니다.
>
> **팀장** 일하면서 좀 더 보람을 느끼고 싶은 거지? 김 대리는 어떤 일을 할 때 보람을 느껴? ⇨ 불평 뒤에 숨어있는 진짜 질문을 들어줄 때 진짜 대화로 연결됩니다.

② 공감

계속 질문만 하면 연결은 또 끊어집니다. 연결질문과 공감은 짝꿍입니다. 공감은 상대방의 입장에서 그렇게 느낄 수도 있겠다고 여겨주는 것입니다. 내 입장에서 하나도 힘들지 않더라도 '너는 그럴 수 있겠다' 생각해주는 것입니다. "그게 뭐가 힘들어? 이렇게 하면 되잖아."라고 말하기보다는

"그래, 어려울 수 있겠네." 상대방 입장에서 어려울 수 있음을 알아주는 것입니다. 내 마음을 알아줄 때 우리는 계속 대화하고 싶어집니다. 예를 들어 앞의 대화를 다음과 같이 연결할 수도 있습니다.

구성원 팀장님, 현재 하고 있는 일은 보람이 없습니다. 좀 더 마케팅스러운 일을 하고 싶습니다.

팀장 늘 묵묵하게 자기 일에 최선을 다하는 사람이잖아. 김 대리가 오죽하면 이런 말을 하겠어. 요즘 많이 힘들지? ⇨ 어떤 이슈는 들어주는 것만으로 해결되기도 합니다. 충분히 들어준 후 조언해줄 때 좀 더 메시지가 잘 건너갑니다.

Tip. 공감의 표현 예시
- 그래, 어려울 수 있겠네.
- 그거 참 힘든 일이지.
- 이것 때문에 좌절감을 느끼고 있었네.
- 왜 이것이 김 대리에게 중요한 문제인지 이해가 되네.
- 김 대리가 그렇게 느낄 수밖에 없었겠어.

상대방은 용기를 내서 대화를 시작하는데, 구성원의 불평에서 가치를 발견하고 대화를 이어가는 힘을 가진 분들이 생각보다 많지 않습니다. 할 수 없다기보다 바쁘기 때문에 그런 경우가 더 많습니다. 상황은 이해되지만, 좋은 대응은 아닙니다. 불평에 대응하는 방식이 대화의 질과 질문의 빈도를 결정합니다. 어렵게 이야기를 꺼낸 상대방에게 무안을 준다면 다시

는 상대방의 질문을 받아볼 수 없게 될 것입니다.

성공서포터 질문은 질문을 주고받는 관계가 될 때 힘을 발휘합니다. 우리는 조언을 해줄 수도, 지지를 전할 수도 있습니다. 그러나 그 전에 먼저 주고받는 대화로 연결할 수 있어야 합니다. 불평처럼 꺼내 놓은 문제에 대해 주도권을 누가 갖는지에 따라 이후 대화의 질이 달라집니다. 조언하고 싶고 가르치고 싶은 마음을 내려놓고 들어줍니다. 구성원이 한 말을 들어주고, 감정을 들어주고, 그 말 뒤에 숨은 긍정적 욕구를 읽어줍니다. 그럴 때 대화는 연결됩니다.

2. 목표를 묻는 질문을 사용합니다.

대화의 초점을 맞추는 두 번째 방법은 대화하고 싶은 주제를 묻는 것입니다. 성공을 돕는 대화 2단계에서 가장 중요한 것은 '진짜 목표'와 연결되는 것, 즉 정말 이루고 싶은 목표를 발견하고 함께 바라보는 것입니다. .

① 목표가 무엇인지 묻자

목표를 묻는 질문은 단순하게 '목표가 무엇인지', '원하는 것이 무엇인지' 묻는 것만으로도 충분합니다. 1단계 대화로의 초대에서 바로 물어볼 수 있지만, 1단계에서 다른 방식으로 시작했다면 2단계에서는 이 질문이 필요합니다.

- 이루고 싶은 꿈이 있나요?

- 경력의 최정상이 어떤 모습이기를 바라나요?
- 커리어 목표가 어떻게 되나요?
- 달성하고 싶은 목표는 무엇인가요?
- 어떤 사람으로 기억되고 싶은가요?

이 질문들이 너무 범위가 크게 느껴진다면 좀 더 쪼개어 '해결하고 싶은 과제'로 물어볼 수도 있습니다.

- 요즘 해결하고 싶은 가장 중요한 문제는 무엇인가요?
- 일을 하면서 걱정되는 것이 있다면 무엇인가요?
- 일을 하면서 인정받고 싶은 것은 무엇인가?
- 업무의 핵심 목표는 무엇이라고 생각하나요?
- 일을 하면서 ○○님에게 가장 중요한 것은 무엇인가요?

1968년 에드윈 로크Edwin A. Locke의 목표이론이 발표된 이후 수많은 목표 연구가 있었지만 그 연구의 공통점 중 하나는 '목표는 선명할수록 달성가능성이 높아진다'는 것입니다. 목표를 문장으로 표현해 보거나 시각화해 보는 것, 측정가능한 형태로 바꿔 말해 보는 것도 한 방법일 수 있습니다.

- 무엇을 보면 목표가 이루어졌다고 할 수 있을까요?
- 그 목표를 측정 가능한 형태로 표현해 볼까요?

다음은 한 임원이 커리어개발과 관련하여 구성원과 1:1미팅을 할 때 사용한 대화입니다.

임원 목표가 뭐예요? ⇨ 대화모드가 켜져 있다면, 목표를 직접적으로 물어볼 수 있습니다.

구성원 인정받는 인재가 되고 싶습니다.

임원 인정받는 인재군요. 혹시 좀 더 설명해 줄 수 있어요? 인정받는 인재는 어떤 모습인가요? ⇨ '인정받는 인재'에 대해 조언을 건넬 수도 있었습니다. 그런데 그렇게 하지 않고 연결질문을 건넵니다. '인정받는 인재'에 대해 서로 다르게 이해할 수 있습니다. 이를 언어로 표현해보면 목표가 좀 더 구체화됩니다. 동시에 성공서포터는 상대방의 목표를 같은 의미로 이해할 수 있습니다.

구성원 설명

임원 좋네요. 제가 경험해보니 목표는 선명할수록 달성할 가능성이 높아지더라고요. 좀 더 선명해지도록 그 모습을 그려 보면 어떨까요? 선명하다는 것은 좀 더 구체적으로 이미지를 그려 보는 겁니다. 예를 들면, 3년 안에 주재원으로 나가기, 팀장 보임하기 이런 것이 있을 수 있겠네요. ⇨ 공감해주고 수용해줍니다. 그리고 목표를 생생하게 시각화할 수 있도록 돕습니다.

성공서포터라면 상대방의 사유의 시선이 지금 어디에 머물러 있는지 관찰하고 거기서부터 출발하여 그 사람이 다다를 수 있는 최상의 버전까지 이를 확장하도록 도울 수 있습니다. 그 출발은 목표가 무엇인지 물어보는 것이며, 어떠한 답변을 해도 기꺼이 그 목표를 인정해주는 것에서 출발합니다. 거기서 한 단계 더 나아가 가치를 발견하여 말로 표현해 주거나 좋은 질문을 건네 목표가 구체화되도록 돕습니다.

② 진짜 목표를 발견하도록 돕자

"목표가 무엇인가요?", "이루고 싶은 꿈이 있나요?"라고 물었을 때 처음부터 원하는 것을 잘 말하는 사람도 있지만, 자신이 정말 원하는 것이 무엇인지 모르는 사람들도 많습니다. 성공서포터는 상대방이 진짜 원하는 것을 찾을 수 있도록 계속 '좋은 질문'을 연결하여 건네는 것이 필요합니다. 필요하다면 "어디로 가고 싶어요?"로 끝내지 말고, 그것이 정말 원하는 목적지가 맞는지 확인하는 질문들을 더할 수 있습니다. 달성된 상태를 묻는 질문이나 목표의 의미를 묻는 질문이 그런 질문이 될 수 있습니다.

어디로 가고 싶어요? (= 목표가 무엇인가요?)

- 그것이 당신에게 왜 중요한가요?
- 그것은 당신이 진짜로 원하는 것인가요?
- 그것이 달성되면 당신에게 어떤 의미가 있나요?

  (그 목표가 이루어진 것은 당신에게 어떤 의미가 있나요?)
- 이것의 이면에는 무엇이 있습니까?
- 당신의 가치나 꿈과는 무슨 연관이 있습니까?

• 이것은 인생에서 당신의 전체적인 목표와 어떤 관련이 있습니까?

상대방이 스스로 자신이 원하는 것을 생생하게 인식할 수 있도록 돕기만 해도 이후 실행은 저절로 해결되는 경우가 많습니다. 사람은 누구나 자신의 성공을 만들어 가는 힘이 있기 때문입니다. 진짜 목표를 찾을수록, 목표를 선명하게 조망하고 설렘을 높일수록 실행력이 높아집니다.

예를 들어 후배 팀장이 고민상담하러 찾아왔습니다. 처음 대화는 어떤 고민이 있는지 질문하는 것으로 시작할 수 있습니다. 그러나 거기에서 끝나지 말고 왜 그런 고민을 하는지, 그것이 당신에게 어떤 의미인지 질문하면 좀 더 대화의 초점을 맞출 수 있습니다.

선배 이루고 싶은 것은 무엇인가요?

후배 질문 좀 잘하고 싶어요.

선배 질문을 잘한다는 것은 어떤 의미인가요? ⇨ 진짜 목표를 찾아가는 데 도움이 되는 질문입니다.

후배 회사에서는 평가시즌에 피드백 하는 것이 아니라 수시로 의견을 교환하여 납득성을 높이라고 이야기합니다. 그래서 정기적으로 구성원들과 면담을 하는데, 대화를 이어가기가 너무 어려워요. 미팅을 시작하기 전엔 저 스스로 '말 많이 하지 말아야지' 다짐하는데, 막상 미팅을 시작해보면 80% 이상 제가 말하는 것 같아요. 어떤 질문을 하면 구성원의 이야기를 들을 수 있을까요?

선배 후배님 말씀은 구성원과의 일대일 면담에서 구성원의 이야기를 잘 들을 수 있는 질문을 알고 싶다는 말로 들리네요. ⇨ '어떤 질문을 하면 구성원의 이야기를 들을 수 있을까요?'라는 질문에 바로 답하기보다 그 질문에 대해 경청함으로써 목표인식을 도울 수 있습니다.

후배 맞습니다. 구성원들의 이야기를 잘 들을 수 있는 질문을 배우고 싶어요.

선배 우리가 대화를 끝마쳤을 때 어떤 결과를 얻으면 이 대화가 만족스럽다고 느끼실까요? ⇨ 같은 지점에서 출발하는 데 도움이 되는 질문입니다. 서로 다른 끝그림을 그리면 원하는 곳에 함께 도달할 수 없습니다.

후배 어떻게 하면 구성원과 대화를 잘 이어갈 수 있을까 방법을 몰라 막막한데, 오늘 대화가 끝나면 적어도 '어떻게 하면 되겠다' 방향이 생기고, 생각이 정리되면 좋겠습니다.

선배 네, 좋습니다. 오늘의 대화 목표는 후배님께서 구성원과의 1:1면담을 보다 잘 할 수 있도록 개선하는 방향으로 정하겠습니다.

실제 선후배간의 대화가 이렇게 공식적으로 진행되지는 않습니다. 그러나 선배의 머릿속에 '진짜 목표'로의 연결을 염두에 두고 질문을 건넨다면 상대방이 원하는 것을 얻을 수 있도록 더 잘 도울 수 있습니다.

성공서포터 대화의 두 번째 단계는 '진짜 목표'로의 연결입니다. 상대방이 원하는 성공을 실현하는 데 초점을 맞추는 일입니다. 진짜 목표를 물어봐주고 그것이 왜 중요한지 들어줄 때 사람들은 스스로 자신의 목표에 초점을 맞춥니다. 이 단계에서 핵심은 '자신이 원하는 것'을 발견하는 것입니다. 종종 진짜 원하는 것이 무엇인지 묻는 질문만으로, 그것의 의미나 달성 상태를 묻는 질문만으로 문제가 해결되기도 합니다.

한 가지 사례를 더 소개해드리겠습니다. 제 사례입니다. 고민하던 어떤 과제가 있었습니다. 몇 날 며칠 부여잡고 있는데도 잘 풀리지 않아 머리가 복잡했습니다. 어느 날 대전으로 출장을 갔다가 대전에서 사업을 하시는 한 대표님을 만나 식사를 했습니다. 사람을 늘 소중하게 여기고, 바쁜 일상 가운데서도 눈 앞에 앉아 있는 사람이 마치 세상의 전부인 듯 대해주는 그런 분입니다. 그분을 만나면 언제나 삶의 에너지를 얻고 돌아옵니다. 몇 날 며칠 풀리지 않던 문제 탓에 머리가 복잡했기에 한 편으론 이분을 만나면 문제가 해결되지 않을까 하는 기대도 있었습니다.

저녁 무렵 전망이 멋진 12층의 한 레스토랑에서 만났습니다. 가벼운 안부를 나누고 저는 이내 지금 무엇이 문제인지, 왜 어려운지 열심히 토로했습니다.

"그 일이 서 코치에게 어떤 의미예요?"

제 말을 따뜻하게 들어주시던 대표님이 제게 물었습니다. 그 질문을 듣는 순간 제 머릿속에는 여러 가지 질문들이 일어나기 시작했습니다.

'그러게. 내가 왜 그렇게 열심히 하려고 했지?'

'이 일이 나에게 무슨 의미가 있지?'

'정말 내가 원하는 일이었나?'

'이 일이 잘 해결되면 어떤 일이 일어날까?'

'이 일을 포기하면 어떤 일이 일어날까?'

상황을 탓하고, 다른 사람을 탓하던 제 사고는 그제서야 탓을 멈추고 문제에서 벗어나 사안을 제대로 바라보기 시작했습니다. "그 일이 서 코치에게 어떤 의미예요?"라는 질문에서 내면의 질문들이 시작된 것입니다. 사안을 객관적으로 바라보고 진짜 원하는 것이 무엇이었는지 돌아보도록 했습니다. 그러고 나니 그렇게 해내려고 안간힘을 쓰던 그 일이 '사실은 별거 아니었구나', '원하지 않았던 일을 어떻게든 해내려고 애쓰고 있었구나' 깨닫게 되었습니다.

애쓰다 보면 어떻게든 해냈겠지만, 지속하기 어렵고 의미를 찾기도 어려운 일이었습니다. 잘할 수도 없었고, 하고 싶지도 않았던 일이었는데, 주변의 기대와 의견에 귀 기울이다 보니 어느새 스스로가 '반드시 해내야만 하는 일'로 인식하고 있었던 것입니다. 멈춰도 되는 일이었습니다. 오히려 거기에 들어가는 에너지를 다른 곳에 쓴다면 더 자신답게 기여할 방법들이 많을 수 있었습니다. 그제서야 저는 답이 없는 것 같았던 그 상황에서 빠져나올 수 있었습니다. 그리고 정말 원했던 일에 에너지를 집중할 수 있었습니다.

만일 이 분이 제게 조언을 주셨다면 어땠을까요? 도움은 되었겠지만 제가 온전히 수용했을지는 잘 모르겠습니다. 어쩌면 '내 상황을 잘 이해하지 못하시는구나', '그런 이야기가 아닌데..'라는 생각이 들었을지도 모릅니다. 성공서포터의 연결을 돕는 대화는 조언을 하기보다 먼저 들어주고, 상대의 말에서 질문을 건네는 것이 중요합니다. 때론 '그것이 정말 원하는 일인지?', '얼마나 소중한 것인지?' 묻는 질문만으로도 깊은 사유를 촉진합니다.

성공을 돕는 질문의 본질은 상대방에게 사유하는 힘을 돌려주는 것입니다. 교수자, 리더가 아니라 학습자, 구성원이 주인공이 되도록 돕는 질문. 그 질문이 진짜 성공을 돕는 질문입니다. 말만 듣고 문제해결을 논의하는 대화로 바로 연결하기보다 그 말 이면에 다른 이야기가 담겨 있지는 않은지 함께 탐구하는 과정이 필요합니다. 이를 통해 상대방이 원하는 목표를 인식하도록 돕는 것이 중요합니다. 상대방이 원하는 진짜 목표를 찾도록 돕는 것이 성공서포터로서 리더나 교수자의 역할입니다.

3. 같은 방향을 바라봅니다.

상대방을 성공 돕는 대화에서 진짜 목표로 연결하는 세 번째 방법은 같은 목표를 바라보는 것입니다. 1단계에서처럼 여기서도 세 번째 방법은 질문이기보다는 질문자의 태도에 대한 부분입니다. '진짜 목표'를 선택하는 것은 결국 상대방의 몫입니다. 성공서포터는 이를 수용하고 함께 바라보는 역할을 합니다. 내가 원하는 목표를 강요하거나 은근히 유도하면 연결은 쉽게 단절로 바뀝니다. 성공서포터 대화에서 주체는 언제나 상대방입니다. 그런데 이것이 생각보다 매우 어렵습니다. 많은 경우 내가 목표를 강요하고 있는지 인지하지 못해서 일어나기도 하고 나도 모르게 판단이 올라와서 어렵기도 합니다.

타인의 성공을 돕는 대화에서 다음 단계로 넘어가려면 대화하는 사람들이 같은 목표를 바라보고 있어야 합니다. 그 출발은 목표가 무엇인지 물어보는 것이며, 어떠한 답변을 해도 기꺼이 그 목표를 인정해주는 것에서 출발합니다. 판단하지 않고 들어봐 줄 때, 호기심 가지고 물어봐 줄 때, 그 답에서 가치를 발견해 줄 때 우리는 계속 대화하고 싶어집니다.

한번은 아이 양육 프로를 보는데, 아이가 어린이집에 가기 싫다고 말했습니다. 엄마는 오늘 어린이집 가고 싶은지 질문하고, 왜 가고 싶지 않은지 질문하고, 어떻게 할지 질문합니다. 여기서 문제는, 아이가 어떤 대답을 하더라도 어린이집에는 가야한다는 사실입니다. 엄마는 아이를 어린이집에 보내야만 하는 상황이고 설득의 과정에서 질문이라는 형식을 사용했습니다. 그러자 멘토로 나온 선생님께서 아이가 답변을 했을 때 그 답변을 수용해줄 수 없다면 그건 질문이 아니라고 설명합니다. 그런 경우는 분명하게 메시지를 전달하는 것이 오히려 더 바람직하다는 겁니다. 그 장면을 보면서 우리도 얼마나 많은 순간을 질문의 형식을 빌려 강요하거나 조종했는지 생각해 보게 되었습니다.

조직에서도 이런 경우가 있습니다. 리더-구성원 간의 관계에서는 정해진 목표를 가지고 이를 지시하는 대화를 진행하게 될 수도 있습니다. 이런 경우는 목표를 묻기보다는 명료하게 업무를 지시하고 과업의 성공을 돕기 위한 대화를 나누는 것이 더 적절합니다. 정해진 목표에 대해 질문하면 오히려 더 깊은 단절의 계곡으로 빠질 수 있습니다. 리더는 지시해야 할 때 지시하고, 질문해야 할 때 질문할 수 있어야 합니다.

목표는 명료하게 설명하고 공유하되 이를 이루는 과정에 대해서는 질문으로 도울 수 있습니다. 또한, 일이 완료되면, 리뷰 질문을 통해 성장을 지원할 수도 있습니다. 리더가 보고받고 파악하는 것이 목적이 아니라, 질문을 통해 구성원이 스스로 평가하고 개선하고 성공을 만들어 갈 수 있도록 도와주는 것이 핵심입니다.

질문으로 목표를 발견하고 합의하는 과정은 내 목표를 제공하는 과정이 아니라 상대방이 원하는 목표를 확인하는 과정입니다. 정말 공감이 어려우면 좀 더 질문해도 좋습니다. 그러나 여기서는 '사유의 차원을 높일 것'을 권하고 싶습니다. 팀장이 가치를 발견해주면 사유의 차원은 더욱 높아집니다.

킴 스콧이 쓴 〈실리콘밸리의 팀장들〉에는 구글의 관리자인 러스와 핵심인재인 새러의 대화가 나옵니다. 러스는 새러에게 꿈을 물었고 새러는 스피룰리나 농장주가 되는 것이 꿈이라고 답합니다. 제가 만났던 한 팀장은 팀원이 '음악감상실을 하는 것'이라고 이야기하여 매우 실망했다고 합니다. 업무와 관계있는 답을 듣고자 한 것인데, 전혀 다른 답을 내놓은 것입니다. 실제로 현실 리더들에게 흔히 발생하는 일입니다.

성공서포터로서 목표를 물어볼 때 그 목표를 판단하지 않고 호기심을 가지고 함께 탐구하는 것은 의도적 노력이 필요한 과정입니다. 리더가 구성원에게 '꿈이 무엇인지' 질문했는데 현재 직무와 전혀 관계없다고 느껴지는 목표를 이야기할 수도 있습니다. 실망하기보다는 구성원 스스로 성장하고 성공하도록 돕는 과정을 선택하고 판단을 멈추고 이해를 선택합니다. 성공서포터의 자리에 선다는 것은 그 꿈을 그대로 들어주되, 차원을 높이는 좋은 질문을 건네는 것입니다. 더 나아가 조직의 목표와 개인의 성장이 연결될 수 있도록 질문을 던질 수 있습니다.

〈실리콘밸리의 팀장들〉에 언급된 러스는 이 역할을 잘 수행한 사례입니다. 러스는 질문을 통해 새러의 동기부여 요소를 발견합니다. 다음으로 새러의 일과 경력을 그녀의 장기비전과 연결하여 분석했습니다. 이를 기반으로 새러가 꿈을 이루기 위해 어떤 기술이 필요한지, 현재 어떤 기술을 가지고 있는지, 앞으로 어떤 기술을 더 강화해 나가야 하는지 질문했습니다. 이를 통해 새러는 리더로서 관리기술을 쌓는 것이 현재 자신에게도 도움이 되고 미래의 스피룰리나 농장주가 되는 데도 도움이 되는 일이라는 생각을 정리하게 됩니다. 물론 이것은 구글의 임원이 되는 데도 도움이 되는 일이었습니다. 러스는 새러에게 관리기술을 쌓을 수 있는 기회를 제공했고 새러는 그 자리에서 기여하며 역량을 쌓아 나갔던 것입니다.

사람은 누구나 자기 이익을 추구합니다. 이를 코칭에서는 'self-interest'라고 표현합니다. 성공서포터로서 리더는 구성원이 자신의 꿈을 추구하는 것이 이기적인 것selfish이라는 생각을 버리고, 자신에게 도움이 되는 방향self-interest으로 추구할 수 있도록 도울 수 있어야 합니다. 조직에서 자신의 업무에 몰입하고 성과를 내는 일과 개인 비전인 음악감상실 주인이 될 준비를 하는 과정 사이에 공통분모가 있습니다. 그것을 발견하도록 돕고, 확장하도록 돕고, 진짜 목표를 찾아가도록 돕는 것. 거기에 성공서포터의 '좋은 질문'이 있습니다.

돕고 싶은 마음에 자꾸 조언하고 싶을 수 있습니다. 그러나 상대방에 대한 믿음을 유지해야 합니다. 지원을 넘어 의도한 내용을 주입하고자 질문한다면 연결이 끊어질 수밖에 없습니다. 2단계에서는 정말 이루고 싶은 목표를 발견하는 것도 중요하지만, 함께 같은 곳을 바라보는 것도 매우 중요합니다.

2단계[To-be] 진짜 목표와 연결하라

[T]단계에서 핵심은 원하는 곳을 발견하고 그것을 함께 바라보는 것입니다. 정말 가고 싶은 멋진 도시로의 여행 계획을 가지고 있다고 가정해 볼까요? 이제 한 달 후면 그곳으로 갑니다. 여행사에서 매주 여행지의 사진을 보내옵니다. 기분이 어떨까요?

사진이 생생할수록, 아름다울수록 여행에 대한 기대감이 점점 커져 일상이 설렘으로 가득 채워질지도 모릅니다. On:TACT대화모델에서 2단계가 그렇습니다. '진짜 목표'로 연결될수록, 정말 가고 싶은 곳을 발견할수록, 그것이 마음에서 생생하고 선명하게 그려질수록 실행은 촉진되고 에너지는 올라갑니다. 게다가 내 이야기를 편견 없이 들어주고 같이 고대해주는 파트너까지 있습니다. 금상첨화입니다.

2단계를 돕는 3가지 방법

1. 공감과 연결질문을 사용합니다.

① 구성원이 충분히 이야기할 수 있도록 답변에 질문을 건넵니다.

② 판단하기보다 '그럴 수 있겠네' 공감으로 반응합니다.

2. 목표를 묻는 질문을 사용합니다.

① 목표가 무엇인지 질문합니다.

② 진짜 원하는 것을 찾을 수 있도록 좀 더 질문을 연결하여 건넵니다.

3. 같은 방향을 바라봅니다.

① 조종하거나 판단하지 않습니다.

② 성공서포터로서 상대방의 목표를 함께 기대하며 바라봅니다.

슬기로운 연결을 돕는 On:TACT 대화모델

3단계[Align] 자원과 연결하라

성공서포터 대화의 진수는 3단계가 아닌가 싶습니다. 3단계는 발견의 단계입니다. 제가 가장 좋아하는 단계이기도 합니다. 사람은 누구나 고유한 특성과 경험을 가지고 있습니다. 때로는 그것이 나를 힘들게도 하고 내가 목표를 달성하는 데 방해가 되기도 합니다. 그럼에도 불구하고 성공서포터 대화에서는 각 사람이 가진 고유함을 모두 '자원'이라고 부릅니다. 쓰임새가 다를 뿐입니다.

예를 들어 A와 B가 같이 여행을 가게 되었다고 가정해 보겠습니다. 목적지와 여행의 목적을 정하고 나면 그 목적을 잘 달성할 수 있는 효과적인 방법들을 의논하여 정합니다. 이때 서로가 가진 자원(어떤 이동수단을 사용할 수 있는지?, 어떤 노하우를 적용해 볼 수 있는지?)에 따라 원하는 목적에 맞는 이동 방법을 설계할 수 있습니다. A는 도보여행 경험이 많습니다. 걷기 좋은 길을 잘 알고 있으며 도보와 이동수단의 적절한 배분을 계획하는 역량이 뛰어납니다. B는 운송업을 하는 지인들이 많습니다. B가 원하면 저렴한 비용으로 쉽게 사용할 수 있는 다양한 이동수단들이 있습니다. 이것이 A와 B의 자원이 될 수 있습니다.

한 사람 안에는 이런 자원이 풍부하게 존재합니다. 다만, 용도가 다를 뿐입니다. A라는 목표를 성취할 때는 B라는 내 자원이 방해가 될 수도 있지만 C라는 목표를 성취할 때는 도움이 될 수도 있습니다. 중요한 것은 자원으로 인식하는 것, 그리고 개발하고 잘 관리하는 것입니다. 어떤 자원이 있는지 아는 것도 중요하고 목표 성취에 도움이 되도록 제대로 다루는 것도 중요합니다.

예를 들어 저는 한 사람 한 사람이 가진 고유한 특성을 잘 발견하고 이를 시너지 내는 방향으로 함께 기여할 수 있도록 돕는 데 강점이 있습니다. 이는 다양한 사람들과 프로젝트를 할 때 프로젝트 결과물의 수준을 높이는 데 유용합니다. 그런데 이 강점은 지나치게 사용하면 투입시간이 길어지거나 원래 기획했던 초점에서 범위가 옮겨갈 수도 있습니다. 이 자원을 성과 내는 강점으로 잘 사용하려면 인지하고 관리하는 노력도 함께 필요합니다.

성공서포터는 상대방이 가진 자원을 발견하도록 '좋은 질문'을 건넵니다. 핵심은 상대방 안에 있는 잠재력, 경험, 강점 등을 통해 못 보고 있던 자원, 사용할 생각을 못 했던 자원들을 발견하고 꺼내 쓸 수 있도록 돕는 것입니다. 3단계의 핵심은 자원의 연결입니다. 원하는 목표를 이룰 자원을 발견하거나 새로운 가능성을 발견하는 과정입니다. 이를 위해 다양한 질문으로 디자인해볼 수 있습니다. '나에게 이런 자원이 있었구나.', '내게 이런 힘이 있었구나.' 알아봐주고 이름도 붙여주고 지식과 기술과 연습을 더하여 개발하기도 하고, 타인을 돕는 데 사용하기도 합니다.

자원발견은 이 단계만 한 권의 책으로 기록해도 될 정도로 깊이 있는 단계입니다. 이 단계는 성공서포터 각자가 가진 경험과 자산이 영향을 많이 미치는 단계이기도 합니다. 성공서포터가 어떤 경험을 가지고 있는지, 어떤 강점을 가지고 있는지에 따라 상대가 가진 자원발견에 다양한 영향을 미칠 수 있습니다.

이 단계의 슬기로운 연결을 돕기 위해 기억할 것은 3가지입니다. 첫째, 자원과 가능성의 발견에 초점을 맞춰 질문하는 것입니다. 둘째, 발견한 것을 적절하게 표현하는 것입니다. 셋째, 자원과 가능성 발견의 핵심은 성공을 돕는 대화에 사용하는 것입니다. 발견한 자원들을 잘 정렬하도록 돕는 것도 이 단계의 중요한 과정입니다.

1. [발견질문] 자원과 가능성 발견에 초점을 맞춥니다.

발견질문을 통해 상대방 안에 있는 잠재력, 경험, 강점 등의 자원을 발견합니다. 이를 통해 2단계에서 함께 설계하고 공유한 성공을 실제 경험하도록 돕습니다.

- 주변 사람들이 당신에 대해 언급하는 당신의 강점은 무엇인가요?
- 5년 후 내가 지금의 나에게 고맙다고 말해준다면, 나의 무엇 때문일까요?
- 가지고 있는 자원을 다르게 사용한다면 어떻게 할 수 있나요?
- 이전에 유사한 문제를 잘 극복했던 경험이 있나요? 있다면 언제였나요? 그때 기분이 어땠나요? 그때 주변 사람들이 당신에 대해 어떤 이야기를 했나요?
- 프로젝트를 성공적으로 수행할 수 있었던 당신의 강점(자원)은 무엇일까요?
- 당시엔 힘들었지만 후에 소중한 가르침으로 기억되는 일이 있나요? 그때의 어려움을 통해 얻은 교훈은 무엇인가요?

- 생각해보면 큰 실수였으나 그것을 통해서 새롭게 개발된 역량(태도)이 있다면 무엇일까요?

강점진단검사를 통해 자원을 인식하고 자신의 경험과 연결하여 이것이 어떤 자원인지 알아가는 과정도 자원발견의 좋은 방법입니다. 잊고 있다가 발견하게 된 나의 좋은 강점이나 내가 중요하게 생각하는 신념, 가치를 다시 상기하도록 돕는 질문 역시 좋은 발견질문입니다.

4장 '좋은 질문'의 재료에서 설명한 관점질문도 모두 이 단계에서 적용할 수 있는 발견질문입니다. 핵심은 문제해결방법을 알려주는 것이 아니라 시선의 높이를 옮기고 경계를 바꿔 봄으로써 답을 찾아가도록 돕는다는 것입니다. 생각이 촉진되는 좋은 질문을 하는 것이 중요합니다. 대화 전에는 방법이 하나도 생각나지 않았는데 대화를 하고 나니 해 볼 만한 방법이 떠올랐습니다. 그러면 성공입니다.

- 존경하는 분이 있나요? 그분이라면 무엇이라고 말씀해 주실까요?
- ○○님을 사랑하는 사람 있으시죠? 그분이라면 지금 ○○님께 뭐라고 말해주실 것 같으세요?
- 나를 정말 아끼는 사람이 지금 제 상황에 조언을 건넨다면 뭐라고 말해줄까요?
- 10배쯤 더 큰 용기가 생긴다면 무엇을 해보고 싶으세요?
- 시간과 예산 등 모든 것이 가능하다면 무엇부터 해보고 싶으세요?

- 현재 당신이 놓치고 있는 것은 무엇일까요?
- 목표에 집중하기 위해서 제거(혹은 감소)해야 할 것은 무엇인가요?
- 당신이 사장(혹은 팀장)의 입장이라면 어떤 결정을 해야 할까요?
- 나 자신에게서 원인을 찾아볼 수 있을까요?

달성된 상태를 상상해보고, 목표의 의미를 묻는 질문 역시 성공가능성을 높이는 좋은 질문입니다.

- 해결되었을 때, 주변에 무엇이 보이나요?(그것을 목격한 사람들이) 뭐라고 하나요?
- 그것을 이룬 내 자신에게 인정과 칭찬을 해 준다면 뭐라고 해 주고 싶나요?
- 프로젝트가 잘 마무리된 후에(혹은 3년 후에), 지금의 일을 떠올리면 어떤 생각이 들까요?
- 그 문제가 해결되었을 때를 생각하면 어떤 기분이 드세요?

성공서포터의 역량에 따라 자원과 가능성 발견의 범위는 달라질 수 있습니다. 꾸준한 연습이 필요합니다. '좋은 질문'은 특히 이 단계에서 빛을 발합니다. 이 책 말미에 좋은 질문이 수록된 참고도서를 게재했습니다. 다양한 질문이 궁금하신 분들은 책을 참고하며 연습해봐도 좋습니다.

2. [가치인정] 발견한 것을 표현합니다.

첫 번째 방법이 질문을 통해 발견을 돕는 것이라면 두번째 방법은 발견을 말로 표현하는 것입니다. 성공서포터는 발견을 돕는 사람인 동시에 발견을 제대로 표현해주는 사람입니다.

발견질문을 통해 상대방은 스스로 자신의 잠재력, 경험, 강점 등의 자원을 발견해 갑니다. 이때 성공서포터가 발견한 것도 공유해야 합니다. 이것이 인정입니다. 인정은 상대방의 변화동력, 에너지를 높입니다.

상대방의 이야기를 잘 들은 후에 상대방이 진짜 중요하게 생각하는 것을 일깨워주고, 상대방이 미처 보지 못했으나 가진 자원을 발견하게 해주는 것이 가장 좋은 방법입니다.

새로운 자원과 가능성을 발견하면 신이 납니다. 생각의 경계가 확장되면 못보던 자원도 보이고 새로운 가능성, 새로운 방법이 보입니다. 벌써 마음은 목적지에 도달해 있습니다. 성공서포터가 에너지를 창출하는 방식은 경계의 확장입니다. 성공서포터의 좋은 질문은 잠재력을 발견하게 돕고 변화동력으로 작용할 에너지를 높입니다.

변화는 '자기인식'에서 출발합니다. 원하는 곳To-Be을 인식하고 자신이 가진 자원을 발견할 때 기꺼이 현재As-Is에서 원하는 곳To-Be으로 이동을 선택합니다. 가능성을 발견하고 성공을 경험하면 에너지가 소진되는 것이 아니라 에너지가 새롭게 창출됩니다. 성공서포터는 발견한 자원을 인정해주고 표현합니다. 이를 통해 상대방은 꽉 막힌 듯한 상황에서 생각의 시선을 다양하게 옮기며 해결할 수 있는 자원과 가능성을 발견하는 데 도움을 받습니다.

이를 위해 중요한 첫 번째는 상대방이 가진 모든 성향이 자원이 될 수 있음을 인식하는 것입니다. 물론, 그 자원이 늘 성공에 도움되는 방식으로 적용되지는 않습니다. 그러나 자신이 가진 것을 존중하고 잘 이해할 때 자신이 원하는 방식으로 필요한 곳에 사용할 수 있습니다. 성공서포터는 질문과 경청을 통해 상대방이 가지고 있지만 가치를 모르는 것, 자원이라고 생각하지 못했던 것이 자원이 될 수 있음을 깨닫도록 돕습니다.

두 번째는 근거를 가지고 표현하는 연습입니다. 누군가가 인정이나 칭찬을 건넬 때 그것이 와 닿으려면 근거가 있어야 합니다. 납득 가능한 근거가 있는 인정은 상대방에게 신뢰를 줄 수 있습니다. 어떤 근거에서 그렇게 생각했는지 행동을 함께 이야기해 주거나 그 사람이 가진 속성을 적절한 언어로 표현해 줄 때 제대로 된 인정으로 전달됩니다.

3. [정렬질문] 성공을 돕는 대화임을 기억합니다

마지막 세 번째 방법은 정렬질문을 통해 탐색한 자원을 목표를 이루는 방향으로 모으는 지원입니다. 이런 질문은 간단하지만 지금까지 대화에서 발견하고 인정한 자원들이 이 사람의 성공을 돕는 실행으로 연결되도록 돕습니다. 앞 단계 대화가 잘 되었다면 무엇부터, 언제부터, 어떻게 해보고 싶은지 물어봐주는 것만으로도 충분합니다.

- 무엇부터 해 보고 싶으세요?

- 실행계획을 정리해 본다면? 무엇을/언제/어떻게 실행해 보실 건가요?
- 최적화를 위해서 시스템을 어떻게 준비해야 할까요?

때론 한없이 들어만 주는 것을 성공을 돕는 대화라고 오해하는 경우들이 있습니다. 얼마 전 코칭워크숍에서 정말 '천사같은' 학습자를 만났습니다. 큰 병원에 계신 간호사분이셨는데 본업과 함께 다른 주니어 간호사들을 상담하는 일도 하고 있었습니다. 그 일을 좀 더 잘하고 싶어서 코칭을 배우러 오셨습니다. 주니어 간호사들의 고민을 듣다 보면 몇 시간이 훌쩍 지나간다고 합니다. 들어주고 공감하고 할 수 있다고 해주고 또 들어주고 공감합니다. 심지어 퇴근 후 7시간을 통화한 적도 있다고 합니다. 그런데 그것이 화가 나거나 그 상황을 불평하는 것이 아니라 체력이 떨어지니 잘 도울 수 없고 지속할 수 없는 부분에 대해 고민하고 있었습니다. 정말 천사같은 분이죠?

그러나 이분의 우려가 맞습니다. 이렇게 지속하기 어렵습니다. 한 걸음 더 나아가 '정말 상대방에게 도움이 되었는가?' 자문해 볼 수 있습니다. 누군가 내 이야기를 한없이 들어주는 사람이 있다면 그 자체로 축복일지 모릅니다. 때론 충분히 공감하고 들어주는 것도 필요합니다. 그러나 현실적으로 이렇게 하기는 쉽지 않습니다. 모든 상황에서 꼭 도움이 된다고 보기도 어렵습니다. 개인의 삶은 100% 선택의 영역이지만 조직에서의 역할은 에너지 배분을 고려해야 할 책임이 있습니다.

성공서포터의 대화는 반드시 상대방의 삶에 변화가 일어나도록 도와야 합니다. 작더라도 의미 있는 변화를 경험할 때 비로소 성공을 돕는 대화가 됩니다. 어떤 사람은 '지지'만으로 충분히 자기성장을 해 나갑니다. 이런 사람에게는 꾸준히 신뢰를 보여주고 표현하는 것만으로도 성공서포터의 역할을 충분히 한 것이라 할 수 있습니다. 반면, 어떤 사람에게는 자각을 돕는 질문이 중요합니다. 생각이 잘못된 경계에 머무르지 않도록 생각을 확장하는 질문을 건네는 것이 필요합니다. 상대방의 맥락과 특성에 맞는 질문을 건네야 하는 이유가 여기에 있습니다. 성공서포터 대화의 진짜 목적은 사유의 힘, 질문하는 힘을 상대에게 돌려주는 것입니다. "당신 할 수 있어"라고 말해줄 때보다 상대방이 스스로 '내가 할 수 있구나' 느낄 때 힘을 얻습니다. 이를 위해 성공서포터는 신뢰를 보내고 기꺼이 들어주고 각 사람에게 맞는 '좋은 질문'을 건네는 것입니다.

3단계 '자원 연결'의 과정은 목표를 실현하는 데 필요한 힘이 자신에게 있음을 상대방이 느낄 수 있게 돕는 단계입니다. 성공서포터의 생각을 강요하는 것이 아니라 좋은 질문을 통해 상대방 사유가 머무르는 시선의 높이를 높이는 과정입니다. 가치를 알아봐주고 함께 발견합니다. 이때 성공서포터에게 필요한 것은 먼저 그 성공의 자리에 가서 기다려주는 것입니다. 성공을 돕는 대화임을 기억할 때 더 잘 도울 수 있습니다.

이해를 돕기 위해 앞에서 다룬 좋은 질문의 재료를 가지고 성공을 돕는 대화 1~3단계를 디자인해 보겠습니다.

[1단계 On : 상대방과 연결하라]

B 오늘 어떤 주제로 이야기 나누고 싶으세요?

A 질문 좀 잘하고 싶습니다.

[2단계 To-be : 진짜 목표와 연결하라]

B 질문 잘하고 싶으시군요. 질문을 잘한다는 것은 팀장님께 어떤 의미인 가요? ⇨ 진짜 목표를 찾아가는 데 도움이 되는 질문입니다.

A 회사에서는 평가시즌에 피드백하는 것이 아니라 수시로 의견을 교환하여 납득성을 높이라고 이야기합니다. 그래서 정기적으로 구성원들과 면담을 하는데, 대화를 이어가기가 너무 어려워요. 미팅을 시작하기 전엔 저 스스로 '말 많이 하지 말아야지' 다짐하는데, 막상 미팅을 시작해보면 80% 이상 제가 말하는 것 같아요. 어떤 질문을 하면 구성원의 이야기를 들을 수 있을까요?

B 팀장님의 말씀은 구성원과의 일대일 면담에서 구성원의 이야기를 잘 들을 수 있는 질문을 알고 싶다는 말로 들리네요. ⇨ '어떤 질문을 하면 구성원의 이야기를 들을 수 있을까?'라는 질문에 바로 답하기보다 그 질문에 대해 경청함으로써 목표인식을 도울 수 있습니다.

A 맞습니다. 구성원들의 이야기를 잘 들을 수 있는 질문을 배우고 싶어요.

B 우리가 대화를 끝마쳤을 때 어떤 결과를 얻으면 우리의 대화가 유익했다고 느끼실까요? ⇨ 같은 지점에서 출발하는데 도움이 되는 질문입니다. 서로 다른 끝그림을 그리면 원하는 곳에 함께 도달할 수 없습니다.

5장. 성공서포터의 슬기로운 연결을 돕는 On:TACT 대화모델

A 어떻게 하면 구성원과 대화를 잘 이어갈 수 있을까 방법을 몰라 막막한데, 오늘 대화가 끝나면 적어도 '어떻게 하면 되겠다' 방향이 생기고, 생각이 정리되면 좋겠습니다.

B 네, 좋습니다. 오늘의 대화 목표는 팀장님께서 구성원과의 1:1면담을 보다 잘할 수 있도록 개선하는 방향으로 정하겠습니다.

[3단계 Align : 자원과 연결하라]

B 현재는 어떠세요?

A 거의 제가 일방적으로 이야기합니다. 처음에는 질문을 해요. 그런데 답이 너무 짧고 이어지지가 않아요. 그러다 보니 제가 자꾸 말을 하게 됩니다.

B 그 상태가 지속되면 어떻게 될 것 같으세요? ⇨ 리스크를 크게 인식할 수 있도록 도울 때 실행 동기가 높아지기도 합니다. 기간에 대한 인식을 확장하여 문제인식을 도울 수 있습니다.

A 구성원의 속을 몰라 답답할 것 같습니다. 상호합의를 이루고 납득을 높이는 것이 면담의 목적인데, 저만 말하다 보니 제대로 전달은 되고 있는지, 구성원은 어떤 생각을 하는지 모르겠어서 답답합니다.

B 답답하다고 하시는 말씀 속에 간절함이 느껴지네요. 정말 구성원의 의견이 궁금하신가 봐요? ⇨ 문제를 대신 해결하는 것보다는 상대방의 말에 공감하며 들어줄 때 오히려 스스로 문제를 해결해갑니다.

A 그렇죠. 저도 그런 시절을 겪어 봤잖습니까. 제 입장을 조금도 이해하

지 못하고 자기 말만 하는 상사 정말 답답했어요. 나는 절대 그런 팀장이 되지 말아야지 다짐하곤 했습니다. 그런데 그런 모습이 돼 버린 것 같아 자괴감이 듭니다.

B 그때 기억을 한 번 떠올려볼까요? 자기 말만 하는 상사의 모습을 보면서 저런 팀장 되지 말아야지 생각하셨어요. 그때 꿈꾸셨던 팀장의 모습은 어떤 모습이세요? ⇨ 다른 사람의 관점으로 생각해보는 것. 생각의 경계를 확장하는 좋은 관점질문입니다.

A 음… 팀장은 늘 어려운 존재였어요. 저희 때는 더했죠. 평소에 편안하게 대해주는 팀장이 되어야겠다 생각했습니다. (침묵) 생각해 보니 바쁘다는 핑계로 그러지 못했네요. 평가를 위해 수시피드백을 통해 납득성을 제고하겠다는 생각만 했어요. 제 질문이 불편했겠네요. 저라도 답하지 못했겠어요.

B 조금 다르게 해보고 싶으신가요?

A 사람을 먼저 보고 싶어졌습니다. 구성원이 솔직하게 자기 의견을 말할 수 있는 팀장이 된다는 것은 평소에 그런 관계였다는 것을 의미할 것 같아요. 제 질문 탓이 아니라 제 마음, 그리고 그만큼 시간을 할애하지 못한 것에 원인이 있었네요. 이런 생각을 솔직하게 대화로 나눠보고 싶습니다.

B 그걸 하는데 팀장님의 어떤 강점을 좀 사용해볼 수 있을까요? ⇨ 성공서포터 질문의 중요한 역할 중 하나는 원하는 변화를 이루는 데 필요한 잠재력의 발견을 돕는 것입니다.

A 제가 솔직하다는 평가는 좀 듣는 편입니다. 솔직하고 담백하게 이야기를 나눠 보려고 합니다. 다만 불편하게 느끼지 않도록 조금 편안한 환경에서 이야기해보는 것이 좋겠네요. 구성원 입장에서 생각해 보니 제 질문이 어려울 수 있었겠어요. 무엇을 듣겠다는 마음보다는 편안하게 제 마음을 나누겠다는 생각으로 대화해 보겠습니다.

B 무엇부터 해 보실래요? 어떻게 시작하고 싶으세요? ⇨ 정렬질문입니다. 가능성과 잠재력을 발견하고 이것이 의미 있는 성공을 경험하는 데 사용될 수 있도록 정렬을 돕습니다.

A 당장 내일 구성원 한 명과 면담이 있습니다. 면담 계획을 내려놓아야겠네요(웃음). 그 친구와 편안하게 관계를 쌓아보겠습니다.

B 그 방안을 실행하고자 하는 의지는 어느 정도인가요? 10점 만점으로 점수를 한번 매겨 보시겠어요? ⇨ 때로는 이런 질문들도 생각을 정리하는 데 도움이 됩니다. 어렵게 느끼는 정도로 상중하, 10점 기준으로 몇 점 등 실행의지를 함께 점검해볼 수 있습니다.

A 10점입니다. 당장 해보고 싶어지네요.

B 좋습니다. 팀장님의 마음이 그대로 전달되길 응원합니다. 만일 솔직하게 내 마음을 오픈했는데도 구성원의 반응이 없으면 어떡하나요?

A (웃음) 그 생각은 미처 못 했네요. 그렇게 물으시니 용기가 더 납니다. 서두르지 않고 차근히 해 보겠습니다. 제가 구성원일 때부터 그런 생각은 정말 많이 했거든요. 관계는 서둘러서 되는 문제가 아닌 것 같습니다.

B 오늘 대화를 한번 정리해 주실 수 있을까요? ⇨ 대화의 의미를 묻는 질문이나

정리를 해보도록 돕는 질문은 성공서포터 대화의 마무리로 좋은 질문이 될 수 있습니다.

A 네. 구성원과의 면담이 잘 안 되는 것은 제가 좋은 질문을 공부하지 않아서라고 생각했습니다. 그래서 어떤 교육을 들으면 좋을까 그런 고민을 했었는데, 오늘 대화를 통해 형식이 아닌 제 마음의 문제였다는 것을 깨닫게 되었어요.

좋은 팀장이 되고 싶었던 예전의 마음을 오랜만에 상기할 수 있었습니다. 질문을 못해서가 아니라 설득하려는 마음을 가지고 있다 보니 들을 수 없었던 거네요. 정말 잘 듣고 싶은 마음을 솔직하게 먼저 이야기하겠습니다. 이런 시간을 갖다 보면 구성원들도 마음을 열고, 주고받는 1:1 면담이 가능해지리라 생각됩니다.

B 인식의 전환이 놀랍고 멋집니다. 팀장님의 노력이 팀장님을 더 팀장님답게 만드는 시간이 되길 응원하겠습니다. 고맙습니다. ➡ 진정성 있는 인정과 지지의 표현은 변화의 에너지를 더합니다.

성공서포터의 대화에는 반드시 목표와 변화행동이 있어야 합니다. 그래야 성공을 돕는 대화가 가능해집니다. 다음으로는 목표와 변화행동을 연결하는 방법을 찾아야 합니다. 이것이 3단계의 핵심입니다. 상대방으로 하여금 에너지를 높이고, 미처 발견하지 못했던 잠재력을 발견하고, 인식의 경계를 확장하도록 도울 수 있습니다. 관계의 거리를 고려하면서 시선의 높이를 단계적으로 높여 나갈 때 비로소 상대방이 원하는 성공에 가까워집니다. 성공서포터의 질문은 주인공의 생각이 잘 정리되어 모든 자원이 성공을 향해 초점을 맞추도록 돕습니다. 그리고 그 성공에 미리 가 축하하고 기대하고 지지합니다. 질문의 역할은 바로 상대방의 성공을 앞당기는 것 입니다.

주의할 사항도 있습니다. 모든 질문이 동일한 효과를 가져오는 것은 아 니라는 사실을 이해하는 것입니다. 질문은 상대방에 따라, 맥락에 따라 다 르게 작동합니다. 예를 들어 제가 1단계에서 소개한 사례에서 "그 일이 서 코치에게 어떤 의미예요?"라는 질문은 제 생각의 전환을 가져왔고 저를 믿 어주고 격려해주는 대표님의 말에서 저는 에너지가 회복되었습니다. 그런 데 이런 질문이 모두에게 똑같이 작동하는 것은 아닙니다. 어떤 사람에게 '의미를 묻는 질문'은 진짜 '좋은 질문'일 수 있습니다. 그러나 어떤 사람에게 는 불편한 질문이 되기도 합니다.

리더십 개발을 도왔던 한 회사의 이야기입니다. 교육서비스를 제공하는 회사였는데, 회계업무가 증가하면서 회계 분야에서 15년 이상 근속한 분을 팀장으로 영입했습니다. 문제는 이 회사 대표의 질문 방식이었습니다. 사 람의 성장을 돕는 일을 하다 보니 간단한 팀 액티비티나 외부교육에 다녀 오면 대표는 반드시 '어떤 의미가 있었는지' 묻곤 했습니다. 행사가 행사로 끝나지 않고 이를 다시 성찰해 볼 수 있는 좋은 질문이었지만, 이런 질문에 익숙하지 않았던 A팀장은 결국 적응하지 못하고 퇴사했습니다. 의미를 묻 는 질문이 깨달음을 주지 못하고 불편함만 던져준 것입니다.

저 역시 비슷한 경험이 있습니다. 코칭을 꽤 오래 전부터 시작했기 때문 에 의미를 묻는 질문은 제게도 매우 익숙한 대화방식이었습니다. 하루를 마치고 남자친구와 통화할 때도 종종 의미를 묻는 질문을 하곤 했습니다.

"오늘 하루 어땠어? 어떤 의미가 있었어?"

어느 날 남자친구는 제발 의미 좀 묻지 말아 달라고 제게 부탁했습니다. 모든 일에 의미가 있는 것도 아니고, 의미를 생각하는 것이 고단하니 의미 질문 좀 하지 말아 달라는 것이었습니다. 장난삼아 한 이야기였지만, 코치의 남자친구로 살아가는 노고를 잘 보여주는 대목입니다. (지금은 코치의 남편이 되어, 이 노고를 감당하며 살고 있습니다).

의미를 묻는 질문은 때론 사람을 긴장시키고 힘들게 합니다. 제게는 의미를 묻는 질문이 깨달음을 주는 좋은 질문이었지만, 이 책을 읽는 독자분들 중 어떤 분께는 좋은 질문이 아닐 수도 있습니다. 3단계에서는 상대방의 맥락에 맞는 좋은 질문을 선정하고 그 질문을 활용하는 것이 좋습니다. 누구에게나 마법 같은 질문이 있는 법입니다. 그럼 이런 질문을 어떻게 발견할 수 있을까요? 관찰과 실험입니다. 민감하게 관찰하고 질문을 건네보는 것입니다. 1)판단하는 것과 조언하는 것을 멈추고, 2)공감하고 질문하는 것, 3)발견한 가치를 공유하는 것. 이 세 가지만 연습하셔도 반드시 대화는 좋아집니다.

3단계 Align 자원과 연결하라

[A]단계 핵심은 여정을 지속할 에너지를 높이는 것입니다. On: TACT대화모델에서 3단계 Align은 동기를 충전하는 단계입니다. 성공서포터가 에너지를 창출하는 방식은 경계의 확장을 통한 가능성의 발견입니다. 내 시야가 좁은 곳에만 머물러 있어서 내게 이런 자원이 있는 줄 몰랐습니다. 그 자원을 꺼내 닦아 보니 반짝반짝거리는 보석입니다. 성공서포터 대화의 여정에서 에너지는 내가 가진 힘을 제대로 인식할 때, 성공가능성이 높아질 때 절로 올라갑니다.

3단계를 돕는 3가지 방법

1. [발견질문] 자원과 가능성 발견에 초점을 맞춥니다.
2. [가치인정] 발견한 것은 제대로 표현합니다.
3. [정렬질문] 성공을 돕는 대화임을 기억합니다.

구성원의 의견수렴을 돕는 기술

김호준 외 〈리더는 결정으로 말한다〉를 보면 리더가 좋은 결정을 하기 위해 물어야 할 5가지 질문을 제공합니다. 그 중의 하나가 "구성원이 결정 과정에 참여하고 있는가?"입니다.

결정은 실행과 연결되기 때문에 팀이 힘을 모아야 하는 회의의 장면에서 구성원의 의견 수렴은 중요한 단계입니다. 수렴을 어떻게 하느냐에 따라 실행에 모이는 에너지가 달라집니다.

아무리 창의적인 의견들이 오갔다고 해도 수렴단계에서 리더가 일방적으로 결정했다는 생각이 들면 구성원의 변화 에너지는 낮아질 수밖에 없습니다. 회의에 나온 다양한 의견들을 수렴하는 2가지 방법을 소개합니다.

1) 자신의 의사를 표현하도록 돕는 기술

집단이 동시에 자신의 의사를 표시하고 이를 빠르게 분석하여 수렴하도록 돕는 기술입니다. 자신의 의사를 표현하는 방식은 집단이 다 같이 볼 수 있는 시각화기법을 주로 사용합니다. 포스트잇으로 작성한 의견을 비슷한 의견끼리 묶어서 투표하는 방법이 대표적인 예입니다. 인당 2~3개의 도트스티커를 나눠 주고 투표를 진행함으로써 수렴단계를 진행합니다.

또는 도트스티커 대신 손가락을 이용하여 투표할 수도 있습니다. 탐색한 여러 가지 의견들을 가지고 각 사안에 대해 동의를 묻는 방식입니다. 주먹은 0점, 다섯 손가락은 5점을 의미합니다. 즉 매우 싫음에서 매우 좋음까지의 6점 척도가 되는 것입니다.

| 절대 반대 | 싫음 | 안 하고 싶지만
~한다면 | OK | 좋음 | 완벽히 좋음 |

이때 중요한 것은 2점 이하의 점수를 제시한 구성원의 의견을 듣고 안을 보완하여 합의 수준을 높이는 것입니다. 또 다른 방법은 수렴의 기준을 제시함으로써 수렴단계를 촉진하는 방법입니다.

다음은 의사결정에 도움이 되는 기준을 제시하는 방법입니다.

2) 의사결정에 도움이 되는 기준을 제시하는 기술

수렴의 기준을 함께 마련할 수도 있고, 기존에 잘 정리된 기준들을 활용할 수도 있습니다. 효과성, 실행가능성, 적합성, 비용, 수용가능성 등이 기준이 될 수 있습니다.

또는 두 개의 대안을 가로, 세로로 배치해 두고 투표함으로써 비교하여 결정하는 방식Paired Comparison도 있습니다. 성과와 노력, 또는 중요도와 난이도(실행용이성) 등 많이 선택하는 기준을 가지고 2×2매트릭스를 그려 보고 점수를 매기는 방식의 Pay-off Matrix도 많이 사용됩니다.

우리 회사 송년 모임 계획

1. 송년행사 계획
① 연말 파티(오프라인)
② 부서별 티타임(오프라인)
③ 외부강사초빙 워크숍(온라인)
④ 랜선 송년파티
⑤ 랜선 부서별 파티

2. 기준
① 즐거움/흥미유발
② 실행용이성
③ 투입비용

3. 비교

	①	②	③	④	⑤
①					
②	①4 ②1				
③	①3 ③2	②3 ③2			
④	①2 ④3	②1 ④4	③2 ④3		
⑤	①4 ⑤1	②2 ⑤3	③3 ⑤2	④4 ⑤1	

①✓13	②7	③9	④✓14	⑤7

높은 노력 낮은 성과	높은 노력 높은 성과
낮은 노력 낮은 성과	낮은 노력 높은 성과

높은 중요도 낮은 난이도	높은 중요도 높은 난이도
낮은 중요도 낮은 난이도	낮은 중요도 높은 난이도

　　다른 방법은 함께 기준, 즉 '결정을 위한 결정'의 기준을 정하는 것입니다. 이를 메타결정이라고 부릅니다. 서로 다른 분야의 아홉 명의 전문가들과 1년간 의사결정에 대해 연구해 공동저작을 한 프로젝트가 있었습니다. 당시 공동연구의 주제를 정하는 과정에서 의견이 2가지로 나뉘었는데, 그때 이 방법을 활용했습니다.

[사례] 결정을 위한 결정기준 정하기

① 결정을 위한 결정기준으로 무엇이 좋을지 의견을 확산합니다.

　　의견을 확산하는 대표적인 방법으로 브레인스토밍과 브레인라이팅이 있습니다. 브레인스토밍은 일정 시간동안 각자 포스트잇 한 장에 하나의 아이디어를 적는 방법입니다. 이때 한 사람당 낼 수 있는 의견 수에 제한은 없습니다.

브레인라이팅 방식은 6-3-5 기법이라고도 불리는데, 6명 이내의 규모에서 인당 아이디어를 3개씩 적어 내는 방식입니다. 시간은 5분 정도 제공됩니다. 보통 A4용지를 접어 가로 열에 세 칸이 생기도록 하고 한 사람이 윗줄의 세 칸을 채우고 옆으로 돌리는 방식으로 운영할 수 있습니다.

② 도출된 의견은 비슷한 의견끼리 묶은 후 도트스티커를 활용한 투표를 통해 결정했습니다. 이때 3가지 기준을 마련해 적용했습니다.

1. 차별성: 수많은 리더십 연구 중 하나가 아니라, 우리 팀만 쓸 수 있는, 우리 팀이 쓰고 싶은 이야기일 것.

2. 고객의 공감: 정말 리더들에게 도움이 되는 책인가? 리더들이 듣고 싶은 이야기인가? 고객이 공감하고 필요로 하는 주제일 것.

3. 실현 가능성: 우리 팀이 전문성을 충분히 발휘할 수 있는 주제인가? 실현 가능한 주제일 것.

슬기로운 연결을 돕는 On:TACT 대화모델
4단계[Choice & Take] 여정으로 연결하라

1단계 상대방과 연결되고 2단계 '진짜 목표'와 연결되고 3단계의 이를 실현할 내 안의 자원과 연결되면 대부분 실행은 절로 이루어집니다. 이 단계에서 질문은 '거들 뿐'입니다. 이때 성공의 증거 기준을 마련하고 이를 확인하고 개선하는 과정이 포함되면 도움이 됩니다.

- 무엇을 보면 이 계획이 성공했음을 알 수 있을까요?
- 이것이 잘 진행되고 있다는 것을 무엇을 보면 알 수 있을까요?
- 이것과 관련해서 언제 다시 이야기 나누어 보면 좋을까요?

그러나 현실에서 다른 사람의 성공을 돕는 질문을 건네는 일은 이보다 좀 더 깊은 차원의 일입니다. 수많은 변수가 존재합니다. 이 단계에서 성공 서포터가 기억해야 할 중요한 연결의 질문은 3가지입니다.

1. [선택존중] 선택은 상대방이 가진 권리입니다.

첫째, 다시 한번 원칙을 생각합니다. 주인공은 상대방입니다. 다시 말해 최종 선택은 상대방이 가진 권한입니다. 성공서포터의 역할은 상대방 선택에 대한 존중과 그 사람에 대한 '지지'입니다. 어떤 방법으로 할지, 어떤 것부터 시작해볼지, 어떤 의미를 느꼈는지 모두 상대방의 영역입니다.

2. [지지표현] 응원의 말을 건넵니다.

성공서포터의 마무리는 언제나 지지, 감사, 격려입니다. 마무리에 말을 덧대거나 추가적인 질문을 하는 것은 적절하지 않습니다. 마무리에서 적합한 질문은 의미를 정리해보는 질문 정도입니다.

- 오늘 대화를 한번 정리해 줄 수 있을까요?
- 오늘 대화에서 의미 있었던 점은 무엇이었나요?
- 오늘 새롭게 발견한 것이 있다면?

지지, 격려, 감사로 마무리

- 저에게는 오늘 이런 의미가 있었어요.
- 기대가 됩니다. 지지하고 응원하겠습니다.

3. [다시 연결하는 질문] 질문으로 연결합니다.

성공서포터의 대화는 주고받으며 쌓아가는 대화입니다. 기억하고 다시 물어봐주는 질문을 건네는 것이 중요합니다. 거창한 것이 아니라 일상에서도 얼마든지 실행할 수 있는 여정입니다. 조직에서도 이런 대화를 이어가는 리더들을 종종 만납니다.

구성원의 행복을 주제로 일대일 면담을 진행한 A상무와 B상무가 있습니다. A상무는 구성원과의 일대일 면담을 통해 자신의 행복을 위해 무엇을 할 수 있는지, 우리 팀이 무엇을 해야 한다고 생각하는지 질문했습니다. 대화는 추상적으로 흘러갔고 A상무는 내심 구성원의 생각에 실망했습니다. 구성원 역시 형식적인 면담이라고 생각하고 힘겹게 면담을 끝냈습니다.

B상무는 다르게 진행했습니다. 면담 전 먼저 성공서포터로서 대화 계획을 세웠습니다. 먼저 대화를 통해 자신이 원하는 성공을 디자인해본 것입니다. 첫 번째 대화는 인식의 전환을, 두 번째 대화는 인식을 팀으로 확장하는 것, 세 번째 대화는 진전을 함께 기뻐하는 것을 목표로 잡았습니다.

첫 번째 대화에서 먼저 한계에 대해 이야기했습니다. "회사에서 행복이라는 주제를 이야기하는 것이 쉽지 않다. 자칫 형식적인 대화가 될 수 있다. 그래서 주체가 회사가 아니라 나인 이야기를 해보고 싶다."고 먼저 대화를 시작했습니다. 그리고 구성원에게 자신의 행복을 위해 하고 싶은 일이나, 실제 하고 있는 일이 있는지 물었습니다. 한계를 솔직하게 인정하는 말에서 진정성이 느껴졌고 구성원들은 조심스럽게 여러 가지 이야기를 했습니다. 이때 B상무는 어떤 의견도 존중하고 가치를 인정해줬습니다. 그러자 소통이 더 원활해졌습니다.

첫 번째 대화에서는 다양한 자기계발 이야기를 주로 했습니다. 요가를 한다든지, 유튜브에 연주 영상을 올릴 정도로 악기 연습을 한다든지 등의 이야기였는데 B상무는 대단하다, 훌륭하다며 반응했습니다. 이 대화에서 B상무의 역할은 코칭, 즉 목표를 좀 더 구체화하거나, 실현가능성을 높이거나, 가치를 재인식하도록 돕는 일이었습니다. "건강해지고 싶다"고 이야기하면, 모호한 것보단 구체적인 것이 성공확률이 높으니 구체적으로 표현할 수 있냐고 다시 질문했습니다. 그러자 구성원들의 목표는 '몸무게

앞자리를 8에서 7로 바꾸고 싶다', '건강검진을 하겠다' 등 보다 구체화되었습니다.

두 번째 대화에서는 기록해둔 내용을 다시 읽고 리마인드했습니다. 지난번에 이런 이야기를 했는데 혹시 어떻게 진행되고 있냐며 관심을 보이며 질문했습니다. 이런 질문이 4단계 '여정으로의 연결'에서 소개한 다시 연결하는 질문입니다. 역시 어떤 이야기를 해도 구성원을 존중하며 호기심을 가지고 대화에 임했습니다. 두 번째 대화의 초점은 주어를 '나'에서 '우리'로 확장해보는 것이었습니다. 나의 행복을 위해 이런 노력을 하고 있었던 것을 인정하고 축하해준 후 혹시 그 대화를 '나'에게서 '우리'로 확장해보면 어떤 것을 할 수 있을까 질문했습니다. 관점전환/확장의 질문을 던진 것입니다. 이때는 이해를 도울 수 있도록 예시를 함께 제공했습니다. 비계입니다. '구성원들이 웃는 걸 보면 덩달아 행복해진다. 이게 나를 행복하게 하는 거라면, 구성원들이 더 많이 웃도록 내가 할 수 있는 일을 고민해보자.'는 것이 첫 번째 예시였습니다. '나는 일을 효율적으로 하면 행복하더라. 그러면 회의나 보고가 효율적으로 되면 우리가 행복해지는 거 아닐까.'가 두 번째 예시였습니다. 이런 식으로 나의 행복에서 범위를 넓혀 우리가 함께 행복해지는 방법을 이야기해보자는 것이었습니다.

그렇게 두 번째 대화가 진행됐고, '다른 사람에게 정보를 나눠줄 때 행복한데, 요즘 관심 있는 금융파생상품을 공부해서 월 1회 공유하는 모임을 만들어보겠다.', '요즘 유튜브를 보면서 운동을 하는데, 홈트클럽을 만들어서 각자 집에서 운동을 하고 함께 점검하는 방식을 활용하겠다.' 등 다양한 아이디어가 나왔습니다. 여기서도 지적하거나 솔루션을 제시한 것이 아니라 그대로 존중해주고 구성원이 미처 발견하지 못한 가치들을 발견하고 언어로 표현했습니다. 예를 들어 금융파생상품을 공부하는 모임을 만들겠다고 한 답변에 회사 업무에 도움이 되는 스터디를 하라고 잔소리하지 않고, 모임을 하게 되면 소통의 질이 올라가고 협업에 도움이 되는 점을 인정해주셨습니다.

어떤가요? 같은 주제인데도 A상무의 일대일 면담과 B상무의 일대일 면담은 매우 다른 결과를 가져왔습니다. 이런 노력은 함께 문제를 해결하고 함께 배우는 문화를 만드는 기초가 됩니다. 지시하거나 강요하지 않고 질문과 경청을 통해 성공서포터로서 팀을 한 방향으로 정렬합니다.

여러분은 자신의 영역에서 다른 사람의 성공을 돕고 있나요? 앞으로 어떤 성공을 만들고 싶은가요? 아직도 '성공'하면 거창하고 대단한 성공만 떠오르는 건 아니죠? 목적한 바를 이룬다는 의미에서 무엇을 이루고 싶은가 생각해 볼 수 있습니다. 상대방이 현재 무엇을 이루고 싶어 애쓰고 있나 생각해 볼 수 있습니다. 이 과정에서 상대방의 성공을 함께 지지하고 기뻐해 주기만 해도 상대방의 성공은 좀 더 동력을 가지게 됩니다.

세계적인 투자회사 브리지워터 어소시에이츠의 회장 겸 CEO인 레이달리오Raymond Dalio는 인생은 끊임없는 행동과 개선으로 이루어진다고 이야기합니다. 이것은 성공서포터에게도 같은 메시지를 건네줍니다. 성공을 돕는 여정은 반복입니다. 실행해야 결과를 알 수 있고 다시 결과를 통해 성찰해야 배움이 일어납니다. 이 과정에서 성공서포터의 역할은 상대를 지지하고 실행을 지켜보고 성찰을 돕는 질문을 건네는 일입니다. 실패할 수도 있습니다. 그래도 괜찮습니다. 다시 지지하고 응원해주면 됩니다.

타인의 성공을 돕는 온택트대화모델On:TACT의 마지막 네 번째 단계는 주인공의 변화 여정을 응원하는 것입니다. 상대방의 결정을 수용하고 응원을 건네고 다시 연결할 질문을 준비합니다. 올해 나는 누구의 성공을 함께 기뻐해 주었는가?, 내년에 나는 누구의 성공을 함께 기뻐해주고 싶은가? 성공서포터로서 내가 질문을 배우는 이유는 누군가의 성공을 함께 기뻐해 주고 싶기 때문입니다.

4단계[Choice & Take] 여정으로 연결하라

On:TACT대화모델에서 4단계는 여정으로 연결하는 단계입니다. 성공서포터 질문의 핵심원칙, 기억하시죠? 한마디로 오너쉽, 진보, 에너지입니다. 일상에 의미 있는 변화를 만들어 내지 못하면 성공서포터 질문이 아닙니다. 성공서포터의 질문은 작지만 의미 있는 변화를 만들어갑니다. 변화의 주체도, 성공의 주인도 상대방입니다.

여정으로 연결한다는 것은 함께 성공을 기뻐하고 계속해서 성공을 돕는 질문을 건넨다는 말입니다. 더 정확히는 나부터 질문하고 성찰하고 다시 질문하는 삶을 살아간다는 말입니다. 그리고 상대방이 스스로 자기 성장을 만들어 가도록 돕는 질문으로 그 성찰을 기꺼이 다시 나누는 것입니다.

4단계를 돕는 3가지 방법
1. [선택존중] 선택은 상대방이 가진 권한입니다.
2. [지지표현] 응원의 말을 건넵니다.
3. [다시 연결하는 질문] 질문으로 연결합니다.

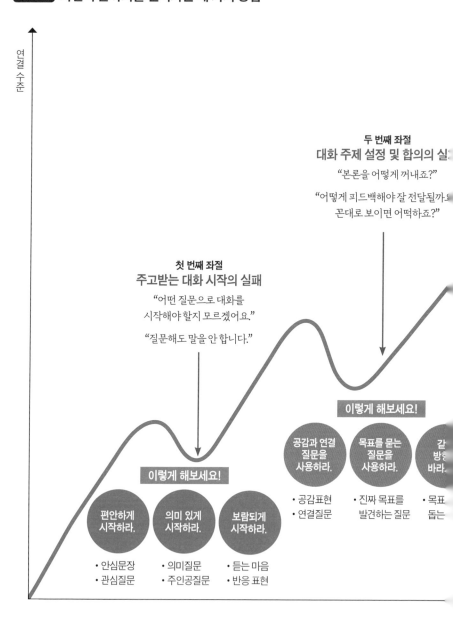

연결 수준

두 번째 좌절
대화 주제 설정 및 합의의 실¹

"본론을 어떻게 꺼내죠?"

"어떻게 피드백해야 잘 전달될까₃
꼰대로 보이면 어떡하죠?"

첫 번째 좌절
주고받는 대화 시작의 실패

"어떤 질문으로 대화를
시작해야 할지 모르겠어요."

"질문해도 말을 안 합니다."

이렇게 해보세요!

공감과 연결
질문을
사용하라.

목표를 묻는
질문을
사용하라.

같ᵢ
방ᵢ
바ᵢ

• 공감표현
• 연결질문

• 진짜 목표를
발견하는 질문

• 목표
돕는

이렇게 해보세요!

편안하게
시작하라.

의미 있게
시작하라.

보람되게
시작하라.

• 안심문장
• 관심질문

• 의미질문
• 주인공질문

• 듣는 마음
• 반응 표현

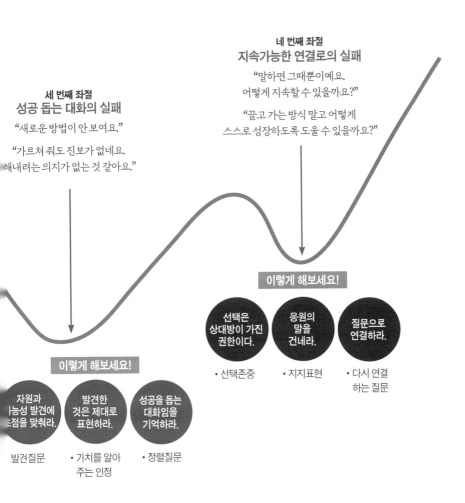

세 번째 좌절
성공 돕는 대화의 실패

"새로운 방법이 안 보여요."

"가르쳐 줘도 진보가 없네요.
해내려는 의지가 없는 것 같아요."

네 번째 좌절
지속가능한 연결로의 실패

"말하면 그때뿐이예요.
어떻게 지속할 수 있을까요?"

"끌고 가는 방식 말고 어떻게
스스로 성장하도록 도울 수 있을까요?"

이렇게 해보세요!

선택은 상대방이 가진 권한이다.

응원의 말을 건네라.

질문으로 연결하라.

• 선택존중

• 지지표현

• 다시 연결
하는 질문

이렇게 해보세요!

자원과 가능성 발견에 초점을 맞춰라.

발견한 것은 제대로 표현하라.

성공을 돕는 대화임을 기억하라.

발견질문

• 가치를 알아
주는 인정

• 정렬질문

대화 진행

5장. 성공서포터의 슬기로운 연결을 돕는 On:TACT 대화모델

연결된다는 것

지금까지 성공서포터로서 다른 사람의 성공을 돕는 대화로 잘 연결되기 위한 온택트대화모델On:TACT의 4단계를 소개했습니다. 네 단계로 말씀드렸지만 결국 하나로 귀결됩니다. 질문을 건네고 들어주는 것입니다. 들어준다는 것은 반응을 표현하고 다시 질문한다는 것을 의미합니다. 이 책에서 계속 이야기한 핵심 메시지는 '좋은 질문이 있다'는 것이 아니라 '좋은 질문으로 만들어 가는 과정이 중요하다'는 것입니다. 온택트대화모델On:TACT은 그 과정의 핵심을 담고 있습니다.

질문은 듣기를 수반하는 기술입니다. 듣기가 없이 질문은 존재하지 않습니다. 듣기를 통해 상대방의 시선의 높이와 관계의 거리를 고려하여 스스로 변화하도록 돕는 질문을 건넬 수 있습니다. 그래서 내가 먼저 내면의 소리를 들어야 합니다. 나에게 질문을 건네고 정말 원하는 것이 무엇인지 듣습니다. 그리고 그것을 삶에서 실현합니다.

삶에서 질문을 경험하는 사람이 다른 사람의 삶에 '좋은 질문'을 건넬 수 있습니다. 이것이 성공을 돕는 대화를 시작하고 연결하고 여정으로 만들어 가는 비법입니다. 더 많이 질문하고, 더 많이 질문을 받는 사람만이 성공서포터의 역할을 잘 해낼 수 있다는 의미입니다. 즉, 주고받는 질문이 살아날 때 우리는 비로소 누군가의 성공을 돕는 사람이 됩니다.

'가르치지 말고 질문하라' 이 책의 부제를 다시 생각해 봅니다. 이해를 돕기 위해 '질문하라'는 표현을 사용했지만 사실 이 말의 진짜 의미는 질문을 일방적으로 하지 마시고 상대방이 질문하도록 도와주라는 뜻입니다. 우리는 누구도 다른 사람이 질문을 하게 할 수 없습니다. 다만 자신의 질문을 시작하도록 도울 수 있을 뿐입니다.

이를 이해하고 나면 질문의 원칙이 더욱 소중합니다. '주인공은 상대방이다' 이 원칙만 잘 지켜도 상대의 경계를 함부로 침범하지 않게 됩니다. 좋은 질문은 경계를 존중하는 것에서 시작합니다. '당신이 주인공이다' 정말 멋진 경계 아닌가요? 이 원칙은 '이런 질문 해도 될까', '하면 안 될까' 고민될 때 좋은 기준이 됩니다. 내가 대신 문제를 해결하려 들고, 내가 대신 변화를 이끌려고 하는 질문은 성공서포터의 좋은 질문이 아닙니다. 타인의 성공을 돕는 좋은 질문은 주인공의 자리에 상대방을 둘 때만 가능합니다.

다음은 연습과 개선입니다. 그 과정에서 진보를 확인할 수 있는 것이 나머지 두 가지 원칙입니다. 상대방의 삶에 변화가 나타나고 있는지, 에너지가 창출되고 있는지 관찰하는 것입니다. 변화가 나타나고 있지 않다면, 오히려 에너지가 소진되고 있다면 좋은 성공파트너로서 역할을 하고 있다고 보기 어렵습니다. 변하지 않는 것은 상대방의 잘못이 아니라, 우리가 잘 돕지 못한 것입니다. 그러나 거기에 또 희망이 있습니다. 그 지점을 달리해보면 되니까요. '어떻게 달리해볼 수 있을까?' 원칙에 맞춰 질문을 변경해봅니다. 질문이 곧 사유이며 성장, 성공의 도구라는 말은 이런 의미입니다. 질문하고 질문을 회고하고 개선하며 자신도 함께 성장해갑니다.

"발 걸려 넘어지는 곳에 보물이 있다. "

- 마릴리 애덤스Marilee G. Adams

5장. 성공서포터의 슬기로운 연결을 돕는 On:TACT 대화모델

저 역시 이 책을 쓰면서 이 원칙 3가지에 기반하여 지속적으로 저 자신에게 질문했습니다.

원칙 1. [Ownership]

• 질문하는 것을 넘어 질문하게 하는 데 있어서 독자가 주인공인가?

• 나는 일방적으로 지식을 전달하고 있지는 않은가? 독자를 믿어주고 있는가?

원칙 2. [Progress]

• 질문하는 것을 넘어 질문하게 하는 데 있어서 독자가 도움을 받고 있는가?

• 기존의 생각에서 벗어나 새로운 생각이 자라도록 돕고 있는가?

원칙 3. [Energy]

• 질문하는 것을 넘어 질문하게 하는 데 있어서 독자의 에너지가 올라가고 있는가?

• '나도 한번 해볼 수 있겠다', '해보고 싶다' 그런 마음이 들고 있는가?

이 책은 현장에서 질문하며 얻은 성찰을 정리한 것입니다. 그러니 처음부터 질문으로 쓰여진 책이라 할 수 있습니다. 그리고 책과 관련해 제게 질문을 던져준 참 고마운 분들도 있었습니다.

A 어떤 질문이 좋은 질문인가요?
B 질문의 핵심원칙에 부합하는 질문이 좋은 질문입니다.

A '질문하는 것'에서 '질문하게 하는 것'으로 어떻게 이동하나요?

B 처음은 일방적으로 말하는 것을 버리고 질문하는 것을 선택합니다. 이는 듣는다는 의미를 포함합니다. 다음은 질문하게 하는 것으로 이동입니다. 저는 이 과정을 4단계로 점진적으로 개선해가는 방식을 제안합니다.

어떤 질문에는 아주 쉽게 답할 수 있었습니다. 그러나 어떤 질문은 답하기가 쉽지 않았습니다. 오랜 경험을 통해 저에게는 쉬운 이슈였는데 상대방에게는 그렇지 않은 요소들이 분명히 존재했습니다. 그것을 다시 말로 풀어내고 상대방의 상황에서 스스로의 질문으로 사유하도록 돕기 위한 중간 연결이 추가로 필요했습니다. 여러 차례 보완했습니다.

부족한 부분이 무엇인지 알면 그 부분을 채울 수 있습니다. 생각을 글이나 말로 정리해 볼 수도 있고, 관련 문헌을 찾아 지식을 더하거나 다른 전문가의 도움을 받을 수도 있습니다. 이 책을 먼저 읽은 분들이 묻는 질문에 답하며 내용을 보완했습니다.

그런데, 그래서 완벽해졌을까요? 읽으면서 이미 느끼셨을 겁니다. 동의되지 않는 지점이 있을 수도 있고, 이해가 어려운 부분, 혹은 일방적이다 느껴지는 부분도 있을지 모르겠습니다. 이것은 제가 경험한 제 텍스트이기 때문에 더 그럴 수 있습니다. 제가 가진 텍스트와 현장에서 만난 여러 고객분들과 함께 직조해 간 이야기입니다. 동시에 여러분의 조언으로 함께 더 발전시키고 써 내려갈 이야기이기도 합니다. 각자의 현장에서 실험해보시고 다양한 사례를 들려주세요.

누군가의 이야기는 언제나 마중물이 될 뿐입니다. 진짜 이야기는 각자 자신의 현장에서 쓰여집니다. 이 책은 여러분이 스스로 질문하고 채워 나갈 수 있도록, 각자의 현장에서 다른 사람의 성공을 돕는 멋진 이야기를 써 내려갈 수 있도록 초청하는 질문이기도 합니다. 서로 기여하고 지지하고 함께 배우는 여정이 되기를 기대합니다.

여행에 목적지가 있다는 것은 좋은 일이다. 하지만 결국 중요한 것은 여행 그 자체다.

- 우르술라 르 귄Ursula Le Guin

6장

상황별
질문 디자인 실습

 이제 구체적 상황을 예시로 어떻게 성공을 돕는 질문을 디자인할 수 있을지 살펴보겠습니다. 다음과 같이 좌절의 골짜기 단계별로 마주할 수 있는 사례로 구성했습니다.

 각 골짜기를 만났을 때, 온택트대화모델On:TACT이 힌트가 되어 이슈를 해결할 수 있게 도와줄 것입니다. 성공서포터 질문의 핵심원칙도 질문을 설계할 때 도움이 됩니다. 제가 경험한 상황을 예시로 제공했지만, 질문에 한 가지 답만 있는 것은 아닙니다. 사례를 통해 '나라면 어떻게 질문을 디자인할까' 생각해 본 후에 예시로 제공한 답변을 보시는 것이 좋습니다. 그리고 나의 현장에서는 어떻게 응용할 수 있을까 고민하고 실제 적용해 보는 것이 중요합니다.

성공을 돕는 대화에서 마주하는 좌절의 골짜기			단절의 계곡을 넘어 슬기롭게 연결되는 On:TACT Model		
첫 번째 좌절 주고받는 대화 시작의 실패	[사례1] 관계의 거리가 끊어졌을 때 "일대일 면담이 무슨 의미가 있죠? 너무 형식적입니다"	On:	1단계 [On:] 상대방과 연결하라	1. 편안하게 시작하라 : 안심문장, 관심질문
				2. 의미 있게 시작하라: 의미질문, 주인공질문
				3. 보람 있게 시작하라: 듣는 마음, 반응 표현
두 번째 좌절 대화 주제 설정 및 합의의 실패	[사례2] 내가 하고자 한 것과 상대방의 기대가 다를 때 "도대체 이런 강의 왜 하는 겁니까"	T	2단계 [To-Be] 진짜 목표와 연결하라	1. 공감과 질문으로 연결하라 : 공감표현, 연결질문
				2. 진짜 목표를 발견하도록 도와라 : 진짜 목표를 발견하는 질문
				3. 같은 방향을 바라보라 : 목표합의를 돕는 질문
세 번째 좌절 성공을 돕는 대화의 실패	[사례3] 상대방이 불평을 쏟아 놓을 때 "갑질갑질하는데 저는 을질도 있다고 생각합니다."	A	3단계 [Align] 자원과 연결하라	1. 자원과 가능성 발견에 초점을 맞춰라 : 발견질문
				2. 발견한 것은 제대로 표현하라 : 가치를 알아주는 인정
				3. 성공 돕는 대화라는 것을 기억하라 : 정렬질문
네 번째 좌절 지속가능한 연결로의 실패	[사례4] 정체된 것처럼 느껴질 때 "열심히 하는데 진보가 없어요."	CT	4단계 [Choice& Take] 여정으로 연결하라	1. 선택은 상대방이 가진 권한이다: 선택존중
				2. 응원의 말을 건네라: 지지표현
				3. 질문으로 연결하라: 다시 연결하는 질문

[1] 관계의 거리가 끊어졌을 때

어떤 계기로 반성적 성찰이 있어서 팀장의 역할을 잘 해야겠다고 다짐하고 변화행동을 실천할 수 있습니다. 문제는 그동안 좋지 않은 관계를 지속해 온 경우입니다. 손상된 관계를 먼저 회복해야 대화가 시작될 수 있습니다. 이미 관계가 끊어진 상태에서는 기술로 대화모드를 켤 수 없습니다. 이런 경우 어떻게 다른 사람의 성공을 도울 수 있을지 다음 사례를 보면서 생각해보시기 바랍니다.

사례 1 "일대일 면담이 무슨 의미가 있죠? 너무 형식적입니다"

"더 이상 팀장님 말은 안 믿어요. '김 대리, 교회 다녀요? 그렇구나. 나도 다니는데. 반갑네요.' 이 말을 제가 세 번 들었습니다. 일대일 면담이 얼마나 형식적이겠어요?"

팀장과의 일대일 면담에서 같은 질문만 세 번 들었다는 구성원이 있었습니다. 1년이라는 시간 안에 일어난 일이었습니다. 팀장은 자신의 질문과 대화를 기억하지 못하고 다시 질문한 것이지만 구성원은 세 번의 대화를 모두 기억합니다. 당연히 이후 팀장이 어떤 말을 해도 불신하게 되는 계기가 됩니다. 이런 상황에서 어떻게 다시 성공을 디자인할 수 있을까요?

나라면 이 상황에서 어떻게 도울 수 있을까 생각해 보고, 필요한 질문을 적어 보시기 바랍니다.

질문디자인 실습

1. 먼저 온택트대화모델On:TACT을 통해 어디서 단절이 일어났는지 살펴봅니다.

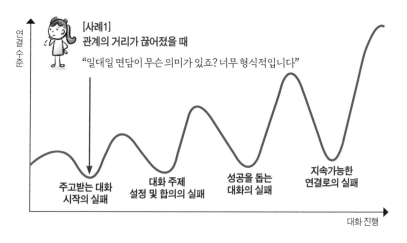

[사례1]
관계의 거리가 끊어졌을 때
"일대일 면담이 무슨 의미가 있죠? 너무 형식적입니다"

연결 수준

주고받는 대화
시작의 실패

대화 주제
설정 및 합의의 실패

성공을 돕는
대화의 실패

지속가능한
연결로의 실패

대화 진행

　주고받는 대화의 관계에서 이미 손상이 일어난 경우입니다. 이 경우는 상대방과 다시 연결되기 위해 좀 더 많은 노력이 필요합니다. 변명하거나 설득하기보다는 사과하고 다시 연결하는 것이 중요합니다.

On:	1단계 [On:] 상대방과 연결하라	1. 편안하게 시작하라: 안심문장, 관심질문
		2. 의미 있게 시작하라: 의미질문, 주인공질문
		3. 보람 있게 시작하라: 듣는 마음, 반응 표현

2. 질문디자인이 완료되면 성공서포터 질문의 핵심원칙 체크리스트에 기초하여 좀 더 신경써야 할 원칙이 무엇인지 확인합니다.

원칙	원칙을 돕는 질문	
1 주인공은 상대방이다.	역할인식	1) 나는 서포터인가? 역할은 적절한가?
	태도선택	2) I'm OK, you're OK에 서 있는가?
2 상대방의 전진을 도와야 한다.	진보	3) 진척율은 어떠한가? 관점이 확대되고 있는가?
	인식	4) 의미 있는 진보가 인식되고 있는가? 상대방이 원하는 진보인가?
3 상대방의 변화동력을 높여야 한다.	You-Centered	5) 상대방의 입장에서 생각하고 있나?
	미래지향	6) 과거나 현재보다 '원하는 모습'에 집중하고 있는가?

⇨ 성공서포터 질문의 핵심원칙은 어느 하나 중요하지 않은 것은 없습니다. 다만, 팀장인 나에 대한 비난처럼 들리는 말을 들었을 때 특별히 신경써야 하는 질문의 핵심원칙은 1과 3입니다. 구성원의 불만을 들으면 이에 대한 방어를 하거나 감정이 손상되기 쉽기 때문입니다. '나는 성공서포터이고 주인공은 상대방이다. 상대방 입장에서 생각해보자' 이 다짐만으로도 훨씬 좋은 개입을 할 수 있습니다.

⊕ 성공을 돕는 질문 디자인 가이드

다른 사람의 성공을 돕는 대화에서 대화모드를 켜는 것, 즉 상대방과 연결되는 것이 가장 먼저입니다. 위 사례의 경우는 이미 상대방과의 연결에 손상이 많이 갔습니다. 기본적인 1단계 질문으로 대화모드를 켜는 것은 어렵습니다. 관계가 손상된 상태에서는 신뢰를 회복하는 것이 먼저입니다.

이런 상황에서는 상대방의 경계를 이해하는 것이 출발점이 돼야 합니다. 이때 진정성과 취약성의 표현이 적합합니다. 성공서포터로서 팀장-구성원의 관계가 회복되는 것을 목표로 대화를 진행할 수 있겠습니다. ① 나로 인해 발생한 이 일의 원인에 대해 사과합니다. ② 팀장-구성원 간 역할을 재인식합니다. 약속한 것을 지키는 과정을 보여주는 것이 필요합니다.

참고 예시 이렇게 해볼 수 있습니다

위 사례처럼 두 사람의 관계가 깨졌을 때는 솔직하게 사과하는 것이 중요합니다. 내가 좀 더 나은 팀장이 되기 위해 한 가지만 바꾼다면 무엇을 바꿨으면 좋겠는지 질문하고 그것을 지키는 모습을 보여주는 것도 도움이 됩니다. 리더와 구성원의 일대일 면담의 핵심은 평소의 관심입니다.

결국 가장 중요한 것은 진정성입니다. 팀장이 완벽하려고 하고, 설득하려고 할 때 오히려 진정성이 없게 느껴질 수 있습니다. 부족함을 인정하고 한계를 이야기할 때 구성원들은 오히려 진정성을 느낍니다. 조심스럽게 단어를 고르는 모습, 솔직하게 한계를 인정하는 모습에서 진정성을 느끼고, 백마디 말보다 구성원을 납득시키는 데 도움이 됩니다. 성공서포터로서 리더의 질문은 의도와 기술이 모두 중요합니다. 아무리 칭찬과 경청을 흉내내서 한다고 해도 진정성이 느껴지지 않으면 제대로 전달되기 어렵습니다.

시작은 질문과 관찰입니다. 질문을 받으면 반응하고 들어줍니다. 그렇게 지속적으로 대화의 질적 수준을 높여가는 것입니다. 구성원에게 중요한 것은 무엇이고 왜 중요한지 이해하는 것이 대화의 시작입니다. 질문은 내가 하고 싶은 말을 전달하기 위해 형식적으로 묻는 것이 아니라 구성원에게 정말 듣고 싶은 것을 묻는 것입니다. 이 과정에서 질문을 주고받는 관계가 형성됩니다.

Tip1. 관찰과 기록

구성원 DB를 만드는 것은 관심을 갖고 관찰하는 좋은 방법입니다. 기억을 믿지 말고 메모하는 것이 중요합니다.

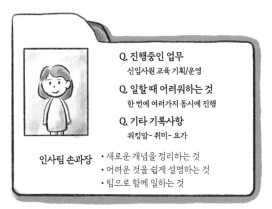

Q. 진행중인 업무
신입사원 교육 기획/운영

Q. 일할 때 어려워하는 것
한 번에 여러가지 동시에 진행

Q. 기타 기록사항
워킹맘- 취미- 요가

인사팀 손과장 ▸ •새로운 개념을 정리하는 것
•어려운 것을 쉽게 설명하는 것
•팀으로 함께 일하는 것

기록은 남고 기억은 흩어집니다.

Tip2 일대일 면담

구성원과 슬기로운 연결을 돕는 유일한 방법은 일대일 면담입니다. 일대일 면담 없이는 절대 관계가 형성되지 않습니다. 여기서 일대일 면담이라는 것은 꼭 공식적으로 면담이라는 이름을 가지고 진행하는 미팅을 의미하는 것은 아닙니다. 티타임으로, 캐쥬얼토크로도 진행할 수 있습니다. 온택트대화모델On:TACT을 활용하여 구성원의 성공을 돕는 일대일 면담을 디자인해볼 수 있습니다.

 **Summary**

1. 리더-구성원 간 관계의 거리를 회복하는 방법은 본질에서 출발하는 것입니다. 사과할 부분이 있다면 사과합니다.

2. 의미 있게 연결을 시작합니다. 원하는 모습에 대해 함께 이야기합니다.

3. 구체적인 행동을 선정하여 성공서포터가 먼저 일관성있게 지켜갑니다. 포기하지 않고 지속하는 것. 이것이 다시 상대방과 연결되는 비결입니다. 단, 계속해서 구성원 입장에서 생각하는 연습이 필요합니다.

대화모드를 켜기 전에 먼저 점검해야 할 것

> 1. 상대방은 질문이 필요한 순간 질문할 수 있는가? **[심리적안전감]**
> 2. 나는 정말 저 사람과 대화하고 싶은가? **[진정성]**
> 3. 우리는 모르는 것을 모른다고, 도움이 필요하면 도움이 필요하다고 말할 수 있는가? **[취약성]**

1. 상대방은 질문이 필요한 순간 질문할 수 있는가? [심리적안전감]

누군가의 앞에서 얼음이 되었던 경험, 혹시 있으신가요? 집으로 돌아와서야 '그때 이렇게 대답했어야 했는데!'하고 후회한 경험일 수도 있습니다. 팀장님이 질문을 하시면 그 순간 머리가 하얘지기도 합니다. 중요한 순간일수록 이런 현상은 더 쉽게 나타납니다.

심리학자들은 이런 현상을 도마뱀이 머릿속을 장악했다고 비유합니다. 우리 뇌에는 위험을 감지하는 역할을 하는 편도체와 이성적 사고를 담당하는 전두엽이 있습니다. 편도체와 전두엽은 마치 브레이크와 엑셀의 관계 같아서 하나가 뇌를 장악하면 다른 하나는 기능을 멈춥니다. 어색하고 낯선 장면에서 불안을 느끼면 뇌는 편도체가 지배하게 됩니다. 편도체의 별명은 '파충류의 뇌'입니다. 긴장하고 불안을 느끼는 순간 우리는 사람과 이야기하는 것이 아니라 마치 도마뱀과 이야기하는 것처럼 돼 버린다는 뜻입니다. 도마뱀과 성공을 이야기하면 제대로 대화가 이루어질 수 없습니다.

탁월한 팀의 조건에 대한 구글의 연구[14]이후 심리적 안전감에 대한 관심이 높습니다. 질문에서도 심리적 안전감은 중요한 역할을 합니다. 심리적 안전감은 '때와 장소를 가리지 않고 말하는 것', '무례하게 구는 것'과는 다릅니다. 하고 싶은 말을 자기 하고 싶을 때 마음대로 하는 것을 의미하지는 않습니다. 심리적 안전감은 '어떤 상황에서도 말할 수 있는가'가 아니라 '필요한 순간에 말할 수 있는가'입니다.

- 우리 조직은 의문이 들 때 적절한 상황을 선택하여 질문할 기회가 있나요?
- 우리 조직은 무언가 잘못되어 간다는 증거가 포착될 때 그것을 테이블 위에 놓고 함께 문제를 해결할 기회를 만드는 것이 가능한가요?
- 우리 조직은 구성원의 질문이 허용되나요?

팀은 질문을 주고받으며 서로의 성장을 돕습니다. 다양성이 자원이 되고, 서로 교류하면서 생각을 확장하다 보면 각자의 방식으로 배움을 실천하게 됩니다. 한 방향으로 전달하는 것이 더 쉽지만, 상호작용을 할 때 우리는 비로소 힘을 합하게 됩니다. 함께 배울 수 있습니다. 구성원들은 자신의 일에서 효과적으로 질문하는 법을 배울 때 더 효과적으로 협력하기 시작합니다. 그러니 서로 다른 사람들이 힘을 모으고 함께 성공하기 위해서는 질문을 주고받을 수 있는 관계가 되는 것이 우선돼야 합니다.

팀 차원에서 질문이 시작되게 하려면 리더가 먼저 질문을 허용하는 노력이 필요합니다. 질문을 허용한다는 것은 질문에 대해 판단하지 않고 경청하는 반응을 하는 것입니다. 안심문장을 더하는 것도 방법이 됩니다. 리더 입장에서 처음에는 이러한 변화가 불편할 수 있습니다. 지시하면 편한데 질문하면 질문에 대응해야 하기 때문입니다.

그러나 성공서포터로서 리더의 역할은 지시가 아니라 질문을 선택하는 데 있습니다. 일방적인 질문이 아니라 질문을 주고받는 관계가 되도록 노력하는 일입니다. 질문은 대화하고 싶은 사람이 사용하는 언어입니다. 우리는 대화하면 서로의 생각과 의견을 교환합니다. 함께 배우고 함께 문제를 해결해가는 팀문화의 중심에는 질문이 오고가는 환경이 있습니다. 그 환경의 시작은 리더가 팀원의 질문을 허용하고 질문에 가치를 언급해주는 것에서 출발합니다.

2. 나는 정말 저 사람과 대화하고 싶은가? [진정성]

최근에 인터뷰했던 한 구성원에게 물었습니다. "지난 10년 동안 리더와 했던 면담에서 가장 기억에 남는 말이 있다면 무엇인가요?" 골프장갑을 사주시면서, 골프는 신입사원 때부터 배우는 것이 좋다고 해주신 말이 기억에 남는다고 했습니다. 실제로 이 직원은 골프를 시작하지도 않았고 그 말에 동의한 것도 아닙니다. 그런데 10년의 세월 속에 왜 그 말이 기억에 남았을까요? 정말 자기를 생각해서 해주는 말로 느껴졌기 때문입니다. 매력적인 말도 형식적으로 느껴지면 영향을 미치지 못하지만 볼품없는 말이라도 진정성이 느껴지면 힘을 갖게 됩니다.

모든 질문은 의도를 가지고 있습니다. 문제는 내가 가진 의도와 내가 하는 말의 방향이 서로 다를 때입니다. 말과 의도가 일치할 때 사람들은 내 말이 진정성이 있다고 느낍니다. 질문의 형식보다 나의 의도를 먼저 점검해야 하는 이유입니다. 성과 관련해서 평가의견을 제시하고 싶은데(의도), 면담을 초청하거나 진행하는 표현은 "당신의 성장을 돕고 싶다. 어려움을 해소해주고 싶다."라고 표현하면, 그 말이 제대로 전달되기 어렵습니다. 제대로 통하고 싶다면 먼저 내 의도를 점검해보는 것이 필요합니다.

- 내가 오 대리에게 낮은 평가를 줄 이유를 납득시키고 싶구나.
- 왜 납득이 필요하지?
- 오 대리가 자신의 부족함을 깨닫고 내년에는 좀 더 잘해주길 바라기 때문에.
- 낮은 평가를 받을 만하다고 설득하면, 오 대리가 반성하고 내년에는 개선할까?
- 나는 오 대리가 나아질 수 있다고 믿고 있나?
- 오 대리가 좋은 평가를 받기 위해 구체적으로 어떤 개선포인트가 있을까?
- 구체화해보면? 시각화해보면? 실질적 도움을 연결해볼 수 있다면?

리더로서 내가 정말 하고 싶었던 것은 평가에 대한 납득이 아니라, 현재 상황을 같이 이해하고, 내년에는 이 부분이 개선될 수 있도록 돕고 싶은 것이었습니다. 이렇게 생각이 정리되면 좀 더 오 대리에게 도움이 되는 면담을 준비할 수 있습니다.

H사 사례입니다. H사에서는 2회 연속 낮은 평가를 받은 직원에게 향후 6년 간 승진의 기회를 주지 않았습니다. 이것은 암묵적인 룰이고 지금까지 그 룰에서 벗어난 사례가 없었습니다. 임 상무님은 팀장과 평가 면담을 할 때 이를 솔직하게 이야기해줬고, 이 팀장이 6년 후를 어떻게 준비해야 하는지 도와줬습니다. 실적에 따라 평가받는 영업본부였기 때

문에 구성원 평가에 임원의 권한이 100% 반영되는 것도 아니었고, 낮은 평가를 2회 받으면 이후 불이익이 따르는 것 또한 임원에게는 권한 밖의 일이었습니다. 그런데 이를 솔직하게 말하고, 미안하다고 말해주고, 어떻게 준비해야 하는지 현실적인 조언을 줍니다. 어떻게 이런 상무님을 잊을 수 있을까요?

이처럼 기술보다 진정성이 먼저입니다. 우선, 내 질문의 의도를 점검해봅니다. '나는 왜 질문을 하는가?' 리더의 말과 의도가 서로 다르게 느껴질 때 면담은 형식적이라고 느껴지고 대화모드는 꺼지게 됩니다. 의도에 맞게 질문을 표현하는 것이 중요합니다.

다음은 '질문하는 단계'를 넘어 상대방에게 질문의 권한을 제공하는 것입니다. 질문의 권한을 제공한다는 것은 가르치려는 의도를 내려놓고 함께 성장하려는 의도를 가지는 것입니다. 리더-구성원의 관계는 암묵적으로 위계질서가 갖춰진 관계라고 할 수 있습니다. 그래서 힘을 가진 사람이 힘을 나눠줄 때 수평적 대화가 이뤄지고, 교수자 주도의 관계에서 학습자-교수자 상생의 관계로 변하게 됩니다. 내가 가진 질문의 권한을 나눈다는 것은 답변을 강요하지 않는 것입니다. 상대방이 어떤 답변을 해도 호기심을 가지고 들을 수 있는 것입니다.

리더의 진정성은 내 질문의 의도를 점검하는 것에서 시작합니다. 관계의 거리를 연결하기 위해 리더가 먼저 '주고받는 대화'를 하고 싶은 마음을 가질 때 비로소 상대방의 속도와 사고, 학습 스타일을 존중할 수 있게 됩니다. 판단하지 않고 구성원의 말을 듣게 됩니다. 거기에서 진짜 연결이 시작됩니다.

3. 우리는 모르는 것을 모른다고, 도움이 필요하면 도움이 필요하다고 말할 수 있는 가? [취약성]

질문을 주고받는다는 것은 서로에게 배운다는 의미입니다. 서로에게 배우는 관계는 취약성을 노출할 때 시작되기도 합니다. 질문자가 취약함을 드러낸다는 것은 나의 약한 부분이 있으며 그 부분으로 인해 자신도 도움이 필요한 사람이라는 신호입니다. 그 신호가 주는 의미는 2가지입니다. 하나는 '저 사람이 취약함을 노출하는 것을 보니 나도 어려운 부분이 있을 때 어렵다고 표현해도 괜찮겠구나.' 안심하게 만드는 것입니다. 심리적 안전감과 연결됩니다. 다른 하나는 누군가 말한 취약함을 '내가 도울 수 있겠다.', '나의 강점으로 기꺼이 돕겠다'고 선택하게 만드는 것입니다. 즉, 협력을 일으키는 에너지가 됩니다.

1회적인 관계가 아니라 어느 정도 상호작용이 있는 팀이라면 취약성의 노출이 연결을 만드는 신호가 됩니다. 최근 취약성에 대한 연구와 실험들이 학계나 현장에서 다양하게 진행되고 있습니다. Lee, Mazmanian, Perlow 세 명의 연구자가 원격근무를 하는 한 팀을 대상으로 10주 동안 실험연구15를 진행했습니다. 기술컨설팅을 제공하는 조직인데, 이들은 미국과 인도에서 주로 근무합니다. 미국 근무자들은 주로 관리자급으로 고객대응과 프로젝트 관리를 맡고 인도 근무자들은 주니어급으로 코딩과 테스트 업무를 합니다.

상호 불신이 있었던 이 조직에 몇 가지 개입을 했는데, 대표적인 것이 맥박체크Pulse check라는 팀미팅의 도입입니다. 매주 90분 동안 진행되는 전체 회의로 구성원 각자가 자신이 느끼는 업무에 대한 어려움을 공유하고 논의하는 자리입니다. 이때 자신의 취약성을 공유하면 리더는 제대로 된 지원을 제공하고, 다른 구성원들 역시 서로를 돕게 됩니다. 취약성의 공유를 통해 팀의 결속이 강화된 것입니다. 취약성을 표현하는 리더의 말은 좋은 연결의 신호가 되어줍니다.

강의를 하다 보면 리더분들이 제가 모르는 것을 질문하기도 합니다. 그럴 때는 질문의 가치를 인정하고, 기꺼이 취약성을 노출하며 함께 논의해보는 것으로도 서로가 배움을 갖기에 충분합니다. "참 어려운 문제네요. 그런데 너무 중요한 문제입니다. 이런 고민 많이 하실 텐데, 같이 방법을 찾아볼까요? 혹시 도움주실 분 계실까요?" 질문하는 사람은 우리가 모든 답을 갖고 있지 않으며 그 답을 찾는 과정에서 보다 나은 대안을 발견할 수 있음을 아는 사람입니다.

물론 강사가 기본적인 신뢰를 확보하고 있어야 합니다. 어떤 질문을 해도 모르는 강사와 함께 대안을 찾고 싶은 학습자는 없으니까요. 그러나 모르는 것을 안다고 말하는 것보다 함께 논의해보자고 대화의 장을 여는 것이 훨씬 더 신뢰를 줍니다.

리더-구성원 간에 대화모드가 시작되는 방법. 때로는 도움을 구하는 한 마디 문장이면 충분합니다. "도움이 필요해요. 도와줄 수 있어요?", 또는 리더로서 자신의 부족함을 인정하고 조언을 구할 수도 있습니다. "제가 좋은 팀장이 될 수 있도록 도움을 줄 수 있을까요?" 취약성은 연결을 돕고 신뢰의 공간을 만들어갑니다.

구성원의 성공을 돕는 리더의 일대일 면담

일대일 면담 시작하기

리더와 구성원의 관계는 일시적인 관계가 아니라 지속적인 상호작용을 갖는 관계라는 점에서 좀 더 맥락을 고려할 필요가 있습니다. 친밀감에만 초점을 맞춘 맥락 없는 스몰토크보다는 상대방이 원하는 것에 초점을 맞추는 질문이 더 효과적입니다.

1단계[On:] 편안한 주제로 대화를 시작하다

일대일 면담의 조성단계에서 상대방이 잘하는 영역인데 내가 궁금한 부분에서 질문을 시작하는 것도 좋습니다. 조언을 구하는 것은 동기를 높이는 방법 중 하나입니다. 구성원들과 관계도 좋고 성과도 잘 내는 팀장님들의 경우, 종종 다른 사람에게 이런 노하우를 나눠 주기도 합니다. 구성원들과 일대일 대화를 시작할 때, 구성원의 관심 분야 중 리더 자신이 궁금한 부분에 대한 질문으로 대화를 시작한다는 것입니다.

예 편안한 시작을 돕는 관심질문

구성원의 관심 분야에 대한 스몰토크로 구성원과의 일대일 대화를 연결하는 경우

"김 대리, 캠핑 잘 다녀왔어요? 혹시 가족들과 갈 만한 캠핑 장소 하나 추천해 줄 수 있을까요? 우리 딸이 아빠와 캠핑가는 게 소원이라고 그러네. 이번 연휴에 한번 다녀올까 해서요."

"캠핑은 또 제가 전문가잖아요. 저만 믿으세요. (몇 가지 질문과 대화가 이어짐)"

"오늘 내가 제대로 도움받았네. 고마워. 캠핑 다녀와서 후기 공유할게. 오늘도 느꼈지만 김 대리는 상황을 예측 가능하게 만들고 그것을 미리 관리하고 결과를 내는 힘이 매우 뛰어난 것 같아. 캠핑 질문 하나 했는데 각 캠핑사이트마다 미리 예상되는 요소들과 그 요소들을 관리하는 법까지 공유해줬잖아. 지난번 ○○ 프로젝트에서도 느꼈어. 그런데 요즘에는 에너지가 좀 떨어진 것 같아 보여. 혹시 요즘에 어떤 어려움이 있을까? 나도 김 대리한테 도움이 되고 싶네."

이처럼 도입의 대화가 본 주제와 맥락상 연결되어 자연스럽게 구성원의 어려움을 확인하여 돕거나 인정, 칭찬, 감사를 표현할 수 있는 대화로 연결되면 대화가 깊이 있게 진행될 수 있습니다.

2단계 방향설정으로 면담 시작하기

리더-구성원 간 관계에서 어느 정도 신뢰관계가 형성되어 있다면 바로 2단계 방향설정의 단계부터 진행하는 것도 좋습니다. 미국의 IT기업 시스코Cisco Systems, Inc.는 조성단계의 질문으로 "이번 주 업무 우선순위는 뭐예요?", "내가 어떻게 도와줄까요?" 이 단 두 질문을 제시했습니다. 최소 주1회 이 질문을 정기적으로 진행하자 팀의 평균 몰입이 13% 증가[16]했습니다.

리더십 과정을 진행하다 보면 개인적 질문을 어디까지, 얼마나, 또 어떤 질문이 적절한지 물어보는 경우가 많습니다. 그러나 개인적 질문을 어떻게 하느냐가 중요한 게 아니라, 함께 목표를 달성하는 데 있어 개인적으로 무엇이 어려운지를 묻는 것이 중요합니다. 일을 할 때 무엇이 불편한지, 어떤 강점을 가지고 있는지, 어떤 것을 중요하게 생각하는지, 언제 몰입하고 언제 몰입에 방해를 받는지 등입니다. 이를 솔직하게 꺼내 놓고 대화할 수 있을 때 구성원의 몰입과 신뢰도가 높아집니다.

 앞의 취약성 연구를 설명할 때 예로 들었던 Lee, Mazmanian, Perlow의 연구17는 리더의 일대일 면담의 효과에 대해서도 이야기합니다. 미국과 인도에서 리모트 워크를 하는 한 기술컨설팅 기업을 대상으로 10주간 관찰연구를 진행했습니다. 관리자들은 미국에 근무하고 주니어 개발자들은 인도에 근무하는 형태였는데 미국 근무자들은 인도 근무자들이 불성실하고 무책임하다는 인식을 갖고 있었습니다. 반대로 인도 근무자들은 미국 관리자들이 자신들을 무시하고 낮은 수준의 업무만 지시한다고 느끼고 있었습니다. 실험은 단 2가지의 개입으로 진행됐습니다. 1:1미팅과 팀미팅을 주1회 진행하는 것입니다. 1:1미팅에서는 관리자와 주니어가 한 명씩 짝을 이뤄 서로에 대해 이해하는 대화를 나누고 업무와 관련 없는 과제를 함께 수행하게 했습니다. 팀 미팅의 핵심은 구성원 각자가 느끼는 업무에 대한 어려움을 공유하고 논의하는 것이었습니다. 역시 이것만으로도 놀라운 변화가 일어났습니다. 시간이 흐를수록 서로에 대한 신뢰가 공고해지고 일하는 방식을 개선해가며 업무 성과를 높였습니다.

 1:1미팅에서 질문할 때는 출신 학교, 결혼여부, 부모님 직업 등의 개인적인 질문은 금지됐습니다. 함께 일하는 동료로서 알아야 할 개인적 관심사에 대해서만 물을 수 있었습니다. 지금 기분이 어떤지, 지금 하고 있는 일에서 얼마나 가치를 느끼는지, 배우고 성장하고 있는지 등입니다.

 리더-구성원 간에 친밀감은 단순히 좋은 관계를 만드는 데 머무르지 않고, 함께 상호작용하여 성과를 높여가고자 하는 것이 핵심입니다. 친밀함은 높은데 일을 지시하는 방식이나 피드백의 수준이 너무 낮아서 실제 업무 진행에 전혀 도움이 되지 않는다면, 현실적으로 구성원이 리더와의 면담에 가치를 부여하는 것은 어렵습니다. 리더 면담의 본질적인 기능은 구성원이 일을 잘 할 수 있고 일을 통해 성공하고 성장하도록 돕는 데 있습니다. 이런 리더의 코칭&피드백이 잘 작동하려면, 평소에 신뢰관계가 잘 형성되어 있어야 합니다. 기억하세요! 친밀감보다 신뢰감이 먼저입니다.

일대일 면담 진행하기

대화모드를 켜고 방향을 설정하고 탐색하고 선택하고 실행하는 단계는 일대일 면담 한 회기 진행시 좋은 프로세스가 됩니다.

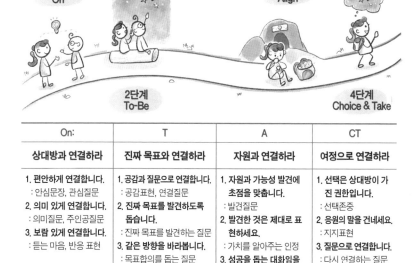

On:	T	A	CT
상대방과 연결하라	**진짜 목표와 연결하라**	**자원과 연결하라**	**여정으로 연결하라**
1. 편안하게 연결합니다. : 안심문장, 관심질문 2. 의미 있게 연결합니다. : 의미질문, 주인공질문 3. 보람 있게 연결합니다. : 듣는 마음, 반응 표현	1. 공감과 질문으로 연결합니다. : 공감표현, 연결질문 2. 진짜 목표를 발견하도록 돕습니다. : 진짜 목표를 발견하는 질문 3. 같은 방향을 바라봅니다. : 목표합의를 돕는 질문	1. 자원과 가능성 발견에 초점을 맞춥니다. : 발견질문 2. 발견한 것은 제대로 표현하세요. : 가치를 알아주는 인정 3. 성공을 돕는 대화임을 기억하세요. : 정렬질문	1. 선택은 상대방이 가진 권한입니다. : 선택존중 2. 응원의 말을 건네세요. : 지지표현 3. 질문으로 연결합니다. : 다시 연결하는 질문

리더와 구성원 간의 대화는 일회적인 대화가 아니라 주고받으며 쌓여가는 대화입니다. 구성원의 성공을 돕는다는 것은 구성원이 성공할 수 있도록 꾸준히 관심을 갖고 적절한 개입을 제공하는 것입니다. 기간을 단위로 하는 면담과 수시로 하는 면담을 구분하여 준비하는 노력, 면담을 꾸준히 기록하고 관리하는 노력, 면담 과정 중

6장. 상황별 질문 디자인 실습

보여주는 대화의 방식이 리더가 구성원에게 미치는 영향력의 크기를 결정합니다.

일대일 면담 마무리하기(실행을 높이는 질문)

좋은 질문은 실행을 촉진합니다.

[구성원의 실행계획]

• 면담을 통해서 정리된 것은 무엇인가?

• OOOO을 해보겠다고 했는데, 그것을 위해 가장 먼저 해야 할 것은 무엇인가?

• 관련해서 먼저 시도해볼 만한 구체적인 행동은 무엇이라고 생각하는가?

• 예상되는 장애가 있다면 무엇인가? 어떻게 해결하면 좋은가?

• 언제부터, 어떻게 시작할 수 있을까? 이번 주, 혹은 이번 달에 해야 할 일은 무엇인가?

[리더의 지원계획]

• 자네가 OOO하는 데 있어서 내가 도와줘야 하는 일은 무엇인가?

• 실행력을 높이기 위해 조정해야 할 것들은 무엇이 있겠나?

[향후 점검계획]

• 무엇을 보면 진행이 잘되고 있다는 걸 알 수 있나?

• 이것과 관련해서 언제 다시 이야기 나누어 보면 좋을까?

또한 면담을 마무리할 때, 오늘 느낀 점에 대해서 묻는 성찰질문도 실행촉진에 도움이 됩니다. "더 할 말 없나?"라는 질문보다 오늘 면담이 어땠는지 느낀 점을 말해달라고 요청하는 것이 대화를 마무리하는 데 훨씬 더 효과적입니다. 이때 어떤 대답을 하더라도 공감과 감사를 표현하는 것이 좋습니다.

일대일 면담은 누적관리가 중요합니다. 앞에서 구성원DB를 관리하는 것도 한 방법이라고 설명했습니다. 구성원이 많고 시간이 부족한 경우라면 협업도구를 사용하여 현장에서 바로 기록하며 대화할 수도 있습니다.

리모트워크가 증가하면서 요즘에는 구글문서Google docs같은 문서공유 프로그램을 활용하여 두 사람 간 일대일 면담을 기록하고 관리하기도 합니다. 두 사람만 볼 수 있도록 공유 권한을 설정하고 미팅하면서 동시에 기록하는 것입니다. 그리고 다음 미팅 때 그 문서를 기초로 진전된 부분을 확인합니다.

중요한 것은 적어도 미팅하는 그 순간에는 상대방에게 집중하는 것입니다. 전화나 다른 방해요소를 최소로 하고 상대방의 말에 귀를 기울입니다. 미팅 전에 가볍게 이전 미팅 내용을 읽은 후 미팅에 참여합니다. 내가 지원하기로 한 부분에 대해서는 스케줄러에 포함하여 팔로업합니다. 태도는 선택하는 것이고 기술은 연습하는 것이며 시스템은 구축을 통해 도움을 받는 것입니다.

[2] 내가 하고자 한 것과 상대방의 기대가 다를 때

G사 교육담당자 K부장과 식사한 적이 있습니다. K부장은 '선한 영향력'에 대한 불편함을 이야기했는데 당시 저는 그 말이 참 인상적이었습니다. "리더들은 종종 '선한 영향력을 미치고 싶다'고 이야기하며 구성원이 원치 않는 개입을 할 때가 있다. '선한'은 도대체 누구의 기준인가" 이런 요지의 이야기였습니다.

내 입장에서 아무리 좋은 것일지라도 상대방이 원하지 않는 것이라면 '선한' 영향력이라고 말하기는 어려울 것입니다. 다른 사람의 성공을 돕는 사람들이 경계해야 할 부분입니다. 우리는 종종 내가 주고자 준비한 것과 상대방이 기대한 것이 다른 경우를 마주하게 됩니다. 혹은 나는 주고 싶은데, 상대방은 받고 싶지 않은 경우도 있습니다. 성공서포터의 질문은 상대방이 원하는 목표를 확인하고 그 목표를 함께 바라보는 역할을 합니다. 같은 방향을 바라보는 것이 핵심입니다.

함께 생각해 볼 두 번째 사례는 성공서포터로서 내가 준비한 것과 상대방의 기대가 다를 때입니다. 제가 경험했던 러닝퍼실리테이션 현장에서의 사례로 구성했습니다만 조직 현장에서 타 부서와 회의를 할 때나 직원 대상으로 학습세미나를 준비하는 상황을 상상하며 질문을 디자인해보셔도 좋겠습니다. 그런 장면에서 사전에 회의 아젠다가 잘 공유되고, 참석자분들의 기대까지 높은 경우도 있지만, 때론 서로 다른 기대를 가지고 참석하게 되거나 심지어 기대없이 참석하게 되는 경우도 종종 있습니다. 그런 상황에서 어떻게 연결을 도울 수 있을까 고민해보는 사례입니다.

글로벌 선도기업인 S사는 기술집약적인 기업입니다. 선도기업이다 보니 외부에서 학습하기가 어렵습니다. 그래서 내부 임원 중 기술력이 뛰어난 사람들이 은퇴 후 사내 대학에서 교수진으로 활동합니다. 그분들을 대상으로 교수법 강의를 진행하게 되었습니다.

학습자는 대부분 25년 이상의 현업 경력을 가진 분들이고, 은퇴 전에도 오랜 시간 직무교육을 담당한 분들입니다. 대기업에서 임원도 오래 하셨고 해당 분야에서 손꼽히는 전문가입니다. 이분들의 과제는 온라인 대면 환경에서 직원들에게 텍스트 기반으로 직무코칭을 하는 것입니다. 이를 돕는 교수법 강의였습니다.

문제는 텍스트로 코칭한다는 개념입니다. 코칭교육을 받은 적도 없고 코치도 아닙니다. '직무를 강의하는 직무전문가인데 갑자기 어떻게 텍스트로 코칭하지?' 이해가 안 되니 화가 나셨습니다. 담당자의 강의안내가 시작되자 한 참석자가 다음과 같은 질문을 합니다.

"도대체 이런 교육 왜 하는 거예요?"

"하던 대로 하면 되지, 코칭이라니? 그것도 텍스트로? 우리 회사에서 이게 가능한가?"

💬 어떻게 도울 수 있을까요?

나라면 이 상황에서 어떻게 학습자들을 도울 수 있을까 생각해 보고, 필요한 질문을 적어 보시기 바랍니다.

질문디자인 실습

1. 먼저 온택트대화모델On:TACT을 통해 어디서 단절이 일어났는지 살펴봅니다.

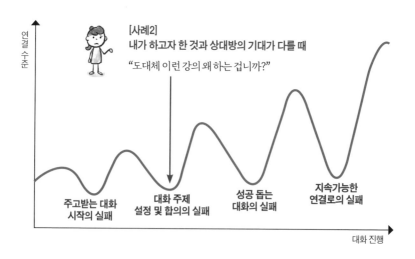

기대가 다르다는 것은 목표합의가 되지 않았다는 뜻입니다. 2단계[To-Be]가 연결되지 못하고 끊어져 있습니다. 조건부 신뢰를 가질 수 있는 첫

만남의 경우는 목표가 제대로 연결되면 상대방과의 연결도 자연스럽게 될
수 있습니다. 신뢰를 얻고 목표와 연결하는 것이 중요합니다.

T	2단계 [To-Be] 진짜 목표와 연결하라	1. 공감과 질문으로 연결하라 : 공감표현, 연결질문
		2. 진짜 목표를 발견하도록 도와라 : 진짜 목표를 발견하는 질문
		3. 같은 방향을 바라보라 : 목표합의를 돕는 질문

2. 성공서포터 질문의 핵심원칙 체크리스트에 기초하여 좀 더 신경써야 할
   원칙이 무엇인지 확인합니다.

원칙		원칙을 돕는 질문
1 주인공은 상대방이다.	역할인식	1) 나는 서포터인가? 역할은 적절한가?
	태도선택	2) I'm OK, you're OK에 서 있는가?
2 상대방의 전진을 도와야 한다.	진보	3) 진척율은 어떠한가? 관점이 확대되고 있는가?
	인식	4) 의미 있는 진보가 인식되고 있는가? 상대방이 원하는 진보인가?
3 상대방의 변화동력을 높여야 한다.	You-Centered	5) 상대방의 입장에서 생각하고 있나?
	미래지향	6) 과거나 현재보다 '원하는 모습'에 집중하고 있는가?

⇨ 다른 사람의 성공을 돕는 질문의 핵심원칙은 모두 중요합니다. 다만, 어떤 상황이 펼쳐지는지에 따
라 좀 더 신경을 써야 할 핵심원칙들이 있습니다.

상호기대가 다른 상황에서 우리가 빠지기 쉬운 함정은 내 생각이 옳고 상대방의 생각이 그르다는
생각입니다. 그런 생각이 들면 공동의 목표를 발견하는 데 에너지를 쏟는 것이 아니라 상대방에게
나의 목표를 설득하는 데 에너지를 집중하게 됩니다.

따라서 이런 상황에서 좀 더 신경써야 할 원칙은 태도의 선택입니다. I'm OK, you're OK에 서 있을
때 비로소 성공을 돕는 대화가 가능해집니다.

⇨ 현재 이슈는 진짜 목표와 연결하는 과정이므로 원칙3이 중요한 역할을 하겠습니다. 상대방 입장에
서 생각하고 함께 원하는 모습에 집중한다면 쉽게 공동의 목표를 발견할 수 있습니다.

서로 다른 목적지를 바라보면 같은 목적지에 도달할 수가 없습니다. 기대가 다를 때 가장 먼저 해야 할 일은 성공서포터가 원하는 방향으로 끌고 가는 것이 아니라 참석한 사람들 안에서 서로가 가진 기대를 꺼내 놓고 그 기대를 한 방향으로 수렴하는 것입니다.

불평처럼 쏟아진 참석자의 질문에 답이 있습니다. 특별히 주의를 기울여야 할 부분은 성공서포터로서 역할인식입니다. ① I'm OK, you're OK에서서 그 질문을 들어보면 ② 컴플레인 뒤에 있는 질문을 읽을 수 있습니다. 좀 더 의미 있는 학습을 하고 싶다는 뜻입니다. 상대방 입장에서 공감하고 ③ 이분들이 정말 원하는 목표에 초점을 맞춥니다.

참고 예시 이렇게 해볼 수 있습니다

나의 기대와 참석한 사람들의 기대가 다를 때 나의 기대를 중심으로 시작을 열어가는 방식은 연결에 도움이 되지 않습니다. 참석자들의 이야기에서 공감하고 연결질문을 건네면서 시작하는 것이 중요합니다. 반응만 잘해줘도 상대방과 연결은 시작됩니다.

참석자 도대체 이런 교육 왜 하는 거예요? 하던 대로 하면 되지, 코칭이라니? 그것도 텍스트로? 우리 회사에서 이게 가능한가?

진행자 맞아요. 이런 거 도대체 왜 하는 거예요? '의미 없다' 생각하시면 언제든 중단하셔도 괜찮습니다. ⇨ 참석자 입장에서 함께 공감하는 것이 중요합니다. 공감은 상대방이 나의 말을 들어줄 수 있는 여유를 만듭니다.

화면에 얼른 고수의 정의를 띄워 놓고 말을 이어갔습니다.

고수高手

어떤 분야나 집단에서

기술이나 능력이 매우 뛰어난 사람을 의미합니다.

진행자 제가 오늘 여기 오기 전에 자료를 살펴보니 평균 25년 정도 근속하셨고, 최장 31년 되신 분도 계시더라고요. 이런 분들을 고수라고 하죠. ○○상무님, 어디 계세요? 31년 되셨더라고요. 정말 대단하세요. 상무님, 입사 초와 지금, 많이 달라졌죠? 어떠세요?

참석자 말도 마세요. 완전 달라졌죠. 우리 때는 모르는 게 있으면 밤을 새서라도 공부했어요. 그런데 요즘에는 몰라도 별로 물어볼 생각도 안 해요. 자기 할 일만 하려고 하고… 답답하죠.

진행자 그죠? 30년 세월이 그냥 쌓이는 건 아니에요. 이렇게 사내 교수진으로도 근무하고 계시잖아요. 제가 오늘 상무님들을 뵈러 오면서 어떤 부분을 전달해드리면 도움이 될까 고민을 많이 했어요. 오히려 제가 여기 계신 임원분들께 배워야 할 부분이 더 많을 것 같아요. 다만 저는 이러이러한 경험을 가지고 있습니다. 그래서 요즘 젊은 세대들과 강의장에서 소통하는 방법이나 다른 여러 다양한 기업들의 사례는 제가 알려드릴 수 있는 부분일 것 같아요. 그러나 우리 현장에서 가장 많이 고민하고 가장 애쓰시는 분들은 여기 계신 교수님들이십니다. 그래서 오늘의 과정은 함께 만들어가고 함께 배우는 과정으로 준비했습니다. 좀 도와주실 수 있을까요? 저도 잘 배우겠습니다. ⇨ 주고받는 질문을 통해 함께 과정의 목표를 논의하고 찾아갑니다.

참석자 네. 좋습니다.

진행자 저, 아까 ○○상무님 말씀처럼 요즘 세대들이 많이 바뀌었잖아요? 그런 어려움도 있겠고, 요즘 내부에서 강의하시다 보면 어려움이 있으실 것 같아요. 그 이야기부터 시작해보면 좋겠습니다. 어떤 어려움이 있으세요? ⇨ 정리하고 여정을 디자인하는 것은 진행자의 몫입니다. 과정의 분명한 목표가 합의되면 진행자는 그 목표에 도달하기 위한 여정을 프로세스 질문으로 디자인합니다.

그렇게 상대방과 연결되면서 대화모드가 켜졌습니다. 목표도 자연스럽게 설정되었고 가장 까칠하게 질문하셨던 상무님은 온전히 제 편이 되셔서, 이후 다른 학습자들을 독려하고 학습과 실천을 강요(?)하는 지원군의 역할까지 해주셨습니다.

 **Summary**

1. 기대가 다를 때 기대를 합의하는 것이 가장 중요합니다.

2. 불평이나 불만 속에 담겨 있는 '정말 원하는 것'을 들어주세요. 그럴 만한 이유가 있을 것이라고 믿어주는 'I'm OK, You're OK'의 인식과 공감이 성공서포터의 질문이 건너갈 다리를 만듭니다.

3. 그렇게 만들어진 다리로 목표를 묻는 질문을 건넵니다. 성공서포터의 여정에서는 목표인식이 가장 중요합니다. 질문을 통해 우리의 방향을 맞춥니다. 같은 곳을 바라보아야 같은 곳에 도착할 수 있습니다.

Think More

"질문하지 마세요.
저희 임원들은 질문 받는 것 싫어하십니다"

리더 교육을 하다 보면 가끔 HR담당자로부터 이런 당부를 받기도 합니다. "질문하지 마세요. 저희 임원들은 질문 받는 것 싫어하십니다" 이럴 때는 어떻게 해야 할까요? 이 말의 진짜 의미는 '질문하지 마라'가 아니라 '불필요한 컴플레인 상황을 만들지 말라'는 것입니다. 담당자가 원하는 것은 불필요한 마찰이 발생하지 않는 것, 참석하신 분들이 불편하지 않게 즐겁고 의미 있는 시간을 가지는 것입니다. 더 나아가서 담당자가 '일 잘했다'는 소리를 듣는 것이 담당자가 정말 원하는 목표가 아닐까요? 요청을 그대로 수용하는 것이 아니라 그 요청 안에서 정말 원하는 것이 무엇인지, 정말 원하는 것을 충족시키는 방식이 무엇인지 고민하는 것이 중요합니다.

조직에서도 상사의 요청으로 프로그램을 진행할 수 있습니다. 이런 경우, 상사의 니즈를 정확하게 이해하는 것이 중요합니다. 이때 질문이 도움이 됩니다. 다만, 질문하는 방식에 좀 더 섬세한 고려가 필요합니다. 저 역시 임원 대상 워크숍을 할 때면 좀 더 섬세하게 질문을 설계합니다. 안심문장을 더하고 의미질문으로 연결하는 방식은 도움이 됩니다. 예를 들어 이렇게 시작해 볼 수 있습니다. "HR담당자님이 일을 너무 잘하세요. 여기 참석해주신 임원분들이 어렵게 시간 내신 거라면서 불필요한 내용은 제하고 꼭 필요한 부분에만 집중해달라고 강조하시더라고요. 저 오늘 여기 계신 분들께 꼭 필요한 내용만 강의하고 가야 합니다. 요즘 어떤 고민 있으세요?"

여기서 핵심은 불편하지 않은 방식으로 대화모드를 연결하는 것입니다. 질문도 중요하지만 답변에 대한 기여를 충분히 인정하며 표현하는 것도 매우 중요합니다.

사실 임원분들은 고민과 생각이 깊은 편이라, 장만 마련해 드리면 깊은 성찰을 거친 이야기들이 쏟아져 나옵니다. 이 과정을 일으키는 마중물이 진행자의 좋은 질문입니다. 진행자의 질문은 마중물이 되어 참석자의 질문을 일으키고, 참석자들이 질문할 때 실제로 자신이 고민하고 있는 문제를 슬기롭게 해결할 수 있도록 성찰이 일어납니다. 가장 좋은 결과는 질문의 확장이 일어나는 것입니다. 일례로 이런 워크숍 후에 실제 몇몇 임원분들은 자신이 맡고 있는 조직의 팀장들에게 본 과정과 동일한 교육을 받게 하기도 합니다. 그러면 안심입니다. 좋은 질문이 가진 힘을 경험하셨기 때문에 가능한 일입니다.

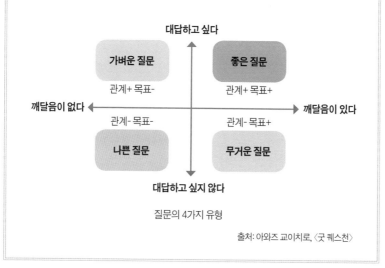

질문의 4가지 유형

출처: 아와즈 교이치로, 〈굿 퀘스천〉

〈굿 퀘스천〉의 저자 아와즈 교이치로는 일본의 유명한 경영자 코치입니다. 그는 대답하고 싶은 질문인지, 깨달음을 주는 질문인지에 따라 질문을 4가지 유형으로 구분하여 설명합니다. '가벼운 질문', '나쁜 질문', '무거운 질문', '좋은 질문'이 그것입니다.

"질문하지 마세요.", "질문 받는 것 싫어합니다."라는 말은 '모든 질문이 싫다'는 뜻이 아니라 대답하기 싫은 질문이 존재한다는 의미입니다. 우리는 내가 원하지 않았는데 답변해야 할 때, 그 답변으로 내가 평가받게 될 때, 답변하는 것이 나에게 아무런 유익이 없다고 생각될 때, 답변을 요구하는 상대방의 질문을 불편하게 느낍니다.

만일 어떤 질문에 답변하는 것이 자신에게 도움이 된다고 느끼면 어떨까요? 사실 아와즈 교이치로의 표에서 1사분면에 위치한 좋은 질문을 한다면 싫어 할 이유가 없습니다. 다만 자기가 하고 싶은 이야기를, 자신이 원하는 대상과 하고 싶은 것입니다. 그러니 대답하고 싶고, 자신에게 유익한 깨달음까지 주는 질문이라면 마다할 이유가 없습니다. 질문이 자신을 더 빛나게 만든다면, 질문이 자신의 고민해결에 도움이 된다면, 질문이 의미 있는 자각을 가능케 한다면 질문은 오히려 호감을 불러일으키는 요소가 되는 것입니다.

동의 없이 질문하는 환경, 대답하거나 하지 않을 권리가 주어지지 않는 환경, 나의 대답이 다른 사람에게 평가되는 상황, 나의 유익이 아닌 교수자의 목적 달성을 위해 이용된다고 생각될 때, 그런 상황에서 던져지는 질문이 싫은 것입니다.

지금도 리더십 개발을 돕는 워크숍 의뢰를 받을 때, 종종 질문하지 말고 일방향으로 진행해 달라는 요구를 받습니다. 그런데 이 말을 그대로 수용하면, 현장이 변하는 교육효과는 나타나기 어렵습니다. 그렇다고 고객의 요구를 무시해서도 안 되고 무시할 수도 없습니다.

조직 현장에서도 마찬가지입니다. 질문하면 어색해질 수 있습니다. 불필요한 불협화음이 생길 수도 있습니다. 그래서 질문 훈련이 필요합니다. 오프닝에서 연결을 얼마나 빨리 제대로 해내느냐에 따라 참여와 몰입은 놀랍도록 달라집니다. 참석자와 관계의 거리를 형성하면서 동시에 시선의 높이에 맞춰 단계적으로 질문을 던져야 합니다. 안전한 범위 안에서 조금씩 시도해보는 연습이 도움이 됩니다. 참석자 시선의 높이를 어떻게 단계적으로 끌어올릴까 고민하면서 과정을 준비하는 것입니다.

[3] 상대방이 불평을 쏟아 놓을 때

'공부 안 하고 싶다. 그냥 놀고 싶다', '아무것도 안 하고 싶다', '팀장 안 하고 싶다'. 맡은 역할과 책임을 내려놓고 싶은 순간 있으시죠? 성공서포터로 다른 사람의 성공을 도울 때 가장 많이 경험하게 되는 상황 중 하나가 이런 분을 만날 때가 아닐까 싶어요. 저는 조직의 다양한 사람들을 만납니다. 그러다 보니 다양한 하소연을 접하게 됩니다. '아, 이런 과정은 우리 팀장님이 들으셔야 하는데', '해 볼 수 있는 것은 다 해 봤어요. 진짜 안 바뀝니다.', '중간관리자가 무슨 힘이 있나요?' 때론 '하기 싫다', '힘들다' 불평을 쏟아 놓습니다. 이런 상황에서 어떻게 상대방의 성공을 도울 수 있을까요? 저는 제가 만난 팀장님을 예시로 들었지만 조직의 리더분들은 구성원과의 면담을 상상하시면서 질문을 디자인해 보시면 더 도움이 될 것입니다. 면담 중에 구성원이 불평을 쏟아 놓습니다. 어떻게 구성원의 성공을 도울 수 있을까요?

사례 3 "갑질갑질하는데, 저는 을질도 있다고 생각합니다"

팀장대상 리더십 과정 진행 중이었습니다. 제가 리더의 질문과 경청에 대해 설명하자 한 팀장님이 격양된 어조로 질문합니다.

"강사님! 제가 구성원들의 이야기를 아무리 잘 들어줘도, 구성원들은 자기 의견이 반영되지 않으면 제가 이야기를 안 들어줬다고 합니다. 조직에서 어떻게 구성원들이 원하는 것을 다 들어줍니까? 심지어 시야가 얼마나 좁은지 전체 그림을 보지 않고 자기 입장만 생각합니다. 자기들끼리 쑥덕거리고.

저는 요즘 우리 사회가 리더 역할만 이야기하면서 갑질갑질하는데, 을질도 있다고 생각합니다. 아무리 잘 들어줘도 자기 의견이 받아들여지지 않으면 리더가 경청하지 않았다고 피드백하는데, 이런 경우는 어떻게 해야 합니까?"

🗨️ 어떻게 도울 수 있을까요?

나라면 이 상황에서 어떻게 도울 수 있을까 생각해 보고, 필요한 질문을 적어 보시기 바랍니다.

질문디자인 실습

1. 먼저 온택트대화모델On:TACT을 통해 어디서 단절이 일어났는지 살펴봅니다.

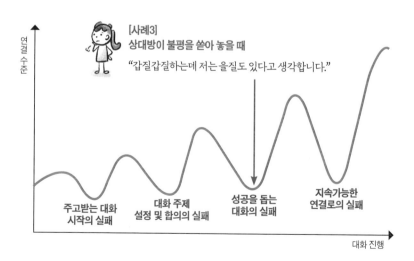

[사례3]
상대방이 불평을 쏟아 놓을 때
"갑질갑질하는데 저는 을질도 있다고 생각합니다."

연결 수준

주고받는 대화
시작의 실패

대화 주제
설정 및 합의의 실패

성공을 돕는
대화의 실패

지속가능한
연결로의 실패

대화 진행

노력하고 싶은 마음이 사라진 경우입니다. 자원의 회복이 먼저입니다. 노력을 알아주고, 발견한 것은 제대로 인정해 줍니다. 자원과 실행을 연결하는 것은 그 다음입니다.

A	3단계 [Align] 자원과 연결하라	1. 자원과 가능성 발견에 초점을 맞춰라: 발견질문
		2. 발견한 것은 제대로 표현하라: 가치를 알아주는 인정
		3. 성공을 돕는 대화임을 기억하라: 정렬질문

2. 질문디자인이 완료되면 성공서포터 질문의 핵심원칙 체크리스트에 기초하여 질문을 한번 더 점검합니다.

원칙		원칙을 돕는 질문
1 주인공은 상대방이다.	역할인식	1) 나는 서포터인가? 역할은 적절한가?
	태도선택	2) I'm OK, you're OK에 서 있는가?
2 상대방의 전진을 도와야 한다.	진보	3) 진척율은 어떠한가? 관점이 확대되고 있는가?
	인식	4) 의미 있는 진보가 인식되고 있는가? 상대방이 원하는 진보인가?
3 상대방의 변화동력을 높여야 한다.	You-Centered	5) 상대방의 입장에서 생각하고 있나?
	미래지향	6) 과거나 현재보다 '원하는 모습'에 집중하고 있는가?

⇨ 불평에도 종류가 있습니다. 지금 제가 예시로 소개해드린 불평은 열심히 노력해 본 사람만 할 수 있는 불평입니다. 좋은 팀장이 되고 싶어서 자신의 방식으로 나름 노력했습니다. "제가 구성원들의 이야기를 아무리 잘 들어줘도" 같은 표현에서 미루어 짐작해 볼 수 있습니다. "이런 경우는 어떻게 해야 합니까?"라는 질문 안에는 잘 하고 싶고, 방법을 찾고 싶은 간절함도 엿보입니다.

제가 좀 과하게 추측하는 것 같으시지요? 그러나 실제로 불평은 참 많은 경우 '도움이 필요하다'는 하소연입니다. 이를 잘 듣기 위해 원칙1, 3도 매우 중요합니다. 그러나 '도움이 필요하다'고 이야기하는 경우는 진전을 경험하도록 돕는 것이 가장 핵심입니다. 이런 경우는 특히 원칙2가 확보되도록 신경쓰는 것이 중요합니다.

🧭 성공을 돕는 질문 디자인 가이드

우리가 지속할 수 있는 힘은 어디에서 올까요? 성공을 돕는 질문은 묻기가 아니라 듣기입니다. 누군가 고충을 토로할 때 내가 생각하는 조언을 건네는 것이 아니라 잘 듣는 것입니다. 모든 말에는 그 말 안에 담긴 긍정적 의도, 채워지길 바라는 욕구가 있습니다. 성공서포터는 그 말을 들어주고 그것이 건강한 실천으로 연결될 수 있도록 돕는 사람입니다. 2단계 대화 초점으로 연결할 때 다룬 것처럼 조언, 충고하기 전에 질문하기, 공감으로 반응하기가 이를 대응하는 가장 중요한 디자인 원리입니다.

① 다시 실행에 집중할 수 있는 내면의 에너지가 회복될 수 있도록 돕는 것이 중요합니다. ② 이를 위해 자원과 가능성 발견에 초점을 맞추고 발견한 것을 표현합니다.

현재 가진 생각의 경계가 확장되는 관점 확대가 필요합니다. 불만처럼 토로한 이분의 질문 속에 리더로서 애썼던 노력과 좋은 의도가 담겨 있습니다. ③ 다시 실행하실 수 있도록 지지합니다. 의미 있는 진보를 경험하도록 돕는 것이 필요합니다.

참고 예시 이렇게 해볼 수 있습니다

가치를 알아주는 인정을 통해 자원과 연결합니다. 리더가 저런 고민을 한다는 것은 사실 노력했다는 증거입니다. 노력하고 애썼는데, 오히려 감정이 상한 사건이 있었습니다. 을질이라고 표현했지만 그 안에 답답함, 하소연 그리고 좀 더 나은 모습이 되고 싶은 욕구도 담겨 있습니다. 긍정적 의도는 관심을 가져주면 자라나고 더 커집니다. 무시받았다고 생각되면 버려지고 감춰집니다. 리더로서 애쓴 의도와 노력을 먼저 알아주어야 합니다. 조언은 그 후에 전달해도 늦지 않습니다.

팀장님의 의도는 좋았지만, 의도를 전달하는 방식이 효과적이지 못했습니다. 의도를 알아주면 동기가 높아집니다. 의도를 버리지 말고, 의도를 잘 전달하는 방법만 바꿔주면 됩니다. 이때도 가르치는 자세를 선택하면 성공률이 낮아집니다.

팀장 저는 을질도 있다고 생각합니다. 아무리 잘 들어줘도 자기 의견이 받아들여지지 않으면 리더가 경청하지 않았다고 피드백하는데, 이런 경우는 어떻게 해야 합니까?

강사 진짜 답답하셨겠어요. 화도 나고. 전체 그림을 보고 함께 시너지 나는 방향으로 이끌어가고 싶으신가 봐요? ⇨ 공감을 통한 경청이 먼저입니다. 사실, 감정, 긍정적 의도를 읽어줍니다. 내가 하고 싶은 말을 위해 기술적으로 공감하는 것은 큰 힘이 없습니다. 상대방 입장에서 듣는 것이 중요합니다.

팀장 그렇죠. 반영할 수 없는 의견이 있고 반영할 수 있는 의견이 있잖아요? 서로 좀 이해하고 대의를 생각하고 같이 시너지를 내면 좋지 않겠어요. 뒤에서 쑥덕쑥덕 불평만 하지 말고요.

강사 맞습니다. 그런데 구성원들이 이해를 못하는 이유는 무엇일까요? ⇨ 나의 관점에서 벗어나 다른 관점에서 생각해보는 관점질문입니다.

팀장 아무래도 전체 상황을 이해하기에 정보도 부족하고 경험도 부족하고 그래서 그렇겠죠.

강사 그럼 어떻게 하면 이해가 좀 높아질 수 있을까요?

팀장 그러게요. 설명이 좀 부족했다는 생각이 드네요. 말하지 않아도 좀 이해하고 내 맘을 좀 알아주면 좋겠다 그런 마음이 있었던 것 같습니다. 피드백을 반영해 줄 수 없을 때는 그 기준에 대해서 잘 공유하고 설명할 필요가 있겠네요. ⇨ 좋은 질문은 상대방이 스스로 생각을 정리하게 도와줍니다.

물론 모든 대화가 이렇게 진행되지는 않습니다. 그러나 제대로 된 인정은 반드시 상대로 하여금 스스로 해결방법을 찾게 도와줍니다. 대화가 공감으로 채워지면 사람들은 자신의 이야기를 꺼내놓기 시작합니다. 우리는 모두 각자의 방식으로 배웁니다. 그러나 배움에서 그치면 안 되고, 내 삶의 변화를 만들어 낼 수 있어야 제대로 된 성공 지원이라 할 수 있습니다.

위 사례의 팀장님은 실제로 이 수업이 끝난 후에도 코칭 도서를 추천해 달라고 하셨고, 현장에서 실제 코칭실습도 꾸준히 하셨습니다. 이미 조직에서 상당한 위치에 계셨고, 가벼운 대화만으로도 역량 있는 분이라는 것이 느껴지는 분이었습니다. 이런 분이 성공서포터로서 질문의 힘을 갖는다면 그 영향력은 훨씬 더 깊고 따뜻해집니다. 이 분과 함께하는 분들의 삶에 변화가 기대되는 지점입니다.

만일 앞서 나눈 대화가 다음과 같이 진행됐다면 어땠을까요?

강사 을질이라니요? 팀장님께서 경청을 잘못 하시니까 그런 겁니다. 제대로 경청을 해 보세요. 경청은 상대방이 말하는 것과 말하지 않는 것을 모두 듣는 것입니다. 그리고 상대방이 '팀장님이 내 말을 경청했구나'라고 느껴야 비로소 팀장님이 경청을 한 것입니다. 팀장님 생각에 경청했다고 해서 경청이 아니예요. 경청을 다시 배우셔야겠습니다.

"네, 제 경청이 틀렸군요. 경청 방법을 다시 잘 배우겠습니다."라고 아름답게 대화가 마무리되었을까요? 지적하고 평가하고 가르치는 과정에서 사람의 변화는 일어나지 않습니다. 오히려 감정이 상하기 쉽습니다. 듣는 상대방의 태도에, 변하지 않는 모습에 "내 말을 무시하나?" 이런 생각을 하게 될 수 있습니다. 이런 모습은 제대로 된 파트너십이 아닙니다.

성공서포터로서 파트너십을 선택한다는 것은 가르치는 사람의 위치가 아닌 동등하게 대화를 주고받는 위치에 함께 서는 것입니다. 가르치는 것이 아니라 '함께 배우기'를 선택할 때 우리는 배움의 키를 상대방에게 돌려줄 수 있습니다.

가치를 발견하는 인정과 마음을 알아주는 공감은 성공가능성을 높이는 개입 중 하나입니다. 공감을 통해 확보된 마음의 공간에서 사유의 시선이 높아지고 인정은 자원이 되어 활용하게 됩니다. 공감과 시야확장은 언제나 함께 일어납니다. 먼저 공감해 줄 때 관점전환 질문이 건너갑니다. 성장을 돕는 직접적인 피드백도 가능해집니다. 기계적이거나 형식적인 반응은 상대방이 더 잘 압니다. 상대방의 신발을 함께 신을 수 있을 때 진짜 반응이 나옵니다. 중요한 것은 답변에서 보물을 발견하는 것입니다.

어떤 질문을 하더라도 성공서포터가 반영해주고, 가치를 발견해 준다고 느낄 때 사람들은 질문을 합니다. 성공서포터는 비계를 고려하여 단계적인 질문을 하는 것, 구체적 예시를 들어주는 것, 질문의 답을 직접 생각해 볼 수 있도록 글로 작성하게 하는 것 등 다양한 방법으로 상대방의 사유를 도울 수 있습니다.

성공을 돕는 대화에서 상대방이 불평을 쏟아 놓으면

1. 공감이 필요한 말인지

2. 연결질문(진짜 궁금한 것이 무엇인지 확인하기 위한 추가 질문)으로 들어가야 하는 말인지

3. 정보를 알려줘야 하는 질문인지

구분하여 대응할 필요가 있습니다. 우리는 보통 3번의 상황으로 판단하고 답을 제공합니다. 그러나 1번, 2번 질문인 경우도 많습니다. 1번의 경우는 앞의 사례로 든 것 같은 질문입니다. 몰라서 묻는다기보다는 '내 상황, 내 마음도 좀 이해해달라'는 말입니다. 2번 질문의 예는 다음과 같습니다.

A 강사님, 피드백이 '주고받는 것을 전제로 한다'는 것이 말이 되나요?

B 피드백을 분명하게 이해하고 싶으시군요. 혹시 그렇게 질문하신 이유가 있을까요?

A 피드백은 지적하는 거잖아요. 어떻게 주고받을 수 있죠? 고칠 것을 알려주는 것. 그게 현실적으로 피드백 아닙니까?

B 맞아요. 우리가 현업에서 그런 대화를 많이 합니다. 혹시 기억에 남는 피드백 있으세요?

A 설명

B 그것을 어떻게 반영하셨어요? 어떤 도움이 되셨나요?

이런 질문을 주고받다 보면, 질문자와 답변자 모두 자연스럽게 생각이 정리됩니다. 이런 질문은 대개 몰라서 묻는다기보다는 다른 생각을 가지고 있기 때문에 좀 더 잘 이해하고 싶어서 묻는 경우가 많습니다. '피드백은 주고받는 것입니다', 혹은 '주고받는 것이 아닙니다'라고 대답하기 전에 질문의 의도를 명료하게 할 필요가 있습니다. 질문에 담긴 뜻이 뭔지, 알고 싶은 게 정확히 뭔지 상대방의 사고를 따라갈 때 상대방이 스스로 질문하고 답을 찾는 것을 도울 수 있습니다. 그 과정을 통해 스스로 생각이 정리되면 오히려 더 명료해지고 실제 현장에서 변화를 만들어가는 데 도움이 됩니다.

변화는 상대방에게 맞는 질문을 던져 상대방이 스스로 사유하도록 도울 때 생깁니다. 가르치지 말고 구성원들이 질문할 수 있도록 도와주세요.

 **Summary**

1. 불만처럼 토로한 질문에는 리더로서 애썼던 노력과 좋은 의도가 담겨 있습니다. 긍정적 의도는 관심을 가져주면 자라나고 더 커집니다. 조언하기보다 자원과 가능성 발견에 초점을 맞춰주세요. 발견질문을 사용합니다.

2. 발견한 것은 제대로 표현해주는 것이 중요합니다.

3. 다음은 성공을 돕는 대화로 연결하는 것입니다. 의도는 좋았지만 의도를 전달하기 위해 효과적이지 못한 방법을 사용했음을 알려주세요. 의도를 알아주면, 학습동기가 올라갑니다. 방법은 그때 배우면 됩니다.

6장. 상황별 질문 디자인 실습

Think More

과연 리더가 성공서포터의 역할을
하는 것이 가능할까?

성공서포터로서 리더의 역할은 사실 굉장히 어렵습니다. 실제 현장에서도 '리더가 조력자의 입장에서 성공서포터의 역할을 하는 것이 가능한가?'라는 질문을 많이 받습니다.

성공서포터는 조력자의 입장으로 수평적인 관계에서 상대방이 답을 찾도록 도와야 하는데 수직적 관계인 조직에서 이것이 가능한지 묻는 질문입니다. 가능하기도 하고 가능하지 않기도 합니다. 즉, 외부전문가가 코칭하는 것과 같은 수준의 코칭으로 다른 사람의 성공을 돕는 것은 어렵습니다. 아무리 유능한 팀장도 전문코치 수준의 코칭역량을 갖기는 쉽지 않습니다. 전문코치와 코칭대상자의 관계와는 달리 리더와 구성원의 관계도 수평적이기 어렵습니다. 반대로 리더-구성원의 관계에서 가질 수 있는 강점도 있습니다. 현장에서 바로 지원이 가능하고 지원의 누적이 가능하다는 점입니다.

리더가 코치형 리더, 성공서포터가 되어야 한다는 말은 리더에게 전문코치가 되라고 요구하는 것이 아니라 질문하고 질문하게 하는 코칭의 방법론을 리더의 지시-보고의 장면에 적용하라는 의미입니다. 예전에는 의식의 흐름대로 업무를 지시했습니다. 상사도 깊게 생각하지 않고 지시하는 경우가 많았고, 구성원도 바쁜 상사의 입장을 고려해서 많은 질문을 하지 않고 상사의 의중을 파악하여 업무를 수행했습니다. 결과를 가져가서 보고하면 상사는 피드백하고 그걸 가지고 다시 수정해서

보고하는 방식으로 일했습니다.

  그러나 요즘은 구성원이 자신의 역할을 잘 하도록 돕는 리더의 역할
이 점점 더 중요해지고 있습니다. 여러 번 일하지 않고 정확하게 구체적
으로 지시하여 한 번에 일을 마무리 지을 수 있도록 돕는 기술이 필요합
니다. 52시간제가 도입되고, 리모트워크가 확산되면서 이는 더 중요한
역량이 되었습니다. 팀장이 지시를 제대로 못하면 구성원은 좌절하고
팀장은 더 힘들어집니다. 결과물을 가져오면 평가하고 가르치는 방식이
아니라, 애초에 결과물이 잘 나올 수 있도록 정확하게 지시하고 구성원
이 자신의 역량을 발휘하여 결과물을 만들 수 있도록 돕는 힘이 필요합
니다. 명확한 지시와 질문이 중요해지는 이유입니다.

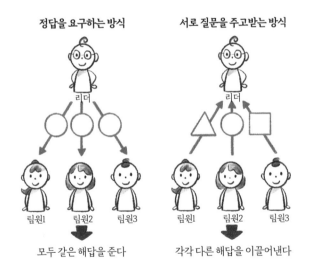

리더-구성원간 피드백 방식

출처: 에노모토 히데타케, 〈부하의 능력을 열두 배 키워주는 마법의 코칭〉
(새로운제안, 2004)

리더가 코치형 리더십을 갖춘다는 것은 이 맥락 안에 있습니다. 리더가 하나의 답을 제시하고 그 답에 맞춰 모든 구성원이 일사분란하게 움직이는 방식이 지시형 방식이라면, 코치형 리더십은 각 구성원에 맞춘 방식으로 각자의 답을 끌어내는 것입니다. 이를 위해서는 각 구성원에 대한 관찰이 필수적입니다. 상대방의 성공을 돕는 것은 그 사람의 As-Is와 To-Be를 알 때 비로소 가능해지기 때문입니다.

성공서포터로서 리더는 질문의 3가지 핵심원칙을 기억하면 됩니다. 리더의 코칭&피드백은 구성원이 변화의 주체여야 합니다. 구성원이 자신의 성과를 달성하고 몰입할 수 있도록 도와야 합니다. 리더가 끌고 가는 코칭이 되거나 오히려 구성원의 몰입과 에너지를 저하시키는 개입이라면 성공서포터로서 역할을 수행했다고 보기 어렵습니다.

성공서포터로서 리더의 역할은 질문하는 사람이 아니라 구성원이 스스로 자신의 질문을 하도록 돕는 사람입니다. 성공서포터로서 리더의 역할을 인식하는 것이 중요합니다.

조직에 신규입사자가 들어왔습니다. 오랫동안 상담을 공부하고 학교에서 상담심리를 강의하던 사람이었습니다. 그런데 조직경험이 없고 비즈니스 코칭에 대해서는 이해가 없는 사람이었습니다. "컬쳐서베이", "체인지 에이전트" 등 이 조직에서는 일상적으로 사용한 단어인데, 신규입사자 입장에서는 너무 낯선 단어였습니다. 신입도 아니고 경력자로 입사했는데, 모두 너무 당연하게 대화하는 장면에서 차마 그 의미를 물어볼 수 없었습니다. 질문하지 못하니 함께 하는 일의 결과가 좋을 수가 없었습니다. 시간은 많이 걸리는데 산출물의 수준은 기대에 부합하지 못했습니다. 상사는 가르치기를 선택했습니다. 그런데 가르침이 업무 성과에 반영되는 수준이 미미했습니다.

　이들의 관계를 바꾼 것은 질문이었습니다. 리더는 "돕고 싶은데 가르쳐주는 게 결과로 이어지지 않으니 아쉽다. 어떻게 하면 잘 도와줄 수 있을까?"라는 질문으로 해당 구성원을 초대했습니다. 그러자 어떤 부분이 어려웠고 어떤 고민을 해 왔는지 솔직한 소통이 시작되었습니다. 고민한 부분을 들어보니 새로운 시각도 엿보입니다. 조금만 도와주면 팀장도 미처 생각하지 못한 다른 해법이 나올 수 있겠다 생각이 들었습니다. 판단을 내려놓고 질문을 했더니 함께 배울 수 있었습니다. 이처럼 상사가 구성원 입장에 서서 질문하면, 구성원의 사고는 깊어집니다.

　리더-구성원 간 관계에서는 질문해야 할 때 질문하고, 명료하게 말해야 할 때 명료하게 말하는 것이 중요합니다. 그러나 우선돼야 하는 것은 성공서포터로서 자신의 역할을 인식하는 것입니다. 가르치는 것이 아니라 그들이 스스로 필요한 답을 찾도록 필요한 정보를 제공하고 도움을 줄 수 있어야 합니다.

[4] 정체된 것처럼 느껴질 때

리더에게도 여유가 필요합니다. 좋은 리더는 스스로 자신의 삶에 질문을 던지는 사람입니다. 다른 사람을 돕기도 하지만 때론 자기자신을 돕는 것도 필요합니다.

열심히 살다 보면 회의가 들 때가 있습니다. 굳이 이렇게까지 노력해야 하나 하는 생각이 들 수도 있고, 지금 내가 잘하고 있는 걸까 의심이 올라올 때도 있습니다. 이럴 때 성공서포터의 질문은 자기 자신을 향합니다. 함께 디자인해 볼 네 번째 사례는 자신을 위한 질문입니다.

사례 4 '나 잘하고 있는 걸까?' 회의가 들어요.

'나 잘하고 있는 걸까?' 라는 생각이 들 때, 혹은 '열심히 하는데 진보가 없다고 느껴질 때', '의미 없는 일을 하고 있다고 생각될 때'. 이런 상황에서 어떻게 나를 위한 질문을 건네볼 수 있을까요?

🗨 어떻게 도울 수 있을까요?

1. 자기 자신의 온택트대화모델On:TACT을 통해 어디서 단절이 일어났는지 살펴볼 수 있습니다.

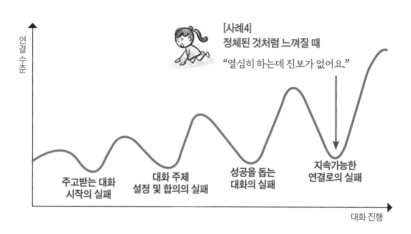

다만 자신의 문제일 경우에는 대부분 여정으로 지속하는 삶에 대한 회의 인 경우가 많습니다. 이를 다시 회복하고 연결하는 질문이 필요합니다.

CT	4단계 [Choice&Take] 여정으로 연결하라	1. 선택은 상대방이 가진 권한이다: 선택존중
		2. 응원의 말을 건네라: 지지표현
		3. 질문으로 연결하라: 다시 연결하는 질문

2. 성공서포터 질문의 핵심원칙에서 주어를 바꿔 생각해 볼 수도 있습니다.

원칙	원칙을 돕는 질문	
1 내가 주인공이다.	역할인식	1) 내 삶의 주인공은 나인가? 나는 정말 주인공인가?
	태도선택	2) I'm OK에 서 있는가?
2 나에게 의미있는 전진을 도와야 한다.	진보	3) 진척율은 어떠한가? 관점이 확대되고 있는가?
	인식	4) 의미 있는 진보가 인식되고 있는가? 정말 내가 원하는 진보인가?
3 나의 에너지 회복이 필요하다.	You-Centered	5) 나의 내면의 소리를 듣고 있는가?
	미래지향	6) 과거나 현재보다 '원하는 모습'에 집중하고 있는가?

✦ 성공을 돕는 질문 디자인 가이드

지속하고 있는 삶의 여정에서 단절이 일어났습니다. 열심히 한다고 했는데 결과가 마음에 들지 않거나, 의미 없게 느껴집니다. 아무것도 하고 싶지 않은 마음이 올라옵니다. 이런 순간이 바로 자기 자신에게 위로와 격려를 건넬 때입니다. 스스로에게 강요하지 말고 그 순간 나의 감정, 선택을 존중합니다. 성공서포터로서 보내는 지지와 격려를 자신에게 보냅니다. '힘들었구나', '애썼다' 공감해줄 수 있습니다. 그 다음, 다시 연결하는 질문을 건넵니다.

참고 예시 이렇게 해볼 수 있습니다

정체된 것처럼 느껴질 때, '나는 잘 살고 있는걸까?' 이런 질문이 올라올 때 나에게 위로와 격려 그리고 회고가 필요하다는 의미입니다. 스티브 도나휴Steve Donahue는 사막과 같은 순간, 인생을 건너는 방법 중 하나로 "인생의 1퍼센트 시간만 깊이 잠수하라"고 권합니다. 일 단위, 주 단위, 월 단위, 연 단위 회고 질문을 통해 경험을 돌아보고 내가 원하는 내일을 디자인해볼 수 있습니다.

1. 가장 먼저 필요한 것은 위로와 격려입니다.

내 마음에 회의감이 들 때도 역시 조언이 아니라 공감과 질문이 필요합니다.

'그럴 수 있겠다.'

'힘들었나 보네.'

'애썼다.'

스스로에게 격려를 보내주고 내가 내 편이 되어주는 것도 먼저입니다. 내 맘을 알아주고, 만나면 힘이 나는 지인을 만나거나 내가 좋아하는 시간을 선물로 주는 것도 도움이 됩니다.

2. 다음은 한 걸음 떨어져 리뷰합니다.

자신의 삶을 메타적으로 성찰하는 질문을 던져보는 것도 도움이 됩니다. 문제 밖에서 문제를 보는 방식입니다. 나에 대해서, 내가 이룬 것에 대해서, 나를 둘러싼 관계에 대해서, 내가 시간을 보내는 방식에 대해서 질문해볼 수 있습니다.

나의 하루에 대해서[18]

• 어제 가장 안 좋았던 기억은?

• 그래도 어제 가장 행복했던 기억은?

• 오늘은 어떤 날이 되었으면 좋겠나요?

내가 이룬 것에 대해서

• 올해 내가 중점을 둔 것은 무엇인가?

• 그것은 어떤 의미를 갖는가?

• 그것을 이루는 데 사용한 방법은 무엇인가?

• 계속할 것은 무엇인가? 하지 말아야 할 것은 무엇인가?

• 올해 이루고 싶었지만 이루지 못한 것은 무엇인가?

• 그것을 이루면 무엇이 좋은가?

• 그것은 정말 이루고 싶은 것인가?

• 그것을 이루기 위해 나는 무엇을 새롭게 할 수 있을까?

• 어떤 자원을 활용할 수 있을까?

4장 좋은 질문의 재료에서 소개한 포인트질문 'AAR'이나 'LEAP' 같은 질문도 좋은 리뷰 질문입니다.

LEAP 질문

• L=Like (선호) "그동안 이룬 일 중에 좋았던 것은 무엇인가요?"

• E=Excite (흥분) "신나게 몰입했던 부분은 무엇인가요?"

• A=Anxiety (불안) "불안했거나 걱정했던 부분은 무엇인가요?"

• P=Progress (진보) "더 나은 내일을 개선하고 싶은 것은 무엇인가요?"

3. 나다운 일상을 재설계합니다. 이때 나를 관찰하는 질문이 도움이 됩니다.

나에 대해서

- 무엇이 나를 기쁘게 하는가? 그 이유는?

- 무엇에 열정을 가지고 있는가? 그 이유는?

- 무엇이 나를 슬프게 하는가? 그 이유는?

- 인생에서 무엇을 얻기를 원하는가? 그 이유는?

- 다른 사람을 칭찬할 때는 언제인가? 그 이유는?

- 다른 사람에게 화를 내는 상황은 어떨 때인가? 그 이유는?

- 무엇이 나를 잠 못 들게 하는가? 그 이유는?

- 마음에 걸려 떨쳐 버릴 수가 없는 것은 무엇인가? 그 이유는?

나의 관계에 대해서

- 올해 나에게 거인의 어깨가 되어 보다 더 큰 성장을 이루도록 도와준 사람은?

- 올해 내가 도움을 주고 삶을 좀 더 풍요롭게 도와준 사람은?

- 나에게 거인의 어깨가 되어 줄 사람은?

- 내가 도움을 주고 삶을 좀 더 풍요롭게 도와주고 싶은 사람은?

온택트대화모델On:TACT 2단계에서 다룬 '진짜 목표'를 발견하는 질문도 다시 방향을 설정할 때 도움이 되는 질문입니다.

지금 어디로 가고 싶어요? (= 목표가 무엇인가요?)

• 그것이 당신에게 왜 중요한가요?

• 그것은 당신이 진짜로 원하는 것인가요?

• 그것이 달성되면 당신에게 어떤 의미가 있나요? (그 목표가 이루어진 것은 당신에게 어떤 의미가 있나요?)

• 이것의 이면에는 무엇이 있습니까?

• 당신의 가치나 꿈과는 무슨 연관이 있습니까?

• 이것은 인생에서 당신의 전체적인 목표와 어떤 관련이 있습니까?

모든 질문을 던지는 것보다 내게 맞는 질문을 선택하여 충분히 머물러 보는 것이 좋습니다. 생각을 확장하는 좋은 질문카드가 시중에 많이 나왔습니다. 질문카드를 구매하신 후 무작위로 뽑아서 스스로에게 질문해 볼 수도 있고, 마음에 드는 질문을 뽑아 스스로에게 건네 볼 수도 있습니다.

질문예술학교 박영준 소장은 질문을 통해 새해를 맞이하는 워크숍을 진행해왔습니다. 인터넷에 〈새해를 맞이하는 21가지 질문〉을 검색하시면 무료로 공유한 질문가이드를 확인할 수 있습니다. 좋은 질문이 많이 구성되어 있습니다. 그 질문을 가지고 성찰의 시간을 가져보는 것도 좋겠습니다.

7장

다른 사람의
성공을 돕는다는 것

얼마 전 한 온라인세미나에서 참가자 한 분이 HR담당자에게 물었습니다.

"비대면 교육과정을 운영하시면서 이를 잘 소화하는 강사들도 있고 그렇지 못한 강사들도 있을 텐데, 잘 소화하는 강사들은 어떤 특징이 있었나요?"

HR담당자 상호작용인 것 같습니다. 채팅창에 질문을 남기면 대부분의 강사님들이 대답을 해주십니다. 이건 직업적으로 훈련이 되어 계신 것 같아요. 그런데 그 대답에서 결이 갈립니다. 어떤 분은 진정성 있게 대답하신다고 느껴지고 어떤 분은 형식적으로 답변한다고 느껴져요. 진정성 있게 대답해 주신다고 느껴질 때 강의 평가나 전달도 더 좋은 것 같아요.

질문자　똑같이 답변하는데, 무엇을 보고 어떤 답변은 '진정성 있다', 혹은 '형식적이다'라고 느끼셨나요?

HR담당자　음… 완벽하려고 하는 모습에서 오히려 '형식적이다'라고 느꼈던 것 같아요. 질문하면 그냥 바로바로 답하시는데 그 모습이 오히려 기계적으로 느껴지고, 형식적으로 질문을 쳐내는 듯한 느낌을 받았습니다.

실제로 그 강사님이 형식적으로 대답한 것인지, 아닌지 알 수 없습니다. 그런데 HR 담당자의 말에서 태도나 비언어적 메시지가 진정성을 가늠하게 만드는 중요한 요소라는 것을 확인할 수 있습니다. 조직에서 리더도 그렇습니다. 진정성은 말에 있는 것이 아니라 질문하면 바로 내 답변을 내어놓는 사람과 질문자의 의도를 이해하고 싶어 잠깐 여백을 갖는 사람. 좀 더 질문자에게 맞는 답변을 주고 싶어 잠시 멈추고 답변을 고르는 여백의 시간, 그 공간space을 우리는 가치롭게 여기고 진정성을 느낍니다.

나의 질문, 상대방의 질문에 대한 나의 반응에 따라 다음 상황이 달라집니다. 상대방과 깊게 연결될 수도 있고 단절될 수도 있습니다. 모든 장면에서 통용되는 마스터키 같은 질문은 없습니다. 같은 질문도 질문하는 사람과 답변하는 사람에 따라 다른 결과를 가져오기도 합니다. 다른 사람의 성공을 돕는 방법은 질문을 찾아다니는 것이 아니라 내 질문을 하는 것입니다. 질문을 잘한다는 것은 맥락에 맞는 질문을 하는 것입니다. 질문의 원리를 이해하고 그 원리를 실천할 줄 아는 것입니다.

좋은 질문은 성공서포터로서 나의 역할을 인식하는 데서 출발합니다. 가르치기보다는 질문하기를 선택할 때, 일방적으로 질문하기보다는 질문을 주고받는 관계가 될 때, 우리는 타인의 성공을 더욱 잘 도울 수 있습니다. 이를 위해 오늘도 한 번 더 질문합니다. 질문이 가지는 불편함을 인지하기에 상대방이 좀 더 답변하기 편하도록, 스스로 자신의 질문을 시작하기 수월하도록 돕는 고민을 합니다. '어떻게 질문을 디자인할 것인가?', '어떻게 다른 사람의 성공을 도울 것인가?', '어떻게 나 자신의 성장을 도울 것인가?' 돌고 돌아왔지만, '타인의 성장을 돕는다는 것'은 결국 '자신의 성장을 돕는다'는 이야기입니다.

"사랑이란 자기 자신과 다른 사람의 영적인 성장을 위해 자아를 확장하고자 하는 의지이다."

-스캇 펙Scott Peck

서문에서 이야기한 〈아직도 가지 않은 길〉의 스캇 펙Scott Peck은 사랑을 '자아를 확장하고자 하는 의지'라고 정의합니다. 자신을 향한 질문을 통해 스스로 확장한 사람만이 그 공간에 타인을 담을 수 있습니다. 가르치는 것이 아니라 질문한다는 것은, 질문이 시작되게 돕는다는 의미는 여기에 있습니다.

자신을 향한 질문을 통해 나를 확장합니다. 성공서포터로서 자신이 하는 질문에 목적의 씨앗을 담습니다. 일상에서 그것이 자라는 경험을 통해 스스로를 확장합니다. 그리고 타인을 향한 질문을 건넵니다. 자신의 질문이 시작되게 하는 질문입니다. 공명을 만드는 직조context로의 초대입니다. 그 공간에서 함께 이야기를 써 나가며 또 다른 자기확장을 시작합니다.

'나는 어떤 성공서포터가 되고 싶은가?'입니다. 자신의 삶에 질문을 던지고 그 질문을 통해 성공을 경험해 본 사람만이 타인의 삶에 질문이 시작되도록 돕는 좋은 질문을 건넬 수 있습니다. '어떤 삶을 살고 싶은가?', '어떤 이야기를 쓰고 싶은가?', '어떻게 살고 있는가?', '어떻게 살고 싶은가?' 이것이 다른 사람의 성공을 돕는 사람으로서 먼저 생각해봐야 할 질문입니다. 어떤 리더가 되고 싶은가요?

온택트대화모델On:TACT이 말하는 '연결으로의 여정'은 당신이 그런 성공서포터가 될 수 있도록 질문하고, 회고하고, 개선하고, 다시 질문하는 삶을 의미합니다.

우리는 자기 이야기만 주구장창 하는 사람을 싫어합니다. 그들은 자신이 혼자 이야기하고 있다는 것을 인지하지 못할 뿐입니다. 온라인으로 진행되는 비대면 라이브 과정에서도 교수자가 일방적으로 이야기하는 시간이 15분을 넘지 않을 것을 권장합니다. 질문은, 적게 말하고 많이 듣게 합니다. 상대방의 말에 귀를 기울이고 그들이 스스로 자신의 질문을 시작하도록 돕습니다. 좋은 질문을 던지고 잘 들어줄수록, 스스로 자신의 질문이 시작되도록 도울수록 성공서포터로서 할 일은 줄어들고, 상대방은 자신이 유능하다고 느끼게 됩니다. 질문의 힘은 거기에 있습니다. 상대방이 '내가 해냈다'라고 느끼게 만드는 힘. 자신이 얼마나 유능한지, 얼마나 많은 변화를 만들어 낼 수 있는지, 얼마나 대단한 사람인지 느끼게 합니다. 상대방은 주인공이 되고 변화는 상대방의 삶을 충만하게 만듭니다.

물론, 오늘 나의 노력이 당장 내일 열매를 맺지는 않겠지만 꾸준한 노력은 반드시 다른 상호작용을 가져오는 법입니다. 그 출발은 질문하는 사람이 되기로 선택하는 것, 질문하는 사람에 머무르지 않고 상대방이 자신의 질문을 하도록 돕는 사람이 되는 것에서부터 시작됩니다. 그리고 반드시 내 질문을 돌아봐야 합니다. 이 여정을 통해 내 삶에서 보다 나은 변화를 경험하게 만들어야 합니다. 그래야 지속해 실행할 수 있습니다.

때론 오해받아 좌절하거나 질문을 다루느라 지치는 순간이 생길 수도 있습니다. 그럴 때면 그냥 강의하면 되는데 군이 뭐 그리 학습자의 학습까지 고려하려 애써야 하나 자괴감이 들기도 할 겁니다. 그럴 때 할 수 있는 가장 좋은 방법은 비난과 좌절을 멈추고 내가 정말 원하는 모습을 다시 선택하는 것입니다.

그래서 질문하도록 돕는 것은 여정입니다. 한순간 선택으로 완성되는 것이 아니라 매 순간 다시 도전받게 되고 선택해야 하는 평생의 여정입니다. 질문은 우리로 하여금 생각하게 하고, 믿고 있는 것을 대답으로 만들어 내게 하며, 우리의 생각을 실행에 옮기도록 동기를 부여하는 힘을 갖고 있습니다. 질문은 다른 사람의 말을 수동적으로 받아들이는 태도나 현재 상황에 안주하려는 자세에서 벗어나도록 돕습니다. 질문은 현재의 문제에 나의 내재된 창조적 능력을 진취적으로 적용하게 만듭니다. 질문은 우리가 맺고 있는 사람들과의 관계를 다시 정의하고 경계를 확장시켜 새로운 경계를 만들게 합니다.

희망은 우리가 무엇을 물어야 하는지를 알아냈을 때 솟아납니다.

-웬디 D. 퓨리포이Wendy D. Puriefoy

훌륭한 리더, 퍼실리테이터, 코치, 멘토 분들이 더 좋은 성공서포터가 되기 위해 필요한 질문을 자신의 삶에 건넬 수 있기를 응원합니다.

당신의 삶에는 질문을
건네는 사람이 있습니까?

성공이란 무엇인가?

자주 그리고 많이 웃는 것.

현명한 이에게 존경을 받고, 아이들에게서 사랑을 받는 것.

정직한 비평가의 찬사를 듣고, 친구의 배반을 참아내는 것.

아름다움을 식별할 줄 알며, 다른 사람에게서 최선의 것을 발견하는 것.

건강한 아이를 낳든, 한 뙈기의 정원을 가꾸든, 사회의 환경을 개선하든,

자기가 태어나기 전보다 세상을 조금이라도 살기 좋은 곳으로

만들어 놓고 떠나는 것.

자신이 한때 이곳에 살았음으로 해서,

단 한 사람의 인생이라도 행복해지는 것.

이것이 진정한 성공이다.

– 랄프 왈도 에머슨Ralph Waldo Emerson

'성공'이란 말을 들으면 어떤 생각이 드시나요? 에머슨은 '성공이란 무엇인

315

가?'What is success?'라는 제목의 시를 통해 성공은 '자기가 태어나기 전보다 세상을 조금이라도 살기 좋은 곳으로 만들어 놓고 떠나는 것. 자신이 한때 이곳에 살았음으로써 단 한 사람의 인생이라도 행복해지는 것'이라고 이야기합니다. 저는 누군가를 성공으로 연결시키기 위해서는 진심을 담아 '좋은 질문'을 던져야 한다고 생각합니다.

살다 보면 굽이굽이 어려움을 마주하는 순간이 있습니다. 2020년 갑자기 우리 삶에 들어온 COVID 19가 제게는 그랬습니다. 사람과 함께 배우고 성장하는 순간을 사랑하는 제 직업의 자리가 순식간에 온라인 교육 환경으로 바뀌어 버렸고 적응이 쉽지만은 않았습니다. 관련 공부를 하고 적용을 하고 연습을 하지만 제 마음의 에너지를 채울 틈 없이 노력하고 애쓰며 시기를 보냈습니다.

그럴 때 저는 만나는 사람들이 있습니다. 그 분들은 지혜로운 질문으로 제 삶에 위로를 건넵니다.

"지금 가장 이루고 싶은 게 뭐예요?"

"어떤 삶을 살고 싶어요?"

"그것이 당신에게 어떤 의미가 있나요?"

"지금 놓치고 있는 것이 뭔가 한번 살펴 볼래요?"

"3년쯤 시간이 지났을 때, 이 시간을 어떻게 기억하고 싶어요?"

"내가 아는 서수한은 이런 사람이에요. 당신의 질문으로

제게 이런 변화가 생겼어요. 그 질문을 다시 당신에게 돌려주고 싶네요."

때론 제가 소중하게 여기는 것이 무엇인지 물어줍니다. 때론 좌절에서 벗어

나도록 격려합니다. 들어주고 웃어주고 물어봐 줍니다. 그런 대화만으로 내면으로 향하는 자책을 벗고, 두려움을 내려놓고 다시 현실을 창조해 갈 힘을 얻습니다. 질문하지 않는 삶은 없습니다. 스스로를 향하는 질문이든, 타인을 향하는 질문이든 우리는 모두 질문하며 살아갑니다.

그러나 모든 질문이 같은 영향력을 가진 것은 아닙니다. 질문은 마음을 닫게도 하고, 열게도 합니다. 경계를 넘게도 하고, 경계를 더 선명하게 세우기도 합니다.

"당신의 질문은 어떤가요?"
"당신의 삶에는 당신의 성공을 돕기 위해 질문을 건네 주는 사람이 있습니까?"

이 책은 당신에게 진심을 담아 건네는 질문입니다. 동시에 질문하는 삶으로의 초대입니다. 질문하는 삶, 사람들이 자신의 질문을 던지도록 돕는 삶, 그 질문을 통해 나도 더 행복해지도록 돕는 삶, 그 여정으로 당신을 초대합니다.

때론 실수할 수 있고, 평가받을 수 있고, 질문이 부담스러울 수 있지만, 우리가 함께 배우기로 선택하는 것을 멈추지 않는다면 우리는 누군가를 충분히 도울 수 있습니다. 여기에 우리가 질문하기를 배워야 할 충분한 이유가 있습니다.

이제 당신이 그 사람이 되어 주길 응원합니다.

더 깊은 배움을 위한 질문 추천 도서 12선

질문의 본질 이해와 기본 역량 향상에 도움이 되는 사회평론아카데미의 '미래교육 디자인' 총서 3권

질문이 가진 힘을 제대로 이해하기 원한다면 응용서보다는 연구에 기반한 책을 보시길 권해드립니다. 교수법 관련하여 질문을 다룬 책으로 경인교육대학교 국어교육과 정혜승 교수가 번역한 세 권의 책이 있습니다. 세 권 모두 질문을 중점적으로 다룬 책이며, 학습에 관련된 다양한 질문이 수록되어 있습니다.

실제로 이 연구자들의 연구에 대한 내용은 질문 응용서에서 쉽게 접할 수 있습니다. 그러나 질문의 본질을 제대로 이해하고 싶은 분들은 응용서보다는 이분들의 책을 직접 읽어 보시길 권해드립니다. 선생님들이 질문을 통해 교과에 대한 학생들의 이해와 사고확장을 돕는 것을 1차 목적으로 하기 때문에 성인 학습자들을 대상으로 하는 교수자에게 실용적인 질문을 제공하지는 않습니다. 하지만 질문 기능을 중심으로 어떻게 질문할 때 어떤 영향을 줄 수 있는지를 중심으로 설명하기 때문에, 질문이 가진 원리를 이해하는 데 더 없이 좋은 책입니다.

1 제이 맥타이, 그랜트 위긴스 저, 정혜승 외 1명 역, 〈핵심질문 학생에게 이해의 문 열어주기〉, 사회평론아카데미, 2016

2 로버트 마르자노, 줄리아 심스 저, 정혜승 외 1명 역, 〈학생 탐구 중심 수업과 질문 연속체〉, 사회평론아카데미, 2017

3 댄 로스스타인, 루스 산타나 저, 정혜승 외 1명 역, 〈한 가지만 바꾸기(학생이 자신의 질문을 하도록 가르쳐라)〉, 사회평론아카데미, 2017

댄 로스스타인, 루스 산타나는 고차원의 질문이 무조건 좋은 질문이 아니라 대상과 맥락에 맞게 제공하는 질문이 좋은 질문이라는 내용을 중심으로 다룹니다. 교수법 분야에서 지난 20년 간의 질문 관련 연구도 이해하기 쉽게 정리하여 수록하였습니다.

로버트 마르자노와 줄리아 심스의 책도 맥락을 같이 합니다. 일시적인 질문이 아니라 그 대상에 맞게, 사고수준과 학습에 맞게 질문을 지속적으로 제공할 때 효과가 높다는 연구입니다. 이를 질문연속체라고 부릅니다.

제이 맥타이, 그랜트 위긴스는 질문의 목적을 이해의 증진으로 보고 학생의 이해를 증진시킬 수 있는 핵심질문은 어떤 특성을 가지고 있는지 설명합니다. 과목별 질문의 예가 상세히 수록되어 있습니다.

코칭질문역량 향상에 도움이 되는 코칭질문 관련 도서 3권

질문은 코칭의 꽃입니다. 우리가 코칭을 오해하는 것은 코칭이 '부드러운 지적'의 모습으로 종종 사용되었기 때문입니다. '진짜 코칭'은 상대방을 주인공으로 만들며, 스스로 자신이 원하는 삶의 변화를 이뤄가도록 돕습니다. 에너지를 높이고 작은 성공을 경험하게 만듭니다. 코칭을 하고자 하는 사람이라면 코칭질문을 반드시 공부하시길 권해드립니다. 이미 너무 좋은 코칭질문이 정리되어 있습니다. 좋은 코칭질문을 가진 책들을 통해 나의 코칭을 의식적으로 개선하는 데 도움을 받을 수 있습니다.

4 박창규 외 4명, 〈코칭핵심역량〉, 학지사, 2019

이 책은 국제코칭연맹ICF: International Coaching Federation의 코치 핵심 역량에 기반하여 코칭대화의 사례를 수록했습니다. ICF는 ACC, PCC, MCC의 3단계로 코치자격을 인증합니다. 이 책의 저자는 ACC, PCC, MCC레벨에 따라 질문이 달라질 수 있음을 예시로 설명합니다. 고객과의 대화의 맥락에서 질문의 기능을 살펴볼 수 있도록 구성했기 때문에 고객에게 적합한 질문을 던졌을 때 어떤 효과가 나타날 수 있는지 이해하기 쉽습니다.

　다만, 모든 상호작용은 대상과 맥락에 따라 달라지기 때문에 그 대화를 그대로 복기하는 것을 목표로 하는 것은 효과적인 방법이 아닙니다. 그 대화에서 질문이 미친 영향력을 보시고, 어떤 맥락과 상황에 어떤 질문이 왜 효과를 발휘했는지 살펴면서 보시면 좀 더 도움이 될 수 있습니다.

5 토니 스톨츠푸스 저, 송관배 외 2명 역, 〈코칭 퀘스천(코칭의 핵심은 질문이다)〉, 동쪽나라 2010

이 책은 고객의 반응에 따라 어떤 질문이 본질적일 수 있는지 설명하는 부분이 좋습니다. 앞서 언급한 제이 맥타이, 그랜트 위긴스가 학생들의 학습을 돕는 핵심질문을 제시했다면, 토니 스톨츠푸스는 성인대상 코칭에서 핵심질문을 제시합니다.

예를 들어 충분히 스스로 해결할 수 있는데 이를 코칭 주제로 가져오는 경우도 있습니다. 이럴 때는 다른 어떤 질문보다 그 상황을 직시하도록 돕는 것이 더 효과적인 질문이 되기도 합니다.

"지금까지 고객님이 보여주신 모습을 보면, 이 건도 고객님께서 마음만 먹으면 충분히 해결하실 수 있는 주제로 느껴져요. 그런데 이것을 코칭주제로 생각하신 데는 특별한 이유가 있을 것 같습니다. 혹시 이것을 주제로 이야기하게 된 이유가 있을까요?"

토니 스톨츠푸스는 이런 여러가지 장면을 구조화하여 좀 더 효과가 높을 수 있는 질문셋을 제공합니다. 다만, 이 책은 절판되어 중고서점을 통해서 구매하실 수 있습니다.

6 마릴리 애덤스 저, 정명진 역, 〈삶을 변화시키는 질문의 기술〉, 김영사, 2018

직접적인 코칭 책은 아니지만 질문의 본질적 기능을 잘 설명한 책입니다. 이야기 형식으로 되어 있어서 읽기 쉽고 이해하기 쉽습니다. 질책하고 비난하고 추궁하는 질문을 '심판자의 질문'이라고 표현하고, 학습하고 함께 성장하도록 돕는 질문을 '학습자의 질문'이라고 설명합니다.

마릴리 애덤스에 따르면, 어떤 사건이 생기면 우리 앞에 두 갈래 길이 놓여집니다. 심판자의 길과 학습자의 길입니다. 우리는 참 쉽게 스스로에 대해, 혹은 타인에 대해 심판자의 길을 선택하여 걷곤 합니다. 스스로를 자책하거나 타인을 비난하는 길에서 벗어나는 방법은 가는 것을 멈추고 학습자의 길을 선택하는 것입니다. 학습자의 질문은 조직에서 회고할 때 사용하기에도 아주 유용합니다.

7 아와즈 교이치로 저, 장미화 역, 〈굿 퀘스천〉, 이새, 2018

일본의 유명한 경영자코치가 쓴 책입니다. 역시 직접적인 코칭 책은 아니지만 가벼운 질문, 좋은 질문, 무거운 질문, 나쁜 질문의 4가지로 구분한 질문의 프레임이 매우 돋보이는 책입니다. 아와즈 교이치로는 좋은 질문이란 대답하고 싶고, 깨달음을 주는 질문이라고 이야기합니다. 타인의 성공을 돕는 질문의 본질을 매우 쉽게 유용한 프레임과 사례를 통해 설명합니다.

▎ 질문환경 조성과 리더의 대화법 관련 도서

질문은 절반의 대화입니다. 나머지 절반을 완성하는 것은 태도와 듣기입니다. 다음의 4권의 책은 이를 잘 돕는 효과적인 방법을 안내하는 책입니다. 에이미 에드먼슨과 대니얼 코일, 닐 도쉬의 책이 왜 태도와 듣기가 중요한지 안내해주는 책이라면, 마셜 로젠버그와 박재연님의 책은 실용적인 방법을 안내합니다.

8 마셜 로젠버그 저, 캐서린 한 역, 〈비폭력대화 (일상에서 쓰는 평화의 언어, 삶의 언어)〉, 한국NVC센터, 2017

9 박재연, 〈말이 통해야 일이 통한다(직장에서 사용하는 실용 대화법)〉, 비전과리더십, 2016

10 에이미 에드먼슨, 〈두려움 없는 조직〉, 다산북스, 2019

11 대니얼 코일 저, 박지훈 역, 〈최고의 팀은 무엇이 다른가〉, 웅진지식하우스 2018

12 닐 도쉬, 린지 맥그리거, 〈무엇이 성과를 이끄는가〉, 생각지도 2016

책 속 참고용어

1 리더십 연구에 있어서 리더십 교육기관인 CCL^Center for Creative Leadership의 연구는 종종 주목을 받습니다. 어질리티 역시 CCL의 연구에서 발전했습니다. 대표적인 연구 두 가지 중 하나는 기업의 임원과 전문가를 대상으로 이들이 경험을 통해 무엇을 어떻게 학습했는지 연구한 것(McCall et al., 1988)이고 다른 하나는 리더가 실제 기대와 달리 중도에 탈락하는 현상으로서 리더십 디레일먼트 leadership derailment에 관한 연구(Lombardo et al., 1988)입니다. 연구에 따르면 지속적으로 성장한 리더는 필요한 기술과 사고방식을 빠르게 학습하고 변화에 적응해 나간 사람이었습니다. 두 가지 연구는 CCL 홈페이지(www.ccl.org)에서 찾아볼 수 있고, 어질리티 관련 연구는 류혜현, 오헌석(2016), 학습민첩성 연구의 쟁점과 과제나 임창현, 위영은, 이효선(2017) 학습민첩성(Learning Agility) 측정도구 개발 연구를 참조하시면 도움이 됩니다.

2 애자일^Agile은 '민첩한', '기민한'이라는 뜻을 가진 단어이자, 소프트웨어 개발방법론 중 하나입니다. 소프트웨어 개발자는 긴 개발기간 동안 높은 수준의 기술을 기반으로 자신의 역량을 제대로 발휘하고 싶어 합니다. 그러나 프로그래밍보다는 문서작업이나 설계단계에 시간이 지체되면서 생각과는 다른 결과물이 도출되곤 했습니다. 그러자 몇몇 개발자들이 모여 변화를 선언합니다. 이것이 2001년도 17명의 개발자를 중심으로 이뤄진 애자일 선언(애자일 매니페스토)입니다. 계획에 따르기보다는 변화에 유연하게 대응하고, 계약협상보다 고객과의 협력을 중요하게 여기는 방식으로 업무의 질을 높여가자는 것입니다. 이후 세계 각국의 기업들이 애자일을 업무방식에 적용하면서 성공을 거두자 애자일 방법론에 대한 관심이 높아졌습니다. 애자일을 좀 더 공부하고 싶다면, 기업 관점에서는 스티븐 데닝의 〈애자일, 민첩하고 유연한 조직의 비밀〉을, 개인 관점에서 실천적으로 적용해보는 것은 짐 벤슨, 토니안 드마리아 배리 저, 박성진 역의 〈퍼스널 애자일〉을 보시면 잘 정리되어 있습니다.

3 https://www1.president.go.kr/petitions/Temp/tSNEzj?fbclid=IwAR3eah1CHn4kcwhNKB7jyNG4JHpD1Lvu_MJkqq4tlKirHGYuD3kCf1ZRqOY

4 생활변화관측소 2021 트렌드 노트 http://www.7outof1000.com/index.html

5 인문학자인 신도현 씨는 이를 '질문의 치우침'이라고 표현합니다. 우리 사회가 '질문 없는 사회'가 아니라 '질문이 한쪽으로 치우친 사회'라는 것입니다. 조직의 윗사람이, 교수자가, 어른이 질문을 독점하고 아랫사람은 대답하는 구조라고 설명합니다. 이런 사회는 진짜 소통이 일어나지 않습니다.

6 윤정구, 〈황금 수도꼭지(목적경영이 만들어낸 기적)〉, 쌤앤파커스, 2018년

7 국제코칭연맹(ICF: International Coaching Federation) 홈페이지 https://coachingfederation.org/about

8 로버트 J. 마르자노, 줄리아 A. 심스 저/정혜승, 정선영 역, 〈학생 탐구 중심 수업과 질문 연속체〉, 사회평론아카데미, 2017

9 구글의 RE:Work 사이트에서는 Project Oxygen의 연구결과와 함께 훌륭한 관리자가 되는 데 도움이 되는 팁들을 제공하고 있습니다.
https://rework.withgoogle.com/guides/managers-identify-what-makes-a-great-manager/steps/introduction/

10 피드포워드Feedforward는 세계적인 코치인 마셜 골드스미스Marshall Goldsmith가 사용한 개념입니다. 리더의 역할 중 하나가 피드백Feedback인데 피드백이라는 용어가 종종 과거에 집중하는 특성을 보입니다. 이를 보완하는 개념으로 마셜 골드스미스는 피드포워드Feedforward를 제안합니다. 과거가 아닌 미래에 초점을 두고 조언을 제공하는 방식입니다. 성공서포터의 질문은 기본적으로 피드포워드에 가깝습니다.

11 https://hbr.org/2005/07/learning-in-the-thick-of-it

12 'DVDM'은 쿠퍼실리테이션그룹의 구기욱대표가 개발한 질문셋set입니다.
https://brunch.co.kr/@giewookkoo/156

13 'SPIN' 질문은 세계적 세일즈 컨설팅사인 Huthwaite의 대표인 닐 라컴Neil Rackham이 개발한 질문셋set입니다. 현장에서 사용되는 SPIN 질문셋set이 궁금하시면 강창호, 김진영 외 〈바야흐로, 품격영업〉을 보시면 자세히 설명되어 있습니다.

14 탁월한 팀의 조건에 대한 구글의 연구는 Project Aristotle. 현재 구글의 RE:Work 사이트에서는 Project Aristotle의 연구결과와 함께 도움이 되는 각종 양식을 제공하고 있습니다.
https://rework.withgoogle.com/guides/understanding-team-effectiveness/steps/identify-dynamics-of-effective-teams/
심리적 안전감은 Harvard Business School의 에이미 에드먼스Amy C. Edmondson의 연구가 대표적이며 국내에는 에이미 에드먼스, 〈두려움없는 조직〉에서 심리적 안정감으로 번역되어 소개되고 있습니다.

15 Lee, Mazmanian, Perlow(2016), Fostering Positive Relational Dynamics: The Power of Spaces and Interaction Scripts

16 마커스 버킹엄, 〈일에 관한 9가지 거짓말〉, 썸앤파커스, 2019

17 Lee, Mazmanian, Perlow(2016), Fostering Positive Relational Dynamics: The Power of Spaces and Interaction Scripts

18 정요철, 〈스몰스텝〉, 뜨인돌출판, 2018

퀘스천 QUESTION

초판 1쇄 발행 2021년 3월 20일
초판 2쇄 발행 2024년 2월 13일

지은이 서수한
일러스트 신현아
펴낸이 최익성
편집 최보문
마케팅 임동건, 안보라
경영지원 이순미, 임정혁
펴낸곳 플랜비디자인
디자인 빅웨이브

출판등록 제 2016-000001호
주소 경기 화성시 동탄첨단산업1로 27 동탄IX타워 A동 3210호
전화 031-8050-0508
팩스 02-2179-8994
이메일 planbdesigncompany@gmail.com

ISBN 979-11-89580-81-0